姻惑
Marriage Puzzle

当代婚姻启示录

周志强 著

文汇出版社

序

叶辛

爱情是什么？

曾经有一位诗人说：爱情是一首美妙的歌曲，但这首歌却不容易谱好。

婚姻是什么？

曾经沉浸在恋爱痴梦里的人说，婚姻是爱情的坟墓，一旦缔结了婚姻，恋爱时期如梦似幻的美妙感觉就消失殆尽，取而代之的是日常生活逃避不了的"柴、米、油、盐、酱、醋、茶"。

家庭是什么？

不少陶醉在小家庭温柔乡里的男女也曾经说，家庭是瓜熟蒂落的爱情之后营造的幸福的港湾。在这风平浪静的港湾里，有诗情画意，有天伦之乐，有和谐安详。曾几何时，避风塘般的港湾里，却也会掀起惊涛骇浪，搅得人失去了安宁。

周志强律师在他的工作中，参与了一个又一个离婚的案例，接触了一对又一对闹得不欢而散的夫妻。我初认识他的时候，他就一口气给我讲了几个当代男女的离婚故事，听得我连连惊叹：这是多么好的写作素材。于是我鼓励他，把这些故事写下来。不仅仅是好听、好看的故事，我觉得听完他每一个曲折动人的离婚案件，都还能悟出一些什么，都还能给人以启迪和思考。对于当代社会来说，这些故事不但涂抹上了时代色彩，确确实实还能令人深长思之。

没想到我无意中的一个建议，触发了志强早就有动于心的写作欲望。他在忙忙碌碌地奔波于北京、上海、贵阳、澳洲接打官司之余，争分夺秒、埋头苦干，写出了这么一本《姻惑》。这虽然不是我期待中的长篇小说或者纪实文学作品,但是一个一个实实在在的案例,又加上志强带着律师个性的语言风格,明快、简捷,决不拖泥带水,也不见多少形容词和渲染,读来让人在轻松之余,有所感悟、有所收益、有所思考。对于正处在热恋中的男女,对于准备步入婚姻殿堂的情侣,对于已经构筑了小家庭的夫妇,甚至于对那些婚姻产生破裂、正在闹离婚的人士,抑或是被冠以"小三"的人,读一读这本书,无疑是有意味的。

愿志强这一本属于社会大写真类型的书,能受到读者的欢迎和喜爱。

是为序。

2016 年 8 月 27 日于贵阳

自　序

我从心底喜欢女人，也特别喜欢琢磨男人。男人和女人，构建着悲欢离合、喜怒哀乐！人生，因此而精彩。

有了男人女人，就有了婚姻。婚姻的迷宫，生出了无穷无尽的诱惑、疑惑、迷惑和困惑。当我们不去寻找路径或者寻找不得的时候，会痛苦，当我们自以为找到答案的时候，却体会到了无穷的落寞！

于是，单身、独身、同居、已婚、分居、离婚、再婚……都成为婚姻的某种形式，只要你觉得舒服就好，任何人无可指责。只不过离婚，痛苦地发自内心，彻底地撕裂和否定你自己，让你成熟或沉沦。

年少轻狂，努力尝试破译婚姻的密码，为此，我观察了男人女人们十多年，感谢律师这个职业，让我观察婚姻这个东西竟然如此之近，近得几乎置身其中。不经意间，就接触了近千起婚姻，有些是故事，有些是事故。

谁都不敢说自己懂婚姻，十多年了，我是一名喜欢琢磨问题的律师，也只不过是轻轻地触及到姻惑的边角，哪怕我是如此的感性。

谨以此书献给有着婚姻困惑的女人们。同时，也把此书献给在她们的身边，有着各种迷惑的男人们！

2016 年 8 月

目 录

第一篇 结 婚

人，为什么要结婚？ 3
姑娘，当心"被结婚"了 8
婚前协议书 11
结婚，你准备好了吗 15
爱情、亲情和激情 20
前任攻略 23
婚前房产怎么办 28
试婚 32
结婚前，一定要来一次旅行 36

第二篇 离 婚

离婚证，是个什么玩意儿 43
高高举起的离婚率 45
野人的爱——离婚的故事 51
上帝不掷骰子——离婚感悟 55
无情的洗牌之手 59
婚姻到底怎么了 63
抢孩子 67
离婚的仇恨 74
当离婚成为一种奢望 77

孟婆汤 ·· 82

第三篇 修 行

夫妻文化冲突 ·· 89
吵架的艺术 ·· 93
人际边界 ·· 96
爱江山还是爱美人 ··· 100
高风险的怀孕期 ··· 104
你到底爱谁 ·· 108
礼多人不怪 ·· 112
精心准备的时间 ··· 115
五公斤的爱情 ·· 120
男人在前？女人在前？ ·· 123
男闺蜜 ··· 127
七年之痒 ·· 132
恕人恕己 ·· 136
婆媳之间 ·· 139
比翼双飞 ·· 143

第四篇 婚 外 情

小三的渊源 ·· 149
下半身连着上半身 ··· 155
新鲜的肉体 ·· 159
你的婚姻"感冒"了 ··· 163
如何预防婚外情 ··· 167
婚外情的春夏秋冬 ··· 171
朋友圈 ··· 175
同桌的你 ·· 178

第五篇 挽　　回

惠琴的故事 …………………………………… 183
婚姻质量分析 ………………………………… 188
制定挽回方案 ………………………………… 195
三个人的房间 ………………………………… 198
有所为有所不为 ……………………………… 201
改变自己 ……………………………………… 207
走进暴风雪 …………………………………… 211
换位的实验 …………………………………… 214
且行且珍惜 …………………………………… 219
试离婚 ………………………………………… 223
放弃,是最后的选择 ………………………… 226

第六篇 法　　律

"过期"的离婚协议书 ………………………… 231
不翼而飞的财产 ……………………………… 233
关于离婚的十大误区 ………………………… 238
离婚的时间成本 ……………………………… 244
子女抚养费和抚养权 ………………………… 248
协议离婚 ……………………………………… 254
中西方妇女维权法律比较研究 ……………… 256

第七篇 律师手稿

影集 …………………………………………… 271
若爱只如初见 ………………………………… 273
举案齐眉——由爱情成语说起 ……………… 277

你遇见过跟你说"婚姻不幸"的已婚男人吗？……………………… 280
婚后,有什么男人可以跳动你的心？ ……………………………… 284
捉奸 …………………………………………………………………… 287
两道选择题 …………………………………………………………… 290
我见过的几次法庭暴力 ……………………………………………… 293
停止摇摆 ……………………………………………………………… 295
望夫石——摘自委托人的离婚日记 ………………………………… 297
找关系 ………………………………………………………………… 300
再婚率 ………………………………………………………………… 302

[第一篇]

结　　婚

　　结婚,每个人一辈子至少会经历一次。结了婚,就有了自己的家庭;结了婚,就有了一个人与你风雨同舟;结了婚,就不再孤单一人。但是,对于"结婚",你真的想清楚了吗?

　　人为什么要结婚?结婚到底意味着什么?结婚时需要注意些什么?怎样才能有一个美满的婚姻……这些问题,你心里都有一个完整的答案了吗?

人,为什么要结婚?

有一天夜里 11 点,我拖着疲惫的身子,穿过树叶重重、人影被黄色的路灯和绿色的草坪灯投射成一个个鬼魅的小路回家。走到小区门口,听见保安问出的几个问题,一语把我从魇梦中惊醒,像是一个浑浑噩噩的灵魂,被少林寺的扫地僧当头棒喝,终于顿悟。他问:

你是谁?
你从哪里来?
你要到哪里去?

为了这三个问题,释迦牟尼在菩提树下思考了七天七夜,终于得出了答案,他创造佛教,教化世人,成了一个大彻大悟的觉悟者。
于是我也学着他问我自己:

我是谁?
我从哪里来?
我要到哪里去?

如今,进入庙堂的善男信女们,去膜拜释迦牟尼创造的一个个菩萨罗汉,他们虔诚地烧香、礼拜,大部分却是为了许愿和还愿,想保佑身体健康、家庭和睦、升官发财。而他们从来没有像佛祖一样,向自己抛出这三个问题,去思考、去感悟。他们尽管无比地虔诚,但却同样浑浑噩噩,有违佛祖教化众生的本意。所谓"花开见佛性,心内有灵山"。只有想清楚这三个最基本的问题,才能见佛性,才能"心内有灵山"。

作为一个婚姻律师,我从千百对夫妻感情中走来,见过的悲欢离合太多太多!诚挚的感情固然一次次地令我泪下,但狡诈的阴谋也的确一次次让我作呕。我一次次劝说我的委托人再三考虑、和气相言,打心底里衷心希望普天下有情人收获美满的婚姻,但我也不得不一次次地面对现实,眼睁睁看着我的委托人和他(她)曾经最亲爱的人反目成仇。

虽然律师费越收越高,经办案件的能力已经游刃有余,但是,我深深地感到自己的能力匮乏。我,要到哪里去?

每年的情人节前后,上海市民政局都会公布一轮婚姻登记统计数据,上一个年度内有多少人结婚?多少人离婚?我称它为"离婚警报"——民政局是在提醒每位公民:结婚有风险,进入须谨慎!

上海市民政局2014年2月14日公布的上海2013年度婚姻登记统计情况显示,过去的一年里上海有60 408对夫妻协议离婚(不含法院判决离婚),每天165.5对夫妻协议离婚。

我们再来看看以前的文献资料:

1966—1976年10年间,同样以上海为例,全市总离婚登记数只有6 489对,平均每天不到两对。

恩格斯曾说:"婚姻家庭关系是一切社会关系的起点。"如果婚姻家庭关系得不到稳定发展,那么,一个社会的发展也必不能稳定持续。然而,近些年来,离婚率为什么节节升高?婚姻的杀手到底是哪几把刀?婚姻的困惑是什么?婚姻的诱惑又是什么?婚姻又有哪些迷惑?怎么样才能解决离婚问题?

可以这么说,我很难明确说出什么样的夫妻关系是合适的,但是我很容易分辨出什么样的夫妻关系是不合适的。因为,在我办理的成百上千的离婚案例中,我直接接触到了导致婚姻解体的方方面面,我"深入"诸多离婚夫妻和"小三"的内心;我目睹了诸多"调查公司"的"侦探"带队捉奸的场景;我与"小三"面对面深入沟通;与自以为是的婆婆、丈母娘促膝谈心;我能接触和感悟性无能者、风尘女子的自卑和自傲;体会过为爱服药而成为植物人的悲哀和给家庭带来的痛苦,聆听过众多良家妇女的出轨历程……每一个案例,都让我深深地沉思与反思,但一切的一切,归结起来不外乎这样三个问题:

我们是谁?
我们为什么要结婚?
我们到底想要怎样的婚姻生活?

没有仔细思考过的人们总是匆匆结婚,抢着进入婚后生活的一片芜杂之中。于是,不满、争吵、反抗、疑惑、痴情、伤心、痛苦、等待……一切的一切全都指向一个结果——离婚。这也造成了钱钟书在《围城》里所说的情况:"围在城里的人想逃出来,城外的人想冲进去。"这些人在还没有看清自己的婚姻、自己的生活的时候便已进入婚姻,却不知道离婚的恶魔早已悄然而至。

全球一体化,中国人的婚姻也不断糅合西方婚姻伦理。在"经济挂帅"的高速时代,人们顾不及思考这三个问题,懵懵懂懂中,一对对夫妻关系经历了"七年之痒""十年之痛"。婚姻的困惑得不到思考和解决,婚姻的杀手,就会时刻光临每一个家庭。

那么,我们为什么要结婚?

对于这个问题,每一个人都有不同的答案,也有不同的解决方式。有的人会说,结婚生子,天经地义;有的人会说,结婚是延续骨肉、延续血脉的必由方式;有的人会说,结婚是爱情的结晶;有的人会说,结婚是一本通行证;有的人会说,结婚是给灵魂一个安栖的港湾……

这样的回答我听得太多,听得耳朵都生出茧来了。对于给我这样回答的人,我想问一句:有多少人在回答这个问题的时候是发自内心,底气十足的?有多少人是毫不犹豫的?这些想当然的答案,可以回答问题,但是不足以打动人心,感动自己。因为没有几个人会仔细思考"为什么结婚"这个问题。

其实,这个问题回答起来说难也难,说简单也实在简单。圣人们给出了更加丰富多彩的答案,不妨先看上一眼。

一、《圣经》

上帝说:"那人独居不好,我要为他造一个配偶帮助他。"

《创世纪》中记录了神对婚姻的教导。"亚当说,这是我骨中的骨,肉中的肉,可以称她为女人,因为她是从男人身上取出来的。因此,人要离开父母与妻子连合,二人成为一体。"神造了男人,然后用男人"骨中的骨"造了女人。

希腊文中"肋骨"的字面意义指"人的一侧"。由于夏娃取之于亚当的"一侧",那么她就属于他的那侧。"亚当便给一切牲畜和空中的飞鸟、野地走兽都起了名,只是他没有遇见配偶帮助他。""帮助和遇见"这两个词在希伯来文中是同一个词:ezer。它来源于一个主要词根,意思是环绕、保护或辅助、帮助、助手、援助者。夏娃陪伴在亚当身边做他的"另一半",做他的帮手和助手。男人和女人一旦结婚就成为"一体"。《新约》里对这个"同一性"发出忠告:"既然如此,夫妻不再是两个人,乃是一体的了。所以,神配合的,人不可分开。"

我曾经听过一个牧师讲上帝对于婚姻的教导,他说上帝只是认为男人独居不好,上帝没有说过女人独居不好,所以独居的女人不用着急把自己嫁出去,要等待上帝的拣选。

二、马克思:婚姻是变相的卖淫嫖娼

马克思的这句话是在批判资产阶级婚姻生活的基础上建立起来的。而资产阶级婚姻生活的表现形态是"公开的或隐蔽的妇女的家庭奴隶制","丈夫是资产者,妻子则相当于无产者"。主要特征有两个:

1. 男子的统治。财富集中于男子之手,丈夫在家庭中"占据一种无需有任何特别的法律特权的统治地位"。妻子被"看作单纯的生产工具","妇女为金钱而献身"具有必要性。

2. 婚姻的不可离异性。"需要妻子方面的一夫一妻制,而不是丈夫方面的一夫一妻制",这不妨碍"丈夫的公开的或秘密的多偶制"。"资产阶级的婚姻实际上是公妻制。""资产者不以他们的无产者的妻子和女儿受他们支配为满足,正式的娼妓更不必说了,他们还以互相诱奸妻子为最大的享乐。"

马克思和恩格斯关于婚姻的描述非常直白,以至于我们都怀疑这不是他们说的。我也就不多说了!

三、中国婚姻的起源

原始人类并不需要婚姻,这跟今天的灵长类动物是一样的,不必细说。后来有了氏族社会,采用的是集体群婚制,即一个氏族的男性或女性集体嫁到另一个氏族。这也是在进化过程中为了族群繁衍和防止乱伦导致族群退化而形成的一个习俗。再后来进入私有制社会,才有了一对一或一对多的固定的夫妻关系,于是就产生了婚姻制度。

值得指出的是,由于婚姻产生于私有制,所以它一直与人的财产密切相关。由于男子是私有制社会的主体,所以女子一直被看作男子的财产,于是多数古代社会是一夫多妻制。抢婚、买卖妻妾等现象也源于此。私有制的财产由血缘关系中的男性继承,为了保证血缘的纯净,就有了"处女情结"和对女子性行为的严格约束。

当出现了部落和国家等社会组织之后,婚姻又成了一种政治筹码。从部族的通婚,到国家统治者之间的"联姻",都是试图通过婚姻来达到政治目的。直到今天,婚姻仍被富豪家庭用于结盟和理顺财产继承关系。

至于在自然小农经济社会,婚姻则是一种劳动的分工合作,即所谓的"男耕女织""男主外女主内"。而对于现代社会中的老百姓,婚姻则是为了组成一个家庭,满足人的正常生活需要的同时,承担为家族和社会养育后代的责任和义务,也是人的一种归宿。

很明显,无论在哪种文化下,婚姻的起源都是对财产处理的分工、对财产分配的保护。婚姻事实上并不是一个形而上的问题,而是一个切肤的、实在的问题。

2008年春节晚会,演员黄宏演了一个名叫《开锁》的小品,其中有一个场景是这样的:黄宏把箱子砸开,哗啦啦倒出一堆证件,然后连珠炮般地说出了出生证、学生证、毕业证、工作证、结婚证、独生子女证、养老保险证、股权证、身份证等24个证。还有个人大代表,"闲得无聊"地做了些调查,搞了一个"人在证途",说人一生要有一百多个证。

人一辈子居然有这么多证件!除去出生证、毕业证这些没有用的证,这么多证里,只有一个证,牵扯着你的悲喜苦乐,能让你哭,也会让你笑;让你沉思良久,也会让你激情四射;让你撕心裂肺,也会让你心甜似蜜。这就是:结婚证。结婚证和我们领取的其他证件还有些什么不同之处,那就是,结婚证这个证件,是唯一不需要培训就能上岗的证件。男人到了22岁,女人到了20岁,手拉手走进民政局,花一杯咖啡的钱,一根烟的工夫,马上就能拿到手。手机一照,朋友圈一发,是人都知道你是朵有主的花儿了。我是1988年拿到驾驶证的,学了一年,才发给我一个实习驾驶证;我有本律师证,读大学不算,还让我苦读了500天才得到,也要实习一年;我还有很多证件,都不是轻而易举能取得的,都是经过了培训,经过实习期后,才发给我。唯独这张结婚证,一点培训都没有,而且还没有实习期,马上就拿到手上。

结婚证为什么不需要培训?为什么不需要实习期?难道婚姻如此简单,简单到人人都会、根本不需要培训和实习吗?

恰恰相反,夫妻关系是人与人关系中最复杂的一种。夫妻关系,包含着经济关系、家族关系、性关系、朋友关系、子女关系、工作关系等人际关系中的方方面面,亲情、爱情、友情、激情都在其中。领取结婚证,不仅要想清楚如何一起去面对婚姻中的每一粒盐、每一滴酒,也要考虑清楚夫妻二人如何分工积累财产、如何分配以保护财产。

婚姻是一生的修行,夫妻之间的一切问题,都要在关系内部解决,这需要夫妻一起双修。夫妻之道,重在经营管理。只有学会如何处理婚姻关系,我们才能获得一生中最世俗的幸福。

姑娘，当心"被结婚"了

一个周六的早晨，阳光刚刚照进窗户。本想好好睡个懒觉的 Grace 被电话吵醒，迷迷糊糊中听到是男友的声音，急匆匆地也不说有什么事，只是让她马上下楼去。

Grace 心里狠狠地骂了男友几句，但还是花了点时间化了个淡妆，再怎么也不能披头散发地下楼吧。刚一打开楼道大门，突然门缝里塞进来一束月季花，吓得 Grace 把手都缩了回来。紧接着大门缓缓打开，花束后面帅气的男友，正一脸嬉笑望着她。Grace 正想施以粉拳，他突然将 Grace 拥到怀里，给了她深深一吻。Grace 一下子气都消了，心里仿佛喝了蜜一般。这时候男友突然单膝跪地，手中打开一个小盒子，说："遇上你，是我这辈子最大的幸运！亲爱的，请嫁给我吧！"

这句话就像是一道五彩的光照射在 Grace 身上，一年来也不是没有想过要结婚。回想第一次见到他，当时 Grace 的脸一下子泛起红晕，说话连舌头也打了结，还不小心洒了手中的甜酒。相处下来，男友其他都好，就是总觉得缺了点什么。他们也会一起去看电影，但只要是男友花钱就没看过 3D 的。聚会的时候，他也总是理直气壮地让别人买单，相处下来，Grace 倒贴了不少钱，却未曾收到超过一百块钱的礼物。Grace 家境很好，虽说不计较，可还是有些不快。无论怎么说，在这样惊喜的时刻，Grace 眼里只有男友的闪闪金光，那些不好的、不满意的地方早就被抛到了九霄云外。

Grace 一下子倒在男友的怀中。她踏着婚礼时的脚步迎着男友上了楼，右手垂下，像是提着婚纱。男友把 Grace 从门口抱到了沙发上，Grace 嘴里絮絮叨叨地说如果生个儿子，要给他准备一个超级大的房间，房间里放满各种各样的玩具，天花板上垂下来叮叮作响的风铃……

一说到房间，男友却在此时打断她，说自己家里的房子已经开始动迁了，没地方住，想搬到她这里来住一阵子。

Grace 舞动在半空中的手，一下子怔在了那里，嘴巴久久不能合上。难怪闺蜜说自己的男友是"夜猫子进宅，无事不来"！敢情送一束花都有目的啊！

过了好一阵子 Grace 才反应过来。她心里想自己也老大不小了，再拖就成了明日黄花，像男友这样的帅哥，过了这个村，只怕没有这个店。要不就让他先住过来？住过来就住过来吧，况且他说想要用动迁的钱来创业，保证三年内给她换套房！凭他的精打细算，应该没有什么问题的。嗯！再说，虽然男朋友平时比较抠门，但对于创业倒是个优点，节约未必总是不好，家还是要有人操持盘算的，至于在外面，我可以帮他改嘛。

Grace 纠结了好几天，最后想到一年来与男友相处养成的习惯，要统统改掉去过另外一种生活也不容易，Grace 终于狠狠地说服了自己。她又花了好几天搞定了父母和闺蜜，终于和男友登记结婚了。

后来的事大家都能想到。

前几天 Grace 来到我的事务所，气呼呼地说："再也不想看到这张丑恶的嘴脸了！"到底是什么让她如此痛恨呢？

为了举办婚礼，Grace 自己花了 70 万，男友一分没出；结婚后，男友说"创业"资金不够，又从 Grace 这里拿走了 80 万；察觉 Grace 对他不满后，最近家里又莫名其妙少了很多金银首饰，以及一块老爸送的江诗丹顿。问他，他愣说没看见。Grace 终于忍不住了，提出要跟他离婚，他却开始说起分家的事情，门口的两双拖鞋是他买的，他要带走……

Grace 的肠子都悔青了，只恨自己当时瞎了眼，怎么就看上这么个白眼狼？

现在来找原因，虽然有点晚，但是仍然需要找出来。男友一如既往的吝啬，是 Grace 自己出了问题。有些女人，刚开始找男朋友，这儿长那儿短的，眼光老高，等到最后剩下，心里急了，终于失去理性，将就将就，结果就着了道。用句简单的话说，就是"被结婚"了。

一听到"被结婚"这个词，大家可能会想到封建社会的包办婚姻。有一次在电视台做咨询节目的时候，我说了这个词，主持美女刚刚结婚，不理解"被结婚"是什么意思。《婚姻法》明确规定，结婚自愿，怎么会有被结婚啊？还别说，尽管已经大踏步进入 21 世纪，但"被结婚"仍旧广泛地存在于我们身边。

中国是个面子社会，结婚有时候也是为了面子。被结婚一般是指为顾及面子，虽然觉得这个婚姻不一定会幸福长久，但是又没有拒绝结婚进程的勇气，选择性忽视已经看到的隐患，最终带着迷惑和不安，明知不可为而为之的婚姻登记行为。

仍以 Grace 为例，男朋友尽管长得很帅，但"小气"这一点，却是她一直以来的心病。事实上，Grace 能预感到这样的日子并不会过得顺心，一方面迫于自己的年龄压力，唯恐成为"剩斗士""齐天大剩"，不得不妥协；另一方面还是自己偷懒、将就的心态作祟。其实被结婚的理由还有很多：有未婚先孕的，有为了却父母心愿的，有闺蜜怂恿而成的，有毫无主见得过且过的……但没有一种是真正想清楚，我爱他（她），且他（她）适合我，然后才结婚的。

经常有客户问我："周律师，你看看我是不是很倒霉，你觉得这世上，还有比我更悲催的婚姻吗？"离婚的时候，每个女人都认为自己的感情世界是最倒霉的：当初就不应该结这个婚。但也只有到了离婚的时候，随性且感性的女人才会仔细想想，自己是怎样上的贼船？到了最后才发现，把自己带入错误婚姻的，往往正是自己。而离婚的种子，又往往在结婚的时候就已经埋下！

幸福的婚姻，往往是相似的；而不幸的婚姻，却各有各的不幸！但这不幸的根由，又往往源于不理性的妥协。我一直认为有一种婚姻最为不幸：从"被结婚"开始，又从"被离婚"结束。那么，这个婚姻自始至终都是不幸的，身在其中的姑娘，应该是最悲催的！

因此，我奉劝大家，面对婚姻，一定要弄清楚自己为什么而结婚，弄清楚结婚对象为什么跟自己结婚。如果能花一个下午理性地去分析，就能避免"被结婚"的悲剧，避免最后"被离婚"的惨状，如此才能拥有一段幸福的婚姻。

婚前协议书

最近，占领各大媒体八卦头条的消息莫过于名人离婚，如飞人刘翔与演员葛天的离婚消息。消息刚一出来，许多热心网友，也许正身陷在财产纠纷之中难解难分，但都毫无例外地表达了对于刘翔是否会被"割肉"的深深忧虑。反正我见得多了，早已经见怪不怪，对于这样"舍己为人"的热心网友，我只想"呵呵！"

不过无论别人怎么样，也无论最终是个什么结果，这个消息的确是帮了我的一个委托人大忙，让她终于从"无条件的爱情"中醒悟过来，明白"婚姻"是什么。

中国人对于纯洁的爱情往往有着美好的"憧憬"，这种憧憬从许许多多的诗词歌赋里就能看出来："窈窕淑女，君子好逑。""愿君多采撷，此物最相思。""春风十里扬州路，卷上珠帘总不如。"……说真的，这种美好的"憧憬"的确是美丽的、多彩的、绚烂的、无邪的、天真的……看到了吧，单纯的美丽往往同时是天真的。在动物界，色彩斑斓的东西往往剧毒无比，著名的有澳洲灯水母、珊瑚蛇、"海苹果"等。在生活中也是一样，只是天真的你，还没有看到美好的爱情背后所隐藏着的大千世界。许多人觉得爱情是浪漫的、是没有条件的，而到了不得不离婚的时候，才反应过来爱情原来还是有条件的。懵懵懂懂的人糊里糊涂结婚、糊里糊涂过日子、最后糊里糊涂离婚，只有那些带有理性、能看清楚美好爱情背后世界的人，才能明明白白地对待他（她）的爱情。

我的这个委托人名叫清芬。清芬是个土生土长的上海人，父母亲做外贸生意，一度垄断了法国波尔多红等八个品牌的进口配额，家里条件自然好得没话说。清芬从小养尊处优，家里对她要求高，期望高，她自己又争强好胜，不仅学习成绩名列前茅，社交圈子也打理得漂漂亮亮。名校本科毕业后成为 BCG 的员工，三年后成为项目经理。就是这样一个哪儿都好的人，她的感情生活却是一片空白。

美好的一天终于来临，天边飞来一块七彩祥云，披着金甲圣衣的"盖世英雄"

终于出现在清芬的眼前。他对清芬无比宠爱,惊喜不断,交往了半年之后,清芬就已经认定他就是她的 Mr. Right。一年之后的一个晚上,微风奏响了温柔的夜曲,满天的星星为此见证——他终于向清芬求婚了,清芬没有丝毫犹豫就答应了,两个人相拥在甜蜜的梦幻之中。

清芬无比地爱着他。当清芬把答应他求婚的事情向父母亲汇报的时候,父母亲也为她的幸福而感到无比地高兴,但她的表姐却表示了疑问:她的男朋友家里什么背景?月收入多少?有几套房子?结婚后两人的财产怎么处置?是否动用家里财产?一串连珠炮似的问题之后,清芬坚定地扬起她的头,给出了一个既感动了苍天,又感动了大地的回答,她的回答是:"我爱他。"

清芬的男朋友叫伊戈,家里在安徽农村,父母亲是乡村教师,并没有多少家产。但伊戈厉害就厉害在仅凭自己的双手,在上海有了一席立足之地。在一年前的那一天偶然认识了清芬之后,伊戈就再也没有忘记过她的模样。他始终把两人的幸福生活摆在最重要的位置,并为此不懈地努力工作。他什么也没有和清芬说,自己偷偷存下一笔钱,还没有来得及给父母亲翻盖一栋房子,就在浦东物色了清芬和自己的居所——他希望给清芬一个安稳而舒适的家。聊天时,清芬向伊戈问起过他的父母,但从来没有问过他有多少财产,有没有房子,可他在心里暗暗打算,决不能亏待清芬一分一毫。

他们就这样彼此默契而深沉地相爱着。因此当清芬的表姐向清芬问起伊戈的财产状况时,清芬只以一句"我爱他"作为回答。约定领证的日子越来越近,清芬天天沉浸在幸福之中,而她的表姐却不禁为她着急。清芬的表姐比清芬大 8 岁,前些日子刚刚离了婚。从去年三月到今年五月,花了整整一年零两个月的时间才获得法院的离婚判决,自己的财产比婚前缩水了 40%,清芬的表姐这才意识到自己吃了哑巴亏。也正是因为如此,她才如此关心清芬的财产安全,希望她不要重蹈自己的覆辙。

表姐告诉清芬:"结婚是对财产的一种冒险,不签婚前协议书更是对财产极不负责任的冒险。"

"中国自古以来亲兄弟还明算账。签个婚前协议书不会伤感情。"

"伊戈对你的爱我也看得到,但'人性'是永远不能完全依赖的东西。倒不是说伊戈一定是披着羊皮的中山狼,签一份婚前协议书只是对风险的一种规避。"

……

但清芬始终坚定着自己的爱情观——爱情不讲条件,真爱无敌,爱情无价!

在清芬和伊戈就要去登记结婚的前一个礼拜,清芬最崇拜的运动员、飞人刘翔离婚的消息挂满了各大网站。清芬傻了眼。她终于明白过来,爱情有时候竟如此地脆弱不堪。想到父母只有自己一个女儿,操劳了大半辈子的财产最终都要留给自己,清芬的内心不由得不安起来。

终于清芬向表姐妥协了,带着一万个犹豫跟着她的表姐来向我咨询。

跟清芬聊第一句话的时候,我就知道她考虑的一切都是为了伊戈。爱情已经占据了她的整个脑袋,整个世界恐怕都难以与之抗衡。我让她先冷静一下,整理了一份关于"婚前协议书"的资料供她参考。

婚前财产约定在西方国家十分普遍,但和中国传统婚姻观的确有一定冲突。在不少人眼里,任何数额的财产似乎都无法与爱情、家庭的价值相比。爱情与家庭的组建要求夫妻之间的绝对信任,如果夫妻之间的信任竟然需要以一纸"婚前协议书"来维持,那么这种家庭,还要它干嘛?

但是,理想归理想,现实归现实。据官方统计,"2003年以来,我国离婚率已连续12年呈递增状态","2013年上海市离婚的人数与结婚人数的比例是41.1∶100"。这组数字绝对不是吓唬你,我们虽然在人均GDP上没能赶英超美,在离婚比例上却早已除韩灭日,稳居亚洲前列。在如此之高的离婚率面前,婚前协议就显现出了它的重要性。

婚姻的确是以爱情为基础,但是,如果说婚姻像一辆不停地向前行驶的汽车,那么"婚前协议书"则更像是汽车上的保险带,而不是油箱里的定时炸弹。达成婚前财产协议不仅不会淡化感情,反而由于对婚前财产的归属有了明确的约定,从某种程度上是强化了婚姻的爱情基础。现代离婚案件中,双方争议最大的一个问题就是财产问题,与其爱到绝境时,双方为财产的所有权争执不休,还不如事先未雨绸缪,作出约定,这样一旦婚姻不幸走到了尽头,双方也可以和和气气地离婚,免去许多不必要的纷争。

2013年2月3日,北京朝阳区法院判决疯狂英语创始人李阳家暴成立,准许李阳与妻子李金(Kim)离婚,李阳赔偿美籍妻子5万元精神损失费,并支付1 200余万房屋折价款。另外,因抚养权归Kim,李阳每年要给三位女儿共30万抚养费。其后,此案因为支付的问题又举行了数场听证会。作为疯狂英语的创始人,李阳的成功也许令绝大多数人羡慕;但作为一个丈夫和父亲,几乎所有人都不愿靠近他——他实在是太失败了!除去双方各自的原因不说,如果李阳在婚前与妻子签订了婚前协议书,规定了婚后财产问题的解决方案,这一切争吵的缘由都将迎刃而解,家暴离婚也不会演变成财产争夺大战,昔日琴瑟和鸣的爱人也不至于沦为今日拔刀相见的仇敌。

那么,"婚前协议书"究竟要怎样制定呢?所谓"婚前协议",便是对夫妻婚姻之间各项事务做一个事先约定,其中最重要的是婚前财产归属约定。按照我国法律规定，双方可以约定结婚以前及婚姻关系存续期间所得的财产归属，例如归各自所有、共同所有、部分各自所有、部分共同所有等。还有一种婚前协议书则规定了婚后夫妻的行为规则，如香港著名女演员翁虹规定了丈夫"吵架时不能翻旧账""不能随便提出离婚或者分手"等。

其实，德国民法学者提出了一个比婚前协议书更猛的理论，那就是婚姻登记续约制。一对男女登记结婚，可以约定婚姻的有效期，如果有效期为10年，那么到了10年，夫妻双方要到登记处续约，再婚期10年。否则，10年一到，婚姻就自动解体，双方进入单身状态。双方的财产和结婚以后可能会出现的财产，双方在登记结婚的时候，就必须通过"婚前协议书"约定好，因为10年有效期一过，男人女人各回各家，财产各自带回家。

在我的建议之下，清芬尝试着接受并拟定"婚前协议书"。我的预感十分准确——伊戈欣然接受了所有条例，并主动提出要在自己买的新房子里加上清芬的名字。因为他相信，他们的爱情可以超越时间，这一份"婚前协议书"将会成为一条永久派不上用场的安全带！

看到男朋友如此大度地接受了"婚前协议书"，清芬终于回到了待嫁新娘应有的那种欢喜而兴奋的状态，我也衷心地祝愿他们婚后生活和和满满，幸福平安！

结婚,你准备好了吗

又是一个阳光灿烂的国庆节!大街上随便那么一走,一辆车窗上扎了个彩带的宾利车呼呼呼地飞驰过去。草坪上一个个"长枪短炮"都围着西装白纱,闪光灯一闪一闪;手机叮呤呤地响起,"哎呀妈呀,老张要结婚啦!""喂!那啥,15号在和平饭店一定要来啊!"又是一个温馨幸福的时节,这爱情的果实,诺言的兑现,亲人的期待,朋友的祝福,钻石的见证,美丽新世界的开启……在全世界所有人的脸上我们总能看到幸福的模样。在新娘和新郎的婚姻庆典中,我们听见经典的誓言:我愿意娶她作为我的妻子!照顾她,爱护她,无论贫穷还是富有,疾病还是健康,相敬相爱,不离不弃,直到死亡把我们分离!还有美酒助兴,礼炮相随,豪车驰骋,连天空都是那样碧蓝无瑕!

作为单身狗的你,心动了吗?

是不是想委屈一声:"众里寻他千百度,蓦然回首,那人却在,柔波碧腕中。"

是不是想大喊一句:"我的长发已然及腰,亲爱的少年你死哪儿去啦!"

是不是怒由心中生:"你们都背着我偷偷结婚,我画个圈圈诅咒你们统统恶遭报应!"

那么,亲爱的姑娘,亲爱的小伙儿,如果我问你一句:"结婚,你真的准备好了吗?"你是否能够毫不犹豫地大声告诉我:"结婚,我真的准备好了!"

一直说离婚是结婚的反面教材,离婚可以折射出婚姻的不幸基因。办理过几百对的离婚案件,经常会遇见未婚的或者准备结婚的情侣来请教我们,为什么会有那么多人对婚姻失去了信心?为什么会有那么多婚姻惨淡收场?你说说,我们怎么样才可以结婚?怎么样的婚姻才会幸福?

要回答这些问题,我们首先就要问,结婚的条件到底是什么?

结婚的条件之一：法定条件。

首先，我们来看看《婚姻法》的规定：

第二条　实行婚姻自由、一夫一妻、男女平等的婚姻制度。

第四条　夫妻应当互相忠实，互相尊重；家庭成员间应当敬老爱幼，互相帮助，维护平等、和睦、文明的婚姻家庭关系。

第五条　结婚必须男女双方完全自愿，不许任何一方对他方加以强迫或任何第三者加以干涉。

第六条　结婚年龄，男不得早于二十二周岁，女不得早于二十周岁。晚婚晚育应予鼓励。

别看关于结婚的法律条目很多，其实结婚很简单，任何正常发育的人到了法定年龄，直接去民政局都可以办理。

结婚的条件之二：执业条件。

有了《结婚证》的合法核发，在律师的术语里，两个人就签订了一份"身份合同"。你们就有了一个工作职业以外新的职业，那就是丈夫和妻子（或者老公和老婆）。

既然是职业，那就有一定的执业条件。但什么才是"执业条件"呢？让我们来看看下面这个故事：

一天，某公司宴请3个外国专家吃饭，吃完饭后去KTV唱歌。唱到兴起，主人手舞足蹈，大喊大叫，已然完全陶醉于音乐的世界。主人表示与客人相谈甚欢，希望能一醉到天明，两个年轻的专家也都大喊着"you, you, check it out"，而另一个50多岁的、秃顶的外国专家却死活不肯，又摇头又摆手。在场的人很奇怪：为什么？这很正常啊！主人跟那位外国专家说："中国人有几句古话，叫'人生得意须尽欢，莫使金樽空对月。'叫'烹羊宰牛且为乐，会须一饮三百杯。……"但那个外国专家却一本正经地说："我和妻子说好十点回去。"就在主人傻了眼想说"大家谁没有妻子啊"的时候，两个年轻的专家开始为专家解释：他们的民族风俗，结婚就相当于是一种契约，男人向妻子保证自己的行为必须符合婚姻的规范，在任何时候都要记起自己的身份——自己结婚了。两个年轻专家还说自己正是因为还没有玩够，因此才没有结婚，如果结了婚，同样也不会在这样的场合一醉到天明。

KTV里面有很多议论，有人说这些老外不给面子，有人说他们假正经太扫兴了。我却很了解他们，他们视契约为信仰，他们知道自己已经结婚了，他认为自己对妻子的口头承诺就相当于和上帝之间的契约，不可违背。有些民族充满着对信仰的敬畏，所以，我们认为很小的事情，他们却把他上升到了诚信品行的程度,尊重到守约的地步。

其实结婚的同时你必须意识到:你是不是知道自己结婚了,你是不是已经准备好承担"婚姻"这份职业的责任。

就像一个警察,在危急关头,会第一个冲上前;

就像一个老师,在上课铃声响起的时候,会大步走向讲台;

就像一个演员,听到导演喊"开拍",就要根据剧情来调整情绪;

就像一个职员,9点之前,他必须来到公司打卡上班。

每个人都知道自己的职业身份,都会恪守职业准则,也知道如果不这样,就会面临失去工作的危险。可是谁曾站在婚姻的大门前问自己:我能不能胜任丈夫或者妻子的角色?我能不能接受自己被打上已婚的标签?

结婚是人生的分界线,线的两边绝对是两重天。结婚带给你喜悦与温暖,但结婚也同样是一把枷锁,是某种限制,在你有勇气接受这样的挑战之前,你还是不要盲目地踏入婚姻为好。要知道,在你享受婚姻带给你种种实惠和好处的时候,你也应该放弃某些只属于单身的权利,比如恋爱,比如夜夜笙歌等。

结婚不仅仅是延续后代,更不仅仅是获取一个身份,而是你真正得以"丈夫"或者"妻子"的职业标准来要求自己:不管是在任何场合,不管是在任何时候,你都很清醒地知道,"我是一个丈夫","我是一个妻子",有些事情是必须要做,有些事情是绝不能做!恪守妇道、夫道才应该是结婚的执业条件,否则不仅会伤害到别人,更会让自己对婚姻和情感失去了应有的敬畏,只剩下徒劳的失望和无奈。

结婚的条件之三:爱的呼唤。

爱情是婚姻的必备条件,如果你不爱一个人,千万不要和他(她)结婚。婚姻是一辈子的职业,是一份感情的契约,来我们这里离婚的他(她)们,爱之初搞错了婚姻的含义,以为婚姻的内涵就是金钱、相貌、地位、面子、激情等的篡位,爱情和玫瑰就退离到了遥远的角落,等到经历了"多么痛地领悟"后才明白:没有爱的确也可以有婚姻,但永远不会是幸福的婚姻,不会是持久的婚姻。

下雨的时候,你给他一个短信:小心开车。

回家的时候,他会给你一个动人的惊喜,或者一个紧紧地拥抱。

他知道你在时时牵挂着他,他的心就像被什么牵扯着一样,想要知道你怎么样了。

当你的心和他的心被牵挂串联起来,无论哪一方有微小的颤动,另一方都会觉察;当你像关心自己一样牵挂着他,那么婚姻这只红苹果就该到收获的时候了。

结婚,意味着实实在在过日子,意味着把两个人变成一个整体,意味着无论走到哪里,都有一个亮着灯的家在等你,都有一个牵挂你的人在盼你回来。

牵挂他,就嫁给他吧,把这份牵挂变成稳妥的拥有;牵挂她,就娶她吧,把这份牵挂变成一辈子的呵护。

结婚的条件之四:性格匹配。

我受过许多高智商的人委托办理离婚,高智商并不代表高情商。上帝有时候很公平,在赐予你比别人多一点的文化知识的同时,留给你一些这样那样的缺陷。高智商就好像一把无形的双刃剑,如果没有情商的有效控制,也许你正在欣赏它令人心潮澎湃的一面,另一面就割开了你的内心,让你受伤。

看起来很优秀的人,很成功的人,也会在性格上有这样和那样的问题。然而,他们过于把视线集中在其"成功"之上,这些问题有时候虽然细小,但在恋爱之时也有可能成为莫大的缺点。婚前忽视的性格因素,在婚后体会是不同的,人的性格决定着夫妻的和谐。恋爱时的浪漫、狂热、美妙会随着婚姻生活的开始渐渐地消融;每天面对的是生活的拼搏、工作的竞争、油盐酱醋的碰撞,现实不仅仅是一个"爱"字就能涵盖的。性格匹配,有时候决定着婚姻的走向。

性格无所谓好,也无所谓坏。我观察过很多的幸福家庭,发现他们有一个共同的特点,那就是夫妻两个人在一起的时候话特别多。重复的话,反复说了他们也不觉得,一点小事情两个人会说好久。我发现了这个特点,但是,我没有想到为什么?

每个人的性格都是天生与后天经历的结合,由很多因素构成,这需要看几本弗洛伊德的书籍才能了解。经过恋爱、同居,对双方的性格有了一定的预判,两个人的性格是不是匹配,两个性格匹配的人,不大容易会把两个人的关系打上死结,而性格不匹配的人,在一个房间里面不说话的时候,两个人都能感觉气场的冰冷。于是有人说,缘,妙不可言!

结婚的条件之五:经济基础。

中国有句古话"贫贱夫妻百事哀",结婚,也同样需要一定的经济基础来承托。如果你的经济预算还只够你一个人开销,还是先努力地赚钱再结婚为好。否则,两个人结了婚,十几平方米的小房子里大眼瞪小眼,油烟罩被单,边吃着饭边在厕所漏出的水里洗脚,再美好的爱情也会被生活的浊物给玷污。要相信只要有真正的感情,面包会有的,一切都会有的。急不得的!除非你们心理素质超强大!

我觉得还有一个条件是需要了解的,尽管有点难,也可以适当了解一下:用发展的眼光,预判一下双方 5 年或者 10 年的未来发展情况。我 5 年以后,会达到一个什么样的高度?他 5 年以后,会达到一个什么样的高度?到了那个时候,我们还是那么合适吗？

　　说了这么多，不妨先把眼睛从窗外的喜气洋洋中收回来，问一问自己：结婚的条件，你真得具备了吗？婚姻的誓言，你是真心实意的吗？结婚，你真的准备好了吗？

　　亲爱的朋友，如果你和你心爱的人对以上的问题都问心无愧，毫不犹豫地大声向世界宣布："结婚，我准备好了！""老婆（老公），我来啦！"那我恭喜你，你可以结婚了，祝你新婚快乐！

爱情、亲情和激情

都说"少年不识愁滋味,为赋新词强说愁"。几十年来,我听过许多关于爱情、亲情和激情的故事,自己也从一个懵懂的少年成长为历经沧桑的成年人,每日翻滚在浮尘里,积淀下不少感悟。其实每个人都有自己的经历,每种经历总会带给一个人对于感情的不同理解,对于爱情、亲情和激情都会有自己独特的诠释。

"离婚案件办得太多,会不会对你的婚姻有影响?"干我们婚姻律师这一行的,经常听见熟悉以后的客户这样问我们。是的,我们一直接触类似的案件,每日所见都是悲观的一面,会不会使我们的心理有所变化、产生偏差呢?我保留我的答案,首先来讲两个故事。

第一个故事发生在1994年的一个雨夜,我办好事情,一个人开车走在天潼路上,在灯火通明的乍浦路路口遇见红灯停了下来,看了看表,已是夜里12点多。雨点敲打着车窗,灯光里透出一片凄凉的味道。飘鹰大酒店边上停了很多出租车,把马路给堵得像是掉满饭粒的桌子一样,一大堆驾驶员聚在酒店门口的挡雨平台上抽烟聊天。这时,从乍浦路上突然开出一辆宝马车,在挡住路的出租车后面猛得刹住。驾驶座的车门还没打开,已经听到开车的男人破口大骂的声音了。这个男人模样像是一个成功人士,顶着一个浑圆的肚子,一双锃亮的皮鞋踏在地上的积水中。他满脸通红,酒气冲天,下了车,用手指着那些司机爆着粗口。当时,我只想快快绕开这些是非,无奈绿灯不亮。抽烟的那群出租车司机,已经有几个抡起了袖管朝他走去,他却醉醺醺地一边骂一边向前冲,打架将不可避免,这个老兄可能要吃亏了。

突然,从这个男人的宝马车上冲下来一个女人,在双方即将动手之时,一边拼命拦住自己的男人,一边向愣在那里的司机说话。男人挥手一推,就把这个瘦弱的女子掀翻在地。女人又爬起来,继续拦在老公面前。老公见到女人又拦住自己，就又一把将女人推倒在地。如是三次，女人身上已经浑身是泥水，还在跌倒又爬起。这帮司机向男人摆摆手，都退了回去。过了很久，男人终于把女人扶上车，开车离开，等我醒悟过来的时候，红绿灯已经变换多次了。

第二个故事是在 1996 年的夏天，我乘车去机场，现在的 941 路以前是 833 路，在 833 路火车站候车点，太阳晒得地面都发烫，我全身冒着汗，百无聊赖地等车。正闲得无聊东看西看的时候，一个老大爷拉着辆板车从我面前经过，我当时觉得好笑，板车怎么拉到火车站来了？

老大爷看起来至少有 65 岁，头发稀稀拉拉的，脸上布满了皱纹。他的板车正中间端坐着一个老太太，老太太一动不动，眼睛没有一丝活气，有明显的老年痴呆的迹象。她坐着的椅子被固定在板车上，周围什么东西都有：被子，锅碗瓢盆，水壶，炉子，煤球……还有一桶四处讨来的剩饭和残菜。老人把车停在站头，从板车上的桶里拿出一个方便面碗，碗上的塑料纸早已剥落，很是陈旧。他倒了点水，一口一口地喂着这个老太太喝水，还时不时用一块毛巾给老太太擦嘴角流下的水。他抚摸着老太太的头，轻声对她说话……

我脑海里经常浮现出这两对夫妻的模样，一对富有，一对贫困。但是，他们的爱情、亲情和激情是等同的。

我不知道，是什么力量让第一个故事里的女人一次次地倒下，又一次次地爬起？是什么力量，让十几个司机退却了，没有收拾这个开口骂人的男人？又是什么力量，让这个自负的男人，放弃了惯性的打斗，扶起自己的妻子，不满而又无奈地离开？我也一直在生活中寻找浪漫的、令人感动、激情迸生的爱情故事，但我突然觉得，这才是我心目中的爱情啊！这个女人与这个男人在险境中相濡以沫，愿意为对方牺牲自己的尊严，事实上，这成就了一种更高的尊严。这个开车男人，为什么能够买得起宝马车，我想并不是偶然的。因为，他有一个能用自己的身体甚至生命迫使他、护着他走向正途的妻子，能令他好汉不吃眼前亏。事业上，我想也是如此等同吧！

而对于第二个故事中的一幕，我联想了好多，也明白了好多。小时候，我可能也吃过苦。10 岁时，我就背着很重的木箱，在街上叫唤着卖冰棍，我特别理解农民的困苦和老人所遇的不公平。这对老人很有可能并不是上海人，而是被家人遗弃才流落街头，也许并不会说上海话，甚至连普通话也说不利索。但让我感动的是这对老人的骨气和恩爱，即使没有子女的赡养，也不畏风畏雨，自己来照顾自己，没有谁会抛弃谁。还有怎样的爱情、亲情和激情才能和这对老夫妻的相比呢？如果有一天，我们也流落街头，置身在这样的环境下，是不是也能和这两位老人一样白头偕老呢？

办了多年的离婚案件,我发现,有些委托人闹离婚闹到了最后,夫妻冷漠得就像是多年的敌人,暗地里耍着一个又一个的阴谋,让我唏嘘不已。事实上,我一直主张和谐离婚。无论如何,他们都曾相爱过,都曾像这两对夫妻一样经历过风雨。

再来回答最初的问题:"离婚案件办得太多,会不会对你的婚姻有影响?"我的答案是不会。人不可能因为自己的工作,改变自己的人生观和世界观。我们在这里体会了更多的人间冷暖,也就更懂得一份持久的爱情、亲情和激情有多么来之不易。愿普天下人们都怜取眼前人,珍惜这一份无比珍贵的爱情、亲情和激情。

前任攻略

跟男女朋友上街,最不能容忍的事情是什么?

看见满地的帅哥美女、靓仔俏妞,心跳了吧?冲动了吧?想跑上去搭讪了吧?打住!身旁的人正牵着你的手呢。

前面手挽着手走着的一对美女,长发披肩、腰细腿长的那位回过头来对你莞尔一笑,哎呀妈呀,把持不住了吧?打住!打住打住!!没看到身旁的人看你的眼神啊!

咦?前面那个人怎么那么像小倩?她怎么跟别的男人走在一起?该不会是她的新男友吧!他是谁?他是干什么的?不行,我要把他给揪出来!我刚跟小倩分手,他就来勾引她,这是什么意思?!打住!身旁的人你还要不要了!

上面的这些状况,我想大家都碰到过吧?

小张是我的老乡,大学毕业后留在上海工作,跟我常有来往。后来他娶了个上海姑娘,岳父给他在质量检查局找了个铁饭碗,工资比以前高了不少。

俗话说:"家和万事兴。"小张和妻子没两年生了个孩子,夫妻俩过着小日子,虽然没有什么新鲜事,倒也安安稳稳。

然而有一天,也不知道他哪根筋搭错了,小张突然来找我,说想要离婚。我知道他日子美满,哪里想得到他突然要离婚,把我吓了一跳。乍一问他,他还支支吾吾,我急了就骂他,说你个大男人能不能干脆点,他才娓娓道来。

原来小张夫妻生活虽然也安稳美满,屁事没有,但他就是觉得这"屁事没有"的生活缺少了点什么。这小日子过到某一天,他突然接到一个电话,哎呀,这一接可不得了,那一头是小张的初恋女友,两个人从高中开始谈了七年恋爱,现在人家从北京跑到上海来,要见他一面。谈了七年的恋爱哦,这不是开玩笑,谈到大学毕业,女方家里不同意,两个人用尽了千方百计,还是没能坚持下去。后来小张的初恋女友去了北京,嫁了个有钱的男人。小张留在上海,难过了好一阵子,好在工作忙碌,跟她也没怎么联系。接到她婚礼请帖的那一天,小张藏着哭了整整一个晚上,直到东方开始发亮,他才擦干眼泪,请帖撕了扔进垃圾桶里,洗把脸接着去上班。后来小张通过工作认识了他现在的妻子,并通过岳父调了个好工作。没想到婚后的公务员生活说忙不忙,朝九晚五,办公桌前也没啥事好干。这一闲下来,小张眼前就时不时地闪出自己与初恋女友的种种往事。

的确,初恋是一个人一辈子最值得回忆的角落。

第一次偷偷看她时的心动,第一次牵手时那份莫名的激动,第一次拥吻时的开心与兴奋……那真是美妙至极。

初恋,表明一段纯洁的感情,表明我们一种冲动的情怀。也许是错的,也许是无花果,也许伤害我们太深,也许还是单相思,但是,至少说明我们很真诚地活过!

但有时候人就是这样,到手的花儿便失去了它的香气,倒不是因为鼻子闻到了别的花香,而是因为脑海里全都是曾经的味道,手中的花儿无法引起他的知觉。陈奕迅唱得好:"得不到的永远在骚动,被偏爱的都有恃无恐。"没有与之结成婚的前任就像一颗微小的碎石子,却往往乱了婚后的平静生活。初恋是人一生中第一次品尝到爱情的甜蜜,日后的爱情自然都会受到它的影响。如果不能很好地控制这份感情的涌动,那么到最后,往往不仅丢了手中娇艳欲滴的花儿,还破坏了记忆中的美好场景。

小张就是这样一个反面的例子。小张的初恋女友婚后生活并不幸福,丈夫年纪比她大将近20岁,生活上对她无微不至,但就是少了点年轻的激情。几年后他们离婚,小张的初恋女友带着不多的财产,从北京奔赴上海来寻找她往日的爱情。怎奈此时小张已结了婚,两个人在咖啡馆里一坐下,小张嗫嚅着嘴唇,张口一句话也说不出来,而他的初恋女友却滔滔不绝,将几年来的生活苦楚一股脑儿地倒了出来。这苦水一倒一直倒到咖啡馆打烊,月上中天的时候,小张开着岳父资助了一半的钱才买的车送初恋女友回宾馆,初恋女友这才问起他这些年过得怎么样。小张一时哽咽说不出话来,将车停在宾馆楼下,擦干眼角的泪水,说自己早已结婚,孩子已经5岁。当下两人不欢而散。

小张平时就对初恋女友念念不忘,经这一次见面,几年来的思念竟像潮水一样汹涌地漫上来,再也压抑不住。隔了一天,他一个电话给初恋女友打过去,巧的是她居然也还留在上海没走。两人的情愫像山洪一样爆发出来,小张向公司请了假,跟妻子却说要出差,实际上是跟初恋女友待在一起。

小张迷失在感情的漩涡之中,开始在枕畔对初恋女友海誓山盟,妻子也不要了,孩子也不要了,岳父的扶持、妻子的贤惠、家庭的责任全都抛之脑后,恨不得立刻就离了婚,与她私奔而去。

一个男人要是迷失在感情的漩涡之中,往往会失去理智。我怎么也劝他不住,苦口婆心地要他慎重考虑,甚至都开口直接骂到他脸上了,他擦擦脸上的口水,只说他主意已定。

"是福不是祸,是祸躲不过。"小张的妻子尽管伤心,却十分开明,她知道小张这一冲动由来已久,不如让他去经历经历。给他点时间,等他回头。终于他们还是离婚了,伯劳飞燕各西东,小张一时与我们所有人都断了联系。

对一个已婚的人来说,突然在一个不经意的场所遭遇曾经深爱过、最终却黯然分手的旧情人,那真好比革命党人遭受敌人的严刑拷打般煎熬,究竟是当"甫志高"还是当"江姐"全靠个人定力了。这里的"旧"是相对现实状态下的婚姻而言。现实唯其真实,因而展露出有缺憾的地方,于是便不满、便怀念,甚至幻想着那一段有头无尾的情感历程如何完美,深入地展开——这样的心理状态无疑是艳遇之花得以盛开的最好土壤。

电影《前任攻略》便叙述了两个80后饱经前任考验的爱情,艰辛的道路走到最后还是分了手,男主人公感慨:"他们那代人觉得东西坏了是可以修的,而对于我们来说,东西坏了就应该换。我们总会觉得有下一任,所以现任才会变成前任。直到现在我才明白,不是每一个人都能叫前任,而前任也并非只是某一个人,它是每一个走过的人,在你心里留下的痕迹。"一个人若不能自己解决与现任相处时的问题,反而总想着用另一份感情来代替这一份感情,则永远也不能安下心来。国外的单身年轻人比起国内更为开放,尤其在结婚前还常要举行个"单身派对",一群男男女女来一个末日的狂欢。狂欢之后就要结婚了,结了婚之后就再也没有"开放"的权利了。究其原因,婚前可以开放,婚后就要收敛。结婚之后就得收心了。

谁都有自己的过去,谁都有自己的初恋。但作为一个成年人,最关键的还是如何对待初恋的那份感情。我一直认为,我们的心灵,应该为初恋情愫专门留一个安静的角落,如果,将自己的初恋四处张扬的话,初恋就会变成对自己的欺骗。

有时候,看看《非诚勿扰》电视相亲节目,有一些男嘉宾,在VCR里面为了证明自己的专情,一味地描述自己刻骨铭心的爱情,有的甚至还描述自己的生死恋,什么为了某任女友一个人打5个人呀,什么在女友患癌症时依然陪护在她的身边直到最后呀,说得还跟真的一样。悲情的故事激起了很多女嘉宾的眼泪,哭得那个难受,真是让我动容,但是,我都不用再看下去就知道,这种人在这个相亲节目里面牵手成功的机会,用"零"来说好像还有点高估他。

不能正确对待初恋感情的人,首先是一个内心不够强大或者不够深刻的男人。男嘉宾来到相亲节目述说这段隐秘的感情,只不过是自己还没有从感情中走出来,需要的也只是一个可以听故事的观众。

谁都会有初恋,也就会有初恋的刻骨铭心。然而天不助人,最后没有走到一起,那我们该如何来面对这份感情?友情可以分享,但是,爱情必须独占。我们都会在日后组成家庭,都会有自己未来的太太和孩子。我们是沉湎往事,为得不到的再做些挣扎,还是应该珍藏这份已经成为往事的感情,避免轻易示人?

一个成熟的男人,应该泰山崩于前而面不改色。一段感情已经成为过去,那么,就要学会好好隐藏,保存这段感情的纯洁度。把自己认为的所谓生死恋,在所有人面前讲出来,那是电影看得太多的缘故,可惜,电影是编的,你就是想编,也不可能编得那么跌宕起伏。

其次,不能正确面对初恋感情的人,是一个不懂幸福或者被幸福折磨的人。当爱情已经成为往事,我们就要学会和往事干杯。"当初恋不能成为婚姻的时候,初恋的人就不需要再见面了,大家留一点初恋的记忆,别让未来的世俗气腐蚀了我们的爱情。"这句话是一个女人说的,她和他因为感情以外的原因没有走到一起,20年来,他们彼此尊重这句约定,保持着关心和鼓励,但是从来没有见面。毕竟,初恋的回忆不过是一层薄薄的窗纸,为了自己的一时冲动而去捅破,你破坏了后来的儿女亲情和夫妻生活,能收获的又有什么呢?也不过是面对往事的失落。

几年以后,小张重新回到我的办公室,那时候我正在准备开庭的文件,一抬头,发现一个好多天没刮胡子、哭丧着脸的男人站在我的门口,又吓了我一跳。短短几年,他看上去一下子老了十几岁,我一开始竟然没认出他来。他坐在我的沙发上,埋着头,擦眼泪,把我桌上的半盒抽纸都用光了。还好我还放了一盒没用的,要不然他这眼泪把我这办公室都要给淹了。我知道他这些年过得肯定十分不如意,离婚时执意辞了职,又没房子,又没工作,初恋女友也没有多少财产,两个人怎么可能过上好日子?

虽然小张是我老乡,该帮他的忙我总得帮。但我也知道他的前妻依然没有结婚,独自操劳着整个家庭,他的孩子有一段时间在学校只要看见戴眼镜的男人都叫爸爸。他为了追求旧情而破坏了两个家庭,如今又想吃回头草。就算他前妻心胸比我开阔,能慢慢原谅他,然而他这么做,对孩子的伤害、对家庭的伤害,还有没有一点点可能挽回?你们谁给我个答案,说说怎么去挽回?

小张的确非常"勇敢",但我怎么觉得这"勇敢"又让我同情呢?老话说得好:"早知如今,何必当初?"早知道如此轮回,我们又何必坚持不住而结婚生子呢?

这一切的一切，并不是单单"勇敢"二字可以承担的。即使一定要说婚姻是爱情的坟墓，那么选择进入坟墓之时也应当浇灭爱情的火花。我经办过很多好马吃了回头草的离婚案件，当事人"早知今日，何必当初""得不到往往是最好的"的心态溢于言表，一件件案件办下来，我就想说一句："你们自己选择的路，敢不敢跪着也把它走完？"

　　生活没有假如，人生不能假设。我不反对离婚，但是，我希望每个人都能慎重决定离婚的抉择过程！

　　需要就要存在，存在就是合理。我真挚地希望，能在这个离婚案件中，我，我的当事人，当事人的妻子，还有当事人的初恋情人，都会有自己合情合理地选择。最重要的是，我们都能体现出对待"初恋"两个字最值得提倡的情怀，那就是尊重！

婚前房产怎么办

新年刚过,上班才第二天,我就发现律师事务所的律师小强有点问题:难得严肃的他,突然不见了嬉皮笑脸的模样,就连他头上原本顶着的爆炸头型,现在也软塌塌地耷拉在脑门上面,跟一只斗败了的公鸡一个模样。办公室突然安静了许多,我还真有点不习惯呢。

中午休息的时候,我去咖啡室喝咖啡,恰巧小强也在,嘿嘿,我就忍不住开他玩笑了。我说:"唉哟,这是咋了的?新年新气象,新婚新女婿,无敌大律师小强上门,丈母娘不热情啊?"

小强给我冷笑了一声:"热情!怎么不热情?热情得很!欢迎欢迎,热烈欢迎!"

哟,小强还给我带了一肚子怨气了!

我说:"嘿嘿,既然这么热情,那你这一脸臭屁,是早上出门一脚踩到狗屎啦!"

小强说:"狗屎?!哼!踩到狗屎倒好了!我这是一脚插到牛粪里去,立也不是,拔也不是!周哥,我告诉你,事实证明,任何丈母娘的热情,都是藏着手铐的漂亮衣服,所有的话都有目的、都是危机四伏的。"

我说:"嗨,我还以为什么大事呢?这话还要你来告诉我。"

小强说:"周哥,你听我说,你给我评评理,这晚饭都还没吃完,我那心机的丈母娘前面还跟我嘻嘻地摆着笑脸,突然就问起什么时候在我大望路的那套房子下面加上她闺女小美的名字。周哥,你倒是给说说,如今这年头,买套房子,我容易吗?她还说什么怕我以后对不起小美,等到小美人老珠黄了,也好有个保障。哼,周哥,你说我是那种人吗?"

我说:"别介,你们家务事就自己解决,这事我真管不了。你自己不也是个大律师嘛,说起来这事还是你的老本行呀。"

说完我转个身就走,小强急了,在我背后跟着大喊:"唉,周哥你别走啊,我那丈母娘还发了话,说就给我72小时。喂,你听我说呀周哥,她还说,逾期不答复,将视我为不真心和小美交往,要跟我断绝一切来往!周哥,周哥!你知道北京今天为什么突然下大雪吗?那是因为弟弟我冤啊!"

这一喊不要紧,喊得全律所的人都听到了,坐在窗边的财务龙姐撩了一下窗帘,一滴水从楼上滴下来,溅在窗台上。龙姐嘟哝了一句:"这七月大热天的,太阳晒得空调外机都不停地滴汗,雪下到你家去啦!"

结婚后,在产权证上加上自己孩子的名字,已经是女方家长普遍关心的问题,在中国当前社会是大势所趋。世界潮流,浩浩荡荡,顺之者昌,逆之者亡!要是小强真要拒绝他丈母娘的要求,嘿嘿,只怕是至刚易折,进了门的女婿也要被撵出去。然而,不敢抵抗的冤枉女婿们所关心的问题是:房产证上加了别人的名字,一旦日后离了婚,自己会有损失吗?

不好意思,我只好明确地告诉你,这个问题的答案是肯定的。从法律上来说,"加名字"属于一种赠与行为,是房产所有者自愿地把部分属于自己的物业权利,无偿赠送给自己的配偶。而且,国家特别欢迎、支持这种舍财爱妻的行为,除了必要的手续费,对此类行为免征任何税费,并且加名手续那个快捷,服务人员态度那个亲切,就像你这房子送的是他一样。

产证一旦加名,小强的赠与立即成立。对于这份房产,小美就有份了。小强也是律师,天天办理离婚案件,对此,他自然知道得一清二楚。

因此,加还是不加?这是一个问题!

看到小强整日愁眉苦脸的样子,我就是心太软,忍不住要帮他一下。律师事务所过完年刚开始上班,下午的事情也不是太多。我一提议,全体律师集体通过,大家像模像样地开起会来讨论,讨论的主题是:"论房产证上给老婆加名字的合理、合法性。"讨论前我还特意规定,在讨论"合理性"的时候,不准使用法律观点。

会议刚开始没多久,会议室马上分为了加派和不加派,看来大家对此问题也早有分歧。我主持大家加派坐在我左边,不加派坐在我右边,我和小强一人坐在长桌一头。一个小时后,加派明显取得了优势地位,律师小强的眼光,开始扑朔迷离起来。

加派的理由:

1. 鉴于中国法律在婚姻中的严格财产保护主义,加名字是女人获得安全感的理由成立。

2. 鉴于目前的高离婚率,产证上有了小美名字,律师小强轻率离婚就会有损失,导致律师小强就会更加珍惜小美,婚姻更加牢固。

3. 鉴于律师小强一贯的油嘴滑舌,作风轻浮,而小美端庄单纯,小美妈妈提出加名字,情有可原,理应立即执行。

4. 律师小强大男子主义强烈,而小美却是传统好女人,在家里的家务事多是小美一人承担,小强理应给予小美报酬。

5. 鉴于生儿育女的重任,会导致小美人老珠黄,如遇离婚,小美就会变成二手女人,必然会贬值。如果房子加名字,一旦律师小强禽兽不如抛弃小美,小美可以获得一定的补偿,聊表"陈世美"心意。

不加派的理由:

1. 生命诚可贵,爱情价更高,若为自由故,何苦要面包?

2. 女人的青春是青春,男人的青春就不是青春了? 二手男人,特别是被抛弃的二手男人,因为心灵脆弱,青春会失去得更快!(小强特别强调的观点)

3. "男人要奋斗,脑袋有点绿",小美如果捷足先登,小强脑袋先绿了,离个婚还要给她折价款,还有没有天理啊!

4. 结婚,不能成为牟利的手段。国家禁止买卖婚姻,咱做律师的,首先就要响应国家的号召。

虽然加派取得了明显优势,但这毕竟是小强自己的家事。经过激烈的辩论,全体律师达成一致意见:

1. "加不加",这是一个情商问题。由小强律师自己考虑和决定(偷偷说一句,按照小强那没出息的德性,没说的,答案肯定是加);

2. "何时加?加多少?"则是法律智慧问题。

全体律师就"何时加?加多少?"提出了宝贵和中肯的意见,供小美和小美的妈妈参考:

1. 没有孩子的结婚,等于没有结婚,是不是考虑等有了孩子再加,比较有利于维护双方权利?

2. 加名字是加为共同共有还是按份共有? 不如在加的时候,先谈好加多少。

首先,第一条,婚结了,名字也加了,但要是孩子还没生下来就离了婚,小美轻轻松松跟别的男人跑了,小强是不是有点亏? 所以,先生孩子,再加名字,合情!

其次,第二条,说好名字怎么个加法,万一有朝一日劳燕分飞,离起婚来也有根有据，分财产时也有法可依，合理！

　　合情合理地行合法之事，小强再没有什么话可说。三天之后，小强和丈母娘达成一致共识，等小美生了孩子，两人一起去给房产加上名字。当天晚上，三杯酒下肚，小强高兴上头，表示愿意房子和小美一人一半，当下两边欢喜，丈母娘的热情再也没有什么目的了。

试婚

　　人们刚开始谈恋爱,总是会想尽各种各样的办法,在自己眼里的"西施"面前塑造一个好的形象、体现一个好的风度,用尽所有的魅力来博取对方的喜欢,使自己的性格散发出最闪亮的光辉。相反,人们也同样想尽各种办法,不惜一切代价地去掩饰自己的缺点和不足。这是人之常情,情有可原。

　　但我想大家也都有过这样的经历:当初两个人彼此相爱、一见钟情的时候,女朋友手上多拿了一把伞,你就心疼得不要不要的,仿佛一座泰山压得她喘不过气来似的。结果刚刚领了证,人家才成为你老婆没几天,她一个人在厨房里满头大汗地忙活,手上炒着菜,地上有个还不会走路的小屁孩抱着她的腿,旁边还有另外一个穿开裆裤的大屁孩把一根辣条掉到了垃圾桶里,正在伸手捡出来吃。你老兄倒是自个儿做大,端了张倒着的报纸坐在沙发里,二郎腿晃着,一脚还踢碎了个玻璃杯。

　　就是有些人,恋爱的时候像个马屁精,好不容易把人家骗到手了,油盐情、雨云情都尝过了,当一切美丽的外表繁华落尽,这锅碗瓢盆,就开始加入感情的曲章之中,生活从一开始的"抒情曲"慢慢演变成"交响乐",两个人顾此而失彼,自己的缺点就在碰撞中一点点浮出水面,这"庐山真面目"就开始露出来了。这下可好,你原来费尽心思化的妆,太阳一晒,妆花了,那些被掩盖的严严实实的东西露出来,你长得是丑是美,哪个眼不瞎的看不出来?最后闹到要离婚,非离不可了,你说你怪谁?怪你们两个藏得太深?不不不,这怎么能怪?爱美之心,人皆有之嘛。怪谁?就怪你们两个互相还不了解。

　　互相还不了解,那怎么了解?有没有什么好办法,在结婚之前,就把对方给摸明白了?身体上摸明白很容易,床上一伸手,就知有没有。生活上呢?生活上怎么摸明白?也还真有个办法,那就是——试婚。所谓试婚,试的首先就是性格和习惯,给即将结婚的人们提供一段婚前的磨合期,从而避免结婚后发现对方不是自己理想的配偶时,木已成舟而无法改变的问题。

我有个委托人叫王小芮,她刚刚跟男朋友白东同居了没几天,就发现自己陷入对他的严重不满之中。刚恋爱的时候白东像是童话里的白马王子一样,高大帅气,工作稳定,重要的是还无比贴心。随着时间一天一天地推移,两人的感情与日弥笃。终于有一天,王小芮和白东同居了,并美其名曰"试婚"。

这"试婚"的想法,最初是王小芮母亲的建议。因为两年来王小芮和白东几乎只有周末才能见面,王小芮的母亲担心两个人还不够了解对方的生活习惯,两人的磨合度也有待更进一步,于是便建议王小芮在结婚前可以与白东试婚一段时间。王小芮当下欣然接受母亲的建议,两周后,白东便在静安区租了一套房子。

拿到房子的第一天,两个人一起给温馨的小窝来了个大美容。两人一个打包碗筷,一个收拾家具,旧的东西统统扔到门外,一副要干出一番大事业的样子。整理完旧货,一个擦玻璃,一个拖地板,这年头讲究的就是"无缝配合",王小芮和白东简直把"无缝配合"发挥得淋漓尽致,即使两个亲兄妹也不会这样默契。一天下来,房子里窗明几净,两个人把席子铺在地上,吹着咯吱咯吱的老电扇,身子瘫软得像是烂泥一般。王小芮和白东没吃晚饭,一觉睡到大天亮,王小芮趴在白东的身上,撒娇说肚子饿,要他去买些早点回来吃。白东没回答,过了一会儿闷声闷气地说:"我真想时间就这样停住,像这样一直躺下去,我不想动,到中午再去吃吧。"说完就拿起手机玩了起来。

王小芮推了他一把,说:"不行,那我陪你一起去!"

白东仍然没动:"你自己去嘛。"

王小芮只好自己去买早饭。买了早饭回来,白东还依然躺在地上,按着手机屏幕,时不时窃笑一阵。王小芮把早点叠放在茶几上,拿了喝水的杯子倒出豆浆,对着白东喊道:"快吃早饭,一会儿大件的就要到了!"白东这才坐起身来,屁股挪到茶几前,眼睛却还停留在屏幕上。王小芮用手指敲敲茶几,白东抬起眼来,看到王小芮紧紧皱着眉头,便一把锁了手机,翻过来放在地上。

白东老实了几天,下了班王小芮买菜做饭,白东自觉地打扫家里卫生,给王小芮打打下手。家具一件一件添置完毕,王小芮自己设计的小窝终于有了个美好的样子。但王小芮马上就发现,白东打扫卫生时没有以前卖力了:他匆匆把地板拖湿,不管灰尘有没有被拖掉,也不管拖把是否洗干净,就把拖把扔在水池里,跑回房间开始打游戏;王小芮喊他来帮忙,总是要喊好几次他才磨磨蹭蹭地出现;房间里的桌子也变得一天比一天乱,桌面上散落着钱包、手机、发票、名片、笔等,各种电源线缠绕成一个个结,几张皱巴巴、脏兮兮的餐巾纸像癞皮狗似的趴在电脑边上……白东就坐在这样的桌子上打着游戏,时不时地还从嘴里吐出几句粗口,平时温文尔雅的形象早就被他扔到爪哇国去了。

王小芡实在看不下去,就跟他说:"你把桌子收拾收拾。"

白东戴着耳机,仍沉浸在自己的游戏世界。

王小芡上去一把摘下他的耳机,白东大喊了一声:"哪个有病……"还没喊完,就看到王小芡站在他身边。白东立马打住,眼睛又盯回到屏幕上,一只手飞快地扶起耳机,用缓和却依然不快的声音说:"你干嘛啊?我正打游戏呢!"

王小芡又一把摘下他的耳机,惹得白东"呼"地站起身来,提高了音量:"怎么回事啊?我这正打游戏呢!"

王小芡说:"我做饭叫你来帮忙你不来,做完饭叫你来吃你也不来,地也不拖干净,桌子也不整理,你说你这是什么意思!"

白东自知理亏,说:"我这不是打了一半嘛,马上就来,马上就来。吃完饭我洗碗,再重新拖个地,最后把桌子给整理了!"

王小芡这才放过他,站在他身后看他打游戏。王小芡看不太懂,画面一下子在这边一下子在那边,一大堆长得丑陋无比的人在打架,觉得没意思,就自己坐到床上去看书了。吃完晚饭,白东倒是老老实实地把地给重新拖了一遍,但一点没有整理桌子的意思。王小芡提醒他,他却说:"这地方乱是乱,可是这样整个桌面一目了然,我知道什么东西放在什么地方,一整理我就会给忘了!"

王小芡嫌他嘴硬,说:"懒就是懒,一本破书也没有,杂七杂八的东西倒是不少,你理不理?"

"不理!一理就理乱了!"

"乱什么乱,这才是乱!"

"我都说了别理了,你怎么那么烦啊!"

听到白东说自己烦,王小芡整个人都不好了。自己下了班,辛辛苦苦做这么多家务,白东自己偷懒,还说自己烦。王小芡站在桌旁愣了一下,紧接着白东在同居的几天,种种的不好像潮水一般一下子全涌到王小芡的脑海之中,她立刻转身离开房间。白东在她身后伸出手,一个短暂的"哎"声卡在了他的喉咙。王小芡把自己关在卫生间里哭了起来。

几天后,王小芡和白东分了手。白东千悔万悔,说自己什么都会改,我也千劝万劝,生活嘛,哪里不讲究个忍耐的,但王小芡却始终不肯原谅他。

所有人的性格和习惯都受到他生活环境的影响,现在的他都由过去每一天的他累积而成。试婚就给人们提供了一个机会,与"现在的他(她)"生活在一起,去了解他(她)是爱睡懒觉还是早睡早起,柜子里的衣服是如何摆放的,看完的杂志是收集还是丢弃,看电视是非得握着遥控器还是愿意跟着别人看的,菜是不是会放隔夜的,窗台上是不是放盆栽的,墙上是挂画还是照片的,花钱是处处节约还是不拘小节;自己开车时,对方是沉默不语的还是啰啰嗦嗦的;睡觉时,是安静的还是翻滚的;应酬时,是想着回家的还是一醉方休的……这些生活的小细节,在恋爱时也许并不是重点,但在生活中又往往成了一次次争吵的导火索。

　　王小芡和白东的故事就是一个典型的例子,谈恋爱时哪儿都好,真生活在了一起,这儿也有问题,那儿也有问题。其实,出了问题不要紧,两个人过去的生活环境当然不可能完全相同,因此性格、习惯自然会有差异,"试婚"就是要试出这样的问题来。出了问题把它解决掉,磨合掉,两个人协调好各自的习惯和欲望,共同决策家庭事务,学会妥协和变通,这不就完事了吗?如果不能解决、不能磨合,那倒是真还不如不结婚的好。

　　那么,对于试婚,是否要准备些什么呢?刚坠入爱河的人立即试婚,是不是一种很不负责任的事情呢?

　　周律师认为,试婚前要做好情感上和心理上的双重准备,刚开始谈恋爱就开始试婚,大的性格问题还没弄清楚就把自己放入一个复杂的环境之中,有些急躁冒进、拔苗助长。从情感上来说,只有双方都觉得两个人的感情基础已经有了足够的深度,能够经得起一定的考验,而不是因为心理上的孤独(更不是因为身体上的寂寞)才走到一起,只有这样子,试婚生活中的种种矛盾和考验才不至于使两个人轻易地放弃;从心理上来说,两个人对爱情和婚姻都应当有成熟、客观的理解,既不是理想化地觉得"只要有了爱情就有了一切",也不消极灰暗地认为"婚姻只是财产的契约"。双方还都要具备独立的人格和能力,一个不能为自己行为负责的人,如何能对对方负责、对婚姻负责?这样的独立人格还包括,要坦然接受试婚生活中所发生的一切,享受其幸福与甜蜜的同时,也要考虑到它的种种困难与考验,用最平和的心态去接受其最真实的一面。也只有这样,婚姻才能够越走越深,关系才能够越来越牢固。

　　最后,祝愿所有准备结婚的男性和女性,彼此互相珍惜,理性面对,真诚而坚定地走向婚姻!

结婚前,一定要来一次旅行

我小时候一直梦想着去东北看雪,但总因为各种各样的原因没有去成。工作了以后,倒是去了两次哈尔滨,但都是大夏天,一丁点儿雪也没看成。

有一次,我在俱乐部跟几个好朋友说起这事,恰好前一阵子徐克的《智取威虎山》上映,大家看了以后都一直对"林海雪原"念念不忘。我当下就跟他们说,咱这冬天就去哈尔滨吧,他们一口就答应下来。

眼看冬天就要到了,我跟他们约时间,结果他们一个个都说"手头有点工作,我再考虑一下"。我一看这样不行呀,这么多人,今天他有事,明天他有事,怎么统一起来?我就说干脆我定个时间,大家尽量把事情给安排开,等真到了那天,有事的做事,没事的走起,他们又都一口答应。

还有几天就到约定的日子了,我在微信群里一喊,问大家安排得怎么样了,没人理我。一个个打电话过去,全都放我鸽子!

一怒之下,我自己一个人就飞到了哈尔滨,朋友圈一爆照,每个人在下面回复了两个哭的表情,把我气的呀,我这辈子真的再也不想理他们了。这人是什么人、适不适合做朋友、适合做什么样的朋友,有时候几件小事就能看出来。

我坐机场大巴的时候认识了个哥们,还没聊几句呢,就聊到我的这几个朋友,没想到他也感同身受,他说:"还好你没跟他们一起出来,要是真跟他们一起来了,还不知道会碰上什么事情!"

我问他这话怎么说,这一问不要紧,一不小心打开他的话匣子,才发现他原来是个经验丰富的旅行达人呀!

他说:"旅行这东西,一来增长自己见识,二来给自己一个独自的时间,三来还能看出同行的人到底是个什么样的货色。"哎哟,我那个赞同呀,就差没扑下身去给他拜两下。

他叫大冰。一开始他也不是一个人旅行的,总是凑上好朋友、好伙伴一起。

但奇怪的是，大部分原来的好朋友、好伙伴，旅行一结束就变成了一般的朋友、一般的伙伴，而那些依旧是好朋友、好伙伴的，却比旅行之前的关系增进好大一步。

最为典型的是他的前女友，两个人在一起三年，谈过几次结婚的事情，就差最终确定下来。这样拖了几个月，有一次，大冰说不如一起出去旅行一趟吧，如果旅行回来两个人仍觉得没什么问题，就马上定下时间结婚。前女友当时说："好呀！"

大冰就问她想去哪，她说："都行呀！"

大冰又问她想去敦煌还是去桂林，她说："随便啦！"

大冰就说那去敦煌吧，她说："敦煌是不是在沙漠？会不会很干哦。"

大冰说那就去桂林？她说："大夏天的去南方，太晒了啦！"

大冰说要不去大连，大连凉快些，还能看海。她说："大连一听就没劲，海边城市都一个样。"

大冰只好说那你说个地儿吧。她说："其实哪都一样，我都行啦。"

一听到这里，我心想：这也不好那也不好，还说你随便，你倒是随便一个呀。

大冰也是无奈。有一次好不容易说动她去拉萨，要雪山有雪山，要蓝天有蓝天，不仅环境优美，还有气味撩人的藏香，味道馋人的酥油，哈达、手镯、藏毯、寺庙，都散发着庄严、肃穆、圣洁的气息。月初的时候，大冰就问她月底去行不行，她说月底太远了，可能会有事情。到了月中再问她，她说安排了工作不能请假。

过不多久就十一了，大冰说，我们赶紧买机票吧。她说，等她两天让她安排下行程；过了两天再去问她，她支支吾吾；又过了一天，大冰再问她，她终于说那就买吧。结果大冰刚刚买好机票，第二天她跟大冰说，拉萨之行能不能再缓缓，十一假期第三天她有个朋友从美国回来，想见上一面。

等到他们终于成行拉萨的时候，已经是第二年的九月了。趁着中秋节，请上两天假，大冰兴冲冲地定好了所有路线，又在网上预订了旅馆，轰隆隆7个小时喷射云，两个人已经置身在3 600米的海拔上了。

一路上旅行，大冰给女朋友讲解着有关西藏的一切：松赞干布和文成、尺尊公主的故事；经幡的意义、仓央嘉措的情史、酥油的吃法……女朋友身在拉萨，心在上海，左耳进右耳出地听大冰讲了一通，突然插一句："哎呀，又吃了个跌停！"

据说药王山山顶的日出非常壮观，当晚两个人说好第二天凌晨起来去看日出。因为西藏天亮得早，两人定了3点的闹钟。3点钟一到，大冰翻身就起，可是女朋友却怎么也不肯起床。大冰几遍叫下来，女朋友翻了个身，睡得却更香了。大冰只好自己一个人去看日出，刚收拾完准备出门，女朋友却坐起身来，嚷嚷着要一起去。

大冰左等右等,等女朋友洗漱、梳妆完毕已经过去了半个多小时。两个人赶紧出门,走到大路上,女友又说把手机落在宾馆了。最后两个人终于排除千难万险,刚刚到达山脚下的时候,太阳已经升上来了。

大冰当时心里非常冒火,女朋友却不把它当一回事。两个人脸都板着,互相之间一句话都没说。后来还是大冰先让的步,大冰心想,毕竟她是女孩子,自己作为她男朋友,要多照顾、多体谅她嘛。大冰问她早饭吃什么?她干干净净地一口回绝:"不吃了。"

大冰只好道个歉,说自己不该板着脸。女朋友没理他。

大冰又问她想吃藏面还是喝甜茶,她说随便。大冰就带她去吃藏面,她刚吃了两口就放下筷子,说是难吃,没熟。又给她要了甜茶和糌粑,一盘糌粑只尝了小半口,她说太油腻。

大冰窝了一肚子火,接下来的几个地方硬是忍着才没有当面发脾气。后来回到上海,没几天,大冰就跟那个女朋友分手了。

"几天的旅行下来,她到底是个什么样的货色,我看得一清二楚。其实她的这些缺点,以前我也不是不知道,但我总觉得那只不过是一个女孩子的小脾气,我作为一个大男人,就是得包容她呀!但是这趟拉萨回来,我就意识到其实完全不是这个样子。旅行把我们两个人都放到一个完全陌生的环境,我们都需要对外界的各种突发状况做出临时的反应。但她这个人,根本就不会去考虑别人的感受。没有状况的时候,两个人本来能好好玩,但她完全沉浸在自己的世界,玩手机、炒股票,跟她说话还一副爱理不理的样子;一有什么情况,她就一把拖住你,让你帮她承担掉所有的责任。总之,出了情况就是你的错,你就得向我道歉!这就是她的逻辑。"

大冰现在说起来还非常生气,"这样的人你说你怎么跟她一起生活?旅行一趟就已经耗尽了你的精力,要是跟她结了婚,天天生活在一起,还不得把人给累死啊!她完全作为你的一个负担存在,根本没想过她是在跟你一起旅行、一起生活。旅行跟生活其实是一样的,通过一次旅行就能看出她到底适不适合。她每次跟别人约饭都是最晚到的一个,有任何好事情先想到的绝对是自己,而碰到问题了就全都是别人的责任,自己推得干干净净。我之前总觉得爱情可以克服这一切,但那次之后我就明白了,当爱情最初的喜悦褪去,生活中琐碎的事情开始包围我们的时候,她的这些缺点,是我完全无法忍受的。"

意大利诗人卢恰诺·德克雷申对婚姻有一句经典的比喻:"我们都是只有一只翅膀的天使,只有相互拥抱着才能飞翔。"婚姻不是一人拖着另一个前进,而是两个人互相紧紧地拥抱在一起,共用两个人的力量一同前进,即使碰到再大的困难也不能放开,因为一旦放开,两个人将会同时坠落。

大冰的故事让我感慨很多。在结婚之前,两个人一定要来一次单独的旅行,人的很多品质,我们在平时的生活中不一定能发现,即使发现了也不一定会重视。然而旅行则从时间、空间上,把两个人紧紧地束缚在一起。因此,旅行发生的一切事情都与对方、与自己切身相关,平时对方的某一缺点可能并不影响你对他的感觉,而一旦到旅行中,这样的缺点会立即放到眼前,变得惹眼许多。

你到底能不能就这一点跟对方达成妥协,这样的矛盾你们到底能不能磨合解决?平时看不出来,而旅行则相当于给了你一次看清楚两人关系的机会、一次婚姻的考验。如果这样的考验都不能通过,那么,在日后漫长的婚姻生活中,旅行中出现的每一个矛盾都像沙粒一样摩擦着你们,你们也必定不能坚持下去,换句话说,他(她)不是你的 Mr. Right。而如果你们两人通过了这样的考验,那么,我就要恭喜你们,也许他(她)正是你要找的人。

第二篇

离　婚

结婚时喜气洋洋，离婚时凄凄惨惨。中国大城市的离婚率日渐升高，2014年甚至逼近40%，究竟是何原因？

当婚姻走到了尽头，继续死水微澜地维持下去只会徒然增加双方的负担，这时候婚姻双方往往会选择离婚。但离婚的"巨兽"常常把人的精力消耗殆尽。离婚时会发生怎样的事情？离婚后，你想得到怎样的结果？离婚，你敢想，但你真的能做到吗？

离婚证，是个什么玩意儿

结婚之后，离婚是一个不得不提的话题。

离婚这件事情如此地普遍，以至于每一对恩爱如初、白头偕老的老公老婆，都被"离婚"的想法光顾过，那些吵吵闹闹、貌合神离的冤家夫妻则更不必说。走不下去的，终于在某一天下定决心，人生中第二次走进民政局，而那些克服万难走到最后的，究其原因，必然是离婚的痛苦大于妥协的代价，终于，和爱也不是、恨也不是的枕边人相杀相爱。时光在风风雨雨中匆匆溜走，他们回首往事时发现：啊，多么崎岖的路啊，我们曾一同走过！

离婚究竟有多大的痛苦，竟然让你对这个好装逼、爱打扮、没钱没情调、矮小品味低、小便撒到马桶外面，还害怕开车、不拖地、菜烧得不好吃、肚子大得像头猪、胆儿小得像只鼠、头发堵住下水道、动不动打碎杯碗、鼻屎擦在床头上、冰箱里爱放手术刀、激情不过三分钟、教孩子常常教到自己发火的枕边人最终妥协，放弃抵抗？

离婚究竟有多大的痛苦，竟然让你愿意牺牲自己的时间、精力和金钱去修复，去弥补婚姻关系；去帮对方遮风挡雨、解决万难；放下自尊、乞求对方等一等，让自己跟上对方的脚步？

小小的一张离婚证，究竟是个什么玩意儿？

从法律上来说，结婚证的有和无是有区别的。人们常说："不以结婚为目的的谈恋爱，就是耍流氓！"这就明确了婚姻和恋爱是有区别的。一张小小的离婚证，一夜把人打回"解放前"，甚至连"解放前"还不如。

首先，离婚证意味着夫妻关系的解除。原本是朝夕相处的枕边人，如今伯劳飞燕各西东，夫妻间所有的权利和义务全都终止，遗产共有、相互继承的权利也被迫取消，相互扶助的义务也被迫消解。

其次,孩子分边。孩子呜呜两声泪,监视权就变成抚养权和探视权,曾经日日相伴的可爱的孩子,也许几个月才能见上一次面。

再次,财产分割。结婚的时候两人财产混同,收入共同共有(也有婚前协定好分开的),一张离婚证,就意味着所有财产已经得到合法分割。

最后,也是最悲惨的一点,昔日的爱侣沦为相见眼红的敌人。和平离婚一直是很多人的奢望,大部分人的离婚往往伴随着夫妻之间极大的仇恨。

除去这几点以外,离了婚,就必须独自面对生活。工作之余,本有个人可以和他一起烧饭做菜,本有个人可以和他聊天解闷,本有个人可以和他一起谋划未来,本有个人可以和他共度良宵,离了婚,就意味着这些都成为过往。

独自逛街的时候,看到一根漂亮的皮带,或是看到一个优雅的发卡,也不知道买了送给谁;做饭的时候,刀锋不小心碰伤了指头,也不知道找谁安慰;应酬的时候,喝酒喝醉了,也不知道找谁来收拾场面;下水道堵塞的时候,家政公司的电话跑哪儿去了?走出超市,发现下起了大雨,也没个人来帮自己提包撑伞;临江视水,想体我苦乐悲喜者皆流水;凭高眺远,料知我冷暖哀愁者应无是……

离婚意味着你需要照顾自己的成长和生活。很多人忍受不了独处的孤寂,最终选择了忍受别人,与别人共享屋檐。

但事实上,一张离婚证也意味着你恢复了自由之身,许多有家庭的人不能做的事情,你可以做到:你可以来一场说走就走的旅行,在自己想要停留的地方停留;你可以3点起床驱车去看日出,晚上一个人躲在被窝里被鬼片吓得瑟瑟发抖;你可以在高兴的时候为自己做上一顿美美的大餐,不高兴的时候随便煮个面条;你可以在路边看到搭配时尚的美女跟她合影;你可以高兴换几个男朋友就换几个男朋友……

作为一名律师,我并不是教唆大家去离婚,我只想告诉大家,要理性地看待"离婚"这件事情。任何事情都有它的利弊两面,没有什么事情值得被过分夸大。理性地看待婚姻、理性地看待离婚,这才是一个成熟的人应当有的气度。

高高举起的离婚率

前面,我曾说过,我们虽然在人均GDP上没能赶英超美,但在离婚比例上,早就除韩灭日,稳居亚洲前列了。

我说这样的话还真不是危言耸听,从离婚率上来看,我国人民的婚姻状况,着实让我为大家捏一把汗呀。2014年,全国离婚率最高的城市是首都北京,离婚率39%;第二位是经济之都上海,离婚率38%;第三位是深圳特区,离婚率36.25%;第四位是广州,离婚率35%;第五位是厦门,离婚率34.9%。

逼近40%的离婚率意味着什么?就是每100对夫妻有40对离了婚。没概念?换句话说,你有4个姑妈和5个舅舅,加上你爸你妈一共10对夫妻,其中就有2个姑妈和2个舅舅离了婚。

为什么国内的离婚率会这么高?这个原因很复杂,还得从离婚的成本说起。

离婚有什么成本?我总结多年的诉讼经验,离婚主要有三大成本:

一、时间成本

话说20世纪80年代以前,不管夫妻俩是不是自愿去离婚,不是去民政局,而是要经过双方家长和亲朋好友炮轰、单位或者居委会同意,最后到法院办理,拖个一年两年的,才能把这婚给真正离成。

开国中将王近山就为了离婚吃尽了苦头。新中国成立后,王近山率三兵团驻扎在重庆。本来王近山的经历就跟传奇一样,再加上说话幽默风趣,一些大学经常把他请去作演讲。这一演讲可不得了,王近山的个人魅力让一众大学生佩服得五体投地,更不得了的是,有一个女大学生被他迷得神魂颠倒,而她不是别人,正是王近山的妻妹韩秀荣!

王近山的妻子韩岫岩,原来曾是王近山负伤时看护他的护士,两个人在医院中暗生情愫,又由一同住院的陈锡联牵线搭桥,认识一年后就结了婚。婚后两个人虽聚少离多,但仍生育了8个孩子。朝鲜战争之后,夫妻二人和孩子居住在军队大院里,夫妻矛盾渐渐显露出来。本来夫妻二人是最好的交谊舞舞伴,也因为矛盾而不再跳舞,韩岫岩又不甘心王近山跟别的女人跳舞,于是就把刚刚大学毕业的妹妹韩秀荣接到家里,由她跟王近山跳舞。

王近山自然非同一般,他身上的故事就像传奇一样吸引人。本来就对王近山仰慕已久的韩秀荣自然欣然前往。

对于王近山来说,妻子韩岫岩整天板着脸面对自己,而妻妹韩秀荣却笑脸相迎,时间一长,自然跟妻妹越来越亲近,韩岫岩终于发现他们俩的私情,她怎么也不能接受这个现实。然而她迫于时代压力,依然忍耐了许久,这一忍就忍到了1963年。有一天,夫妇俩发生了一场大争吵,韩岫岩一气之下向组织打了报告。投诉信几经上递,转到刘少奇手中,他派人来做王近山的思想工作。但王近山脾气火爆,当年打仗的时候就被人称为"王疯子"。还没等人说完话,一听到妻子把自己的"作风问题"告到党中央,就像发了疯一样地喊天骂地。他一不做二不休,干脆反向组织打了离婚报告,要和韩岫岩离婚:"好马不吃回头草,这婚我王近山是离定了,组织上爱咋办咋办!"

老战友们一个个苦口婆心地劝他,他无动于衷;老首长闻讯急忙来打招呼,也被他毫不客气地顶了回去!最后这个离婚案终于惊动了毛泽东,一纸离婚书下来,中央组织部的处分也跟着下来:撤销王近山大军区副司令员职务;行政降为副军级(军衔从中将降为大校);开除党籍;转地方安排。

此时,离王近山向中央打离婚报告已经过去一年有余。一个开国中将尚且不能为自己的婚姻作主,普通老百姓想要离婚,更是难上加难。时间到了今天,谁离个婚还要向组织申请,七大姑八大姨还要来拦?一对夫妻要离婚,小两口商量着,就跟逛街一样:这个要不要?要!买了。那个要不要?不要!扔了。协商成了,民政局领张离婚证,协议离婚;协商不成,法庭上见个一两面,财产分割一确定,判决离婚。就算天王老子来了,也分分钟能给你离了。

二、经济成本

在许多西方国家离婚,有时候会面临比在国内更大的经济成本。比如,人们常说的"德国男人离婚前开奥迪,离婚后开奥拓"就是对德国离婚制度的鲜明写照。

德国民法典对离婚扶养请求权资格的规定非常详尽,适用范围也很大,包括:因照管子女而要求生活费、因年老而要求生活费、因疾病或残疾而要求生活费、要求在获得适当就业之前的生活费、因就业培训、进修、转职教育或出于公平理由而应当支付的生活费……光生活费一项就有各种名目，数不胜数，更不要说还有什么离婚补偿费、损害赔偿费、子女抚养费等的法律规定。

美国《统一结婚离婚法》第308条第1款也明确规定：离婚时一方只要具有下列条件之一的，法庭就可以裁决提供扶养费：(1)其财产不足以维持其合理的生活需要，而且不能通过从事适当的工作维持其生活需要；(2)作为子女的监护人，而子女的状况和环境又不允许监护人离家外出工作。

日本的离婚补偿有"离婚后房子给女方，房贷男方还"的惯例；香港的离婚抚养费也更偏向对妇女保护，香港明星吴孟达之所以60多岁仍然在内地、港台辛苦拍戏不愿退休，是因为他每个月要向三任妻子各支付30万元的安家费。

而在中国大陆，离婚的经济成本就要小得多。

首先，《婚姻法》第40条对家务补偿做出规定："夫妻书面约定婚姻关系存续期间所得的财产归各自所有，一方因抚育子女、照料老人、协助另一方工作等付出较多义务的，离婚时有权向另一方请求补偿，另一方应当予以补偿。"只说明了承担家务较多的一方可以请求补偿，但却没有说明如何判定承担的家务，也没有说明补偿的额度。

其次，《婚姻法》第42条对住房帮助做出规定，但仅限于一方生活困难时，另一方对此方的帮助，法院实践操作一般为两年租金。《婚姻法》第7条对子女抚育费做出规定，但仅是对子女的一种帮助，而非对婚姻一方的帮助。

由此可见，中国大陆的法律环境对妇女的保护力度显然是不够的，这也就解释了为什么近年来中国大陆的离婚率节节攀高，有些城市甚至远高于西方发达国家。

三、舆论成本

中国传统社会，"休妻"这事大得跟捅了天一样，被休掉的妻子想要再嫁人，很难！

就是在改革开放初期，一对夫妻想要离婚，也跟做梦一样，别的苦累不说，只是人家说的闲话，吐出来的唾沫，也会把人给淹了。

我有个老乡，今年五十有三，32年前他21岁，恰好大学毕业，分配回家工作。人家父母亲想抱孙子，就给他相了个女孩，马上安排他们俩见面。他跟那女孩认识还不到一个月，就办了酒席发了喜糖。这样的婚姻要想美满那就真的是"天作之合"了，一般人你想都别想。我那老乡就是这样，结了婚以后，两个人生活并不幸福。他是个慢性子，大学里诗书礼乐背得滚瓜烂熟，做起事情来说好听点是"温文尔雅"，说难听点就是有点温吞水。而那个女孩子呢，初中还没毕业就进纺织厂做工了。纺织厂这种地方,大家成天喜欢热闹,这样的女孩子哪个能受得了这酸秀才呀?

果然,这女孩子嫌我那老乡性子慢、没激情,在外面有了人。在那个年代,在外面有了人这种事情也是个翻天覆地的事,绝对不能张扬的。我那老乡虽然眼里见到了,心里知道了,但也绝不敢到处说。但是到了后来,他就认定非离婚不可,跟这姑娘过不下去了。

"那个时候,离婚这个东西还没进入别人的字典里,在所有人看来,离婚都是一件相当离经叛道的事情。不仅双方的父母亲不理解,外人也在你的背后指指点点,居委会、单位领导都会找你谈心,离个婚真是苦不堪言。"这是他的原话,看吧,是文绉绉的吧。后来,两个人终于去成了法院,婚一离掉,到了几年后再结婚,还有人在酒席上说:"这个人之前可是离过婚的!"

但现在不同了,日子一过,时代一变,生活不舒服?离之!不就是离个婚嘛,多大点事儿,大家谁没见过啊?

所以说,近年来,离婚的三大成本:时间成本、经济成本和舆论成本都在下降。这成本下降了,日子自然就没必要凑合过了,离婚率也自然就上来了。

不过,除了离婚成本这些外部因素之外,还有一些内部因素也造成离婚率的上升。

上海市第二中级人民法院有两位助理审判员曾经研究了2011—2012年上海某区法院200件离婚案件。这200件案件中至少有一方是80后,而且最后结案都是申请判决离婚。200例案件中,因为结婚前两个人缺乏足够了解而申请离婚的占23%。讲到底就是因为相处时间短,老公老婆对彼此的生活习惯、结婚态度、兴趣爱好等都不了解,结了婚发现,咦,你怎么跟我想的不一样呢?喂喂喂,我就问一句,谁非得按你想的那样呀?结果你说,不行不行,这样不行,离吧。于是就离了。

这两位助理审判员还觉得:"80后缺乏与对方磨合和适应的耐心,对婚姻不理性的认识和理解以及自身性格的问题导致申请离婚的时间整体提前和人数激增。这不能不说是社会浮躁之气在个体身上的显现。"[①]

不过,我倒是觉得,离婚率高未必是一件坏事。中国以前离婚率倒是低,但那是因为大家迫于离婚的三大成本不敢离婚,能将就则将就,白头到老。心

---

① http://viewpoint.inewsweek.cn/detail-1827.html?from=timeline%26isappinstalled=1,《中国新闻周刊》总第710期。

里想,"结婚50年了"在别人看来是多么美妙的一件事啊,结果把自己一辈子幸福都葬送在里面。今天的人们反而不能,可爱的"80后"们,他们强调个性自由、婚姻自由、生活自由,他们强调思想解放、行为开放,他们关注的不是婚姻的时间长短,而是婚姻的质量高低,他们关注的是自身幸福感。不凑合,不将就,这本身就是一种个性的解放、思维的突破,甚至包括有些"70后""60后"们都已经如此。

我这么说不代表我在为离婚说话。我一贯反对离婚,但我认为,我们应当正视离婚。我不反对感情真的破裂之后的离婚诉求,但我也同样反对没有容忍和克制、动不动就要离婚的行为。

随着时代的发展,来到我们律所寻求离婚咨询的夫妻也越来越年轻,最小的一个姑娘竟是95年的。我也很惊讶,这才刚刚到法定结婚年龄没几天,比你大10岁的还有没结婚的,你都已经要来离婚了!不过据一家媒体报道,更让我惊讶的是,有个教授说他见过离婚最快的一对夫妻是在领取结婚证之后25分钟!唉呀,我要冷静冷静,这个世界究竟是怎么了?

"80后""90后"是独生子女的天下,从小娇生惯养,婚姻生活中比较"任性"我也可以理解。他们习惯以自我为中心,衣来伸手,饭来张口,夫妻双方不懂得如何去容忍、如何克制自己的情绪,为了点芝麻绿豆大的小事情就开撕,撕到最后,咋办?离婚。

还有,这种"以自我为中心"又表现为缺乏责任感。小青年嘛,对婚姻的认识都不充分,很少用严肃、严谨的态度去面对婚姻。有本杂志叫《半月谈》,它搞了个调研,说在中国,"越来越多已婚男性和女性使用微信、陌陌及其他社交软件约会"。报道还说,通过这些平台找"小三"发生婚外情的案例在几年间增加了20%。年轻人嘛,爱玩是天性,但是你既然选择了婚姻,就要对婚姻负责,就要收收心了不是?你别抱怨说明明没有外遇,老婆还整天因为你玩手机发脾气。我就问你一句,你到底是跟你老婆结婚,还是跟你的手机、电脑结婚?还是跟你微信、陌陌上的一堆狐朋狗友结婚?你给我说说?

除此之外,我还听到些奇葩理由,诸如什么年轻人看到自己的偶像明星们分分合合,结了又离、离了又结的,对婚姻失去了神圣感。更没道理的是:"离婚的一个原因是天气太热。"据《广州日报》报道,炎炎夏日,离婚人数会出现激增。有一个区因为工作人员人手不够,只好暂停处理新的离婚申请,直到8月9日才能恢复正常。

总的来说,离婚率高是一个普遍的社会现象,单就这个现象来说,公民独立性的提高、行为成本的降低,都是一个社会文明的象征,并不是一件坏事。但就个体分析来看,如今的人们还需要重新去审视自己的生活,对另一半够不够了解？够不够关心？够不够容忍和体谅？有没有严肃地去看待婚姻和家庭？有没有责任心等,都是需要深加考量的问题。我虽然不反对离婚,但我更衷心地希望,所有天下有情人,能够克服离婚这一障碍,找到自己永远的归属！

野人的爱——离婚的故事

但凡自身安全感很高的人,不会偏激地对待感情,只有自身安全感很低的人,才患得患失,整天担心遗失了自己心爱的东西。

举个最简单的例子,NBA 运动员防守起来一般都是一个紧盯一个,以防对方迅速突破,而科比防守对手的时候却把对手放得很远,为什么?因为牛逼!即使放得远也能防好,自己还有能力去照顾别的队友,并伺机抢断进行快攻!

打球如此,感情也是如此。事实上,生活中什么事情不是如此呢?

我和我的一个委托人 msn 聊天的时候,他告诉我一个故事,是有关野人的。故事是这样的:

有一个漂亮的女孩,和学友在山上野营的时候,不幸遇见了野人。野人把她抢到山上,一步不离,看管得很严。学友寻找她几个月未果,最终放弃了寻找。女孩在山上和野人一起过了 5 年暗无天日的日子,除了学会野人的简单语言外,还生下了 3 个小野人。

终于有一天,一个科学考察队驾船闯入这个渺无人烟的山谷,一名队员无意中发现了忧伤的女孩,女孩声泪俱下地和他们讲述了自己的经历,希望他们能把她和她的孩子救离这个野人的身边。

因为野人很凶悍,所以行动计划也布置得很周密:在女孩和野人一家在河里喝水的空档,几个身强体壮的科考队队员划着一只小艇悄悄地靠近,在野人还没有反应过来的时候,成功地一把将女孩抢到了艇上。而 3 个孩子却被野人伸手拦住,科考队沿着小河拼命地往山外划,3 个孩子在野人的手臂下放声痛哭。

野人暴跳如雷,他放下孩子,沿着小河飞奔追赶着小艇,嘴里叫着一些叽里呱啦的话,对女孩拼命地呼喊。而女孩始终没有回头,一方面获得自由的感觉,已经使她激动得晕倒在救援人员的怀里,大口大口地喘着气;另一方面,她怕一回头看见孩子,就再也没有勇气和科考队冲出山谷了。3个小野人中最小的还躺在河边,另外两个跟随在野人身后,不知道是谁突然抢走了他们的妈妈。

眼看着小艇就要划出山谷,突然间,船上所有人都看见了惊人的一幕:绝望的野人突然停止了追赶,随手抓过来一个小野人,将他举过头顶,一把撕成两半,血肉横飞在空中,野人的面孔也被鲜血染得鲜红。接着,他又举起了第二个小野人,对着小船,朝着女孩拼命地吼叫,小船上的所有人都放开了船桨。

船上没有其他人能听懂野人的话,不理解发疯的野人为什么这样杀掉他的孩子?只有女孩能听懂!她知道野人以杀死她最亲爱的东西,来要挟她回到他的身边。听着野人暴怒的喊叫声和孩子惊吓的呼喊声,女孩蜷缩在小艇中,双手捂住面孔失声痛哭。只要她下船,最多遭到野人的一顿痛打,但至少孩子的命可以保住。但是谁都知道,只要下了船,她的余生又将在痛苦的非人生活中度过……

如果你是那个女孩,你会怎么做?

我知道委托人说这个故事给我听的含义,他的婚姻案件还在我的手中办理,还在等待第二次的离婚诉讼。

他鼓起勇气第一次诉讼离婚的时候,刚和太太分居不久。我陪他到长宁法院开庭,那天我们先到了法院,一路上,他还在跟我讲法庭判决离婚之后他准备做什么,正讲到一半,他太太从楼梯走了上来,他一见到太太,立马住了口,一脸的温驯。太太走上前虎视了他好久,还好我及时站在他们中间——用他自己的话说——才"节约了两个耳光"。

在我读完诉讼状之后,我的当事人向法官说明了如下的情况:一句话是,他每天按照规定知道自己能做什么、不能做什么。另外一句话是,他不知道自己做的什么是对,什么是错。

一次,参加亲戚小孩的婚礼,他借的车没有按时开来,她觉得丢了面子,当着所有亲戚的面,随手就给了他两个耳光。

一次,他夜里醒来,看见太太坐在他的身边,手里拿着一把凉凉的水果刀对着他的喉咙说:"你要是敢背叛我,我就捅死你。"

一次,他正在办公室处理事务,接到门卫的电话。原来是她怀疑他有外遇,带着孩子和丈母娘来单位闹事。领导了解他的为人,但还是和他谈话,说:"我们是机关单位,不可以老是这样。"他只有苦笑。

后来,单位领导一直收到匿名举报信,说他有这样那样的经济问题和作风问题,而举报的东西只不过是他在家里没话时候找的话题。

……

面对法官的调查,她坦然回答:"因为我爱他,我不能失去他。"

面对我的正常陈述和质问,她激动得从被告席上跳起来,好像要和我打架。我笑眯眯地看着她,说你试试看也可以,幸运的是法庭的保安没有允许她这样做。

案情很明显有利于我的委托人,只是最后由于分居时间没有到,法官也无能为力。下次吧!我只好安慰当事人,但他对自己被放归到"野人"的身边依旧感到无比地绝望。

当天下午,我接到委托人的电话,他的车挡风玻璃和后视镜被砸了。办公室里闹腾不停,他在外面躲到快要下班的时候才回去,桌子已经被同事扶起,文件散在桌面,沾有一块一块的水渍。

他似乎要崩溃了,也不知道这样的日子什么时候是个头。他们也有孩子,不知道她下一步还要做什么?

我只好在msn上和他聊天,他说我是最了解他的人,是他的方舟。看了我的msn博客,他不止一次抱怨说:"能不能给我写一点东西?"我不忍拒绝他,一直写到凌晨两点。

我觉得他就是那个小艇上的女孩,面对的是"野人"的爱。

野人之所以为野人,是因为他们对自己的生活并没有多少掌控能力。不仅常常有自然灾害的威胁,野兽虫蛇也常常打破其生活规律,抢夺他们拥有的少量财富。甚至在我们当今的文明社会,也会有"野人"的存在,他们从小生活动荡不安,自身的安全感并不能在社会中被满足,因此他们对于抓在手里的东西不懂得放手。他们野蛮的爱,使你在等到一份幸福的同时,也要牺牲一份爱,他们逼迫你做痛苦的抉择。

而对于我的委托人,以及那个小艇上的女孩,究其痛苦的原因,还是太过于软弱。他们既不懂得如何通过抗争去获得自由,也不懂得如何通过引导去走向共同的幸福。双方的生命在痛苦地控制对方和忍受控制中徒然消耗。我突然想到办理婚姻案件之初,我同事提醒我说:"可怜之人必有可恨之处。"

我羡慕神圣的婚姻,我赞美和谐的家庭,我理解"宁拆一座庙,不拆一家亲"的古训。

然而,随着"离婚"这个社会现象越来越普遍,我们不能仅止于讴歌美好的世界,更要对离婚的原因做深刻的剖析。尽管第三者、婚外情等不道德事件的出现,使人们对离婚有很大的误解。但是,不管是为何离婚,透过案件我们都会看到一些"野人"的存在。"野人的爱"有时强,有时弱,有时是一方针对另一方,有时是双方互相施予,有时针对的是孩子,有时针对的是第三人,还有时针对的是自己。跳楼的、服毒的、泼硫酸的、用雌性激素使男人丧失性功能的……种种现象,报纸电台新闻屡见不鲜。

我不想再对这些作太多的评价,我只知道每一个故事背后都隐藏着当事人自身的成长经历。究竟要如何去解决?仁者见仁,智者见智。希望看我文章的朋友们能看出什么?能否告诉我,告诉我的委托人,他还有很多路要走,他到底如何面对"野人的爱"?

上帝不掷骰子——离婚感悟

不知道你会不会在吃撑到站不起来的时候,还不舍得扔掉桌上两只油亮亮、香喷喷、美滋滋的大闸蟹?然而,隔了夜的、冰冷的、发臭的螃蟹,你宁肯饿着肚子也不会吃的。

不知道你会不会在玩得筋疲力尽的时候还要汗津津、气喘喘、慢吞吞地排队坐过山车?然而,轨道断裂的、座椅积水的、杂草丛生的小火车你是无论如何也不愿碰的。

不知道你会不会在困得睁不开眼睛的时候还忍不住给小情人发一条甜蜜蜜、娇滴滴、腻歪歪的晚安短信?然而,嘴歪眼斜的、脏不拉叽的、腰鼓成桶的叫化子,你哪怕绕路也是不想多说一句话的……

列夫·托尔斯泰曾说过一句名言:"幸福的家庭家家相似,而不幸的家庭却各有各的不幸。"

幸福的婚姻即便是再苦再累,也要赶回家给对方一个微笑,而不幸的婚姻则往往是一方或双方以千般理由万种借口躲开对方。很多婚姻,已经到了死水微澜的地步,当事人依然没有提出离婚。他们不会吃臭螃蟹、不会坐破小火车、不会与叫化子多说话,但他们就是无法面对"离婚"这件事情。并非他们没有离婚的冲动和决心,更不是这个婚不应该去离,他们真正不敢面对的是"离婚"这一过程本身的痛苦。

离婚的确是一个痛苦的过程,没有钢铁般的意志,很难熬过这样的痛苦。这种承受能力,作为一个即将离婚的人,不敢去想象;作为一个离过婚的人,也不敢回头张望;而作为一个没有离过婚的人,他们永远也体会不到这是一份怎样的苦楚!

作为一个婚姻律师,我曾陪伴很多委托人走过人生最痛苦的时候。以至于后来,自己和有些客户成为很好的朋友。我一般不给客户主动打电话,因为我不忍心我的电话勾起他们对那段痛苦经历的联想和回忆,但奇怪的是,我经常接到已经离婚的客户给我打电话,不少人要我观察他们此刻的恋爱对象,是不是适合做自己的配偶。有时候我没有空,他们会把对象带到我的办公室,就像是见一个老朋友一般地闲谈几句,最后要我给一个评估。作为一个律师,能得到客户这样的信赖,是件值得骄傲的事情。

也难怪,"离婚"这件事,一个人一辈子可能遇见一两次,遇见多了,难免心灰意冷,对婚姻失去了信心。但是,作为婚姻律师,我们每个月会遇到几十次,透过每一宗离婚案卷,我们可以看出当事人为什么要离婚?付出怎样的代价才离成了婚?离婚中有多少隐蔽的为难和泪水?对于离婚,他最顾忌的是什么?

离婚是结婚的反面教材,看清楚了离婚,也就看清楚了结婚。也就是说,从一个个鲜活的离婚案例中,我们可以看出这两个人能不能结婚、为什么能或为什么不能结婚。

离婚的女人,有一个共同的特点:她们想离开自己的城市,去过另外一种截然不同的生活,为什么呢?因为她们没有走出离婚综合症,心理出了问题。这种"离婚综合症"使她们无法面对今后的生活,阻碍她们寻找到生活的希望。

作为女人,感情是她们最后的追求,她们天生需要一种归属感,否则就会觉得自己像一朵浮萍飘浮在半空中,毫无着落。

尽管,许多我办理离婚的当事人都已经结了婚,我不用去问也知道,她们为什么一定要离婚,且为什么一定要再次结婚。还没有走出"离婚综合症"的当事人,常常在新的婚姻中同样受到伤害。而走出"离婚综合症"的,在再婚婚姻中应该会得到她们自己真正想要的东西。

面对离婚,心理上主要要过三个关口:

第一关:孩子

夫妻之间的关系或许有矛盾,但孩子不仅是他们维系感情最重要的一环,也是他们很大一部分的精神支柱。离婚让他们在孩子身上看到未来全部破碎,也就撕碎了自己原本牢不可破的精神世界。

有一部电视连续剧叫《家有儿女》,说的是两个离异家庭组成一个幸福家庭的故事。在潜移默化中,这部剧告诉我们和我们的孩子,离婚并不是什么大不了的事情,只要面向阳光,它是可以被面对、可以被接受的。社会在不断地进步,因此,对于无法回避的问题,舆论必须做出正确的引导。

但是,无论我们的"离婚后修补技术"有多么发达,离婚对孩子的冲击仍是巨大无比的,这是任何即将准备离婚的人不得不深思的问题。这样的表现在女性身上尤为明显,一位妈妈一旦有要离婚的想法,第一个就会想到孩子;一想到孩子,就会开始犹豫到底要不要离婚;九曲回肠后终于下定决心为了孩子忍气吞声,不离婚;一旦决定不离婚,抬起头来又看到自己还要与这个不爱的人一起共处的无限时光,心中又生伤悲;于是又想离婚,又会想到孩子,又要忍气吞声,循环往复,周而复始。

第二关:失落

离婚是对自己的否认,而这种自我否认是一种消极的行为,内心的能量被极大地消耗。由这种失落又会产生出极大的仇恨,你不让我好好过,我也不让你太太平平的离婚!你要和我离婚,和小三过快乐地生活,做梦!

问题的核心在于,她们已经适应了平静的生活,突然遭遇离婚的打击,原本给自己提供足够安全感的港湾顿时消失。她们徘徊在阳台,痴痴地想着"为什么好好的一家人就这样被狐狸精拆散了";她们躺在床上,眼睛要把天花板盯出一个大洞来,"以后的日子该怎么过啊!"老天啊!为什么?为什么?原因在于婚姻有两个人才行,一个人不可能有婚姻。无论出于什么原因,"离婚"被提到夫妻双方的面前,对被接受的一方来说都是一次巨大的打击。

第三关:过程

离婚的过程,是把心口的伤疤一次次撕开的过程。离婚到最后,双方往往冷漠得就像有一场大阴谋:律师要一次次地询问情况,法官会一次次地要求陈述,甚至到了最后,离婚演变成财产分割大战,为着赤裸裸的金钱面对自己和对方的内心……如果离婚的痛苦是一次性的,那离婚会是享受;只要冲过了这道坎,任人徜徉自由自在的天底下。不幸的是,每一个下定决心离婚的人,都必然和决心受难的江姐一样英勇。

婚姻,在于经营管理,在于呵护保养,在于责任心和相容性。离婚,出于仇恨报复,出于霸占独占,出于自私和淫乱。每一个离婚案例的背后,都伴随着委托人心里的痛。

人们常说:"生死有命,富贵在天,冥冥之中一切自有主宰。"然而许多时候,人们都可以决定自己的命运,上帝不掷骰子,幸福永远掌握在自己的手中。

如果有一天,"离婚"真地来到你们面前,绝不要相信上帝会来帮助你挽回,更不要期望可以被称为"命运"的东西主宰你的幸福,它翻手为云,覆手为雨,翻转中一颗骰子扔下,朝上的那一面就正好是"幸福"。

如果有一天,"离婚"真地来到你们面前,最好的方式是仔细考虑自己是否有勇气去面对上面所说的三个心理关口,并一个一个将它们解决掉,冷静地调整好自己的心态,将婚姻像风筝一样牵在自己的手里。

　　当我们不能依靠自己掌握婚姻的时候,也许,就是婚姻该结束或者被迫结束的时候了。

无情的洗牌之手

洗牌是一件最为稀松平常的事情，一局牌即将开打，为保证公平，打之前要做的就是洗牌。任上一局扔下了多少个炸弹，牌轻轻一洗，就一点一点被拆分成了碎弹壳，没有一点威力。任人在这副牌中做了多少诡计，牌轻轻一洗，也就洗去了这点可笑的小心思。

洗牌是一块标志着时间断裂的石碑，宣告着洗牌之后所进行的一切与洗牌之前完全无关。它向着过去呐喊："我们功过不计、既往不咎，抛弃所有的关系，一切从头再来！"它向着未来欢呼："放下你们肩头的负担，焕然一新的世界在迎接你们！"

"洗牌"让我们从过去的生活中完全退出，重新行进。世界似乎并没有什么能够羁绊我们的脚步，我们大踏步向前，一切都向着阳光，无比美好。

可是，人毕竟是一种感情动物，过去的生活会永远地停留在我们的记忆之中，不住地回响，提醒这是你曾经用过的镯子，提醒这是你曾经恋过的旧人，提醒这是你逃脱不掉的生活。

因此，"洗牌"就变成了一个异常残忍的举动，强行将你和过去的生活完全撕裂开，你感受到肌肤被扯开时的剧痛，你感受到与心爱之物分别的苦楚，你感受到再没有人理解你的孤独……

在婚姻之中，也有一双冥冥之手在给婚姻重新洗牌，这双冥冥之手就叫作"结婚"和"离婚"，生活中的每一个人都不过是婚姻中的一张牌而已。

只要是牌，在洗牌之前，一定是中规中矩，排列整齐。牌哗啦啦地翻动，就像一个人在人海之中穿过所发出的声响。终于，你和某一张牌相遇，并叠放在了一起。爱人之初，为朋友可以两肋插刀，为了女朋友可以插朋友两刀。可是当某个时候，一些强大的外来因素导致平衡破裂，姻亲和血亲在法律和道德层面都有着严格的区别，婚姻就开始重新洗牌。这种"洗牌"发生的时候毫不留情，绝不会因为个人的意愿而发生改变。

然而,到底有什么外来因素强大到能打破这种平衡呢?

一、女为悦己者容,士为知己者离

爱之初,性本善。每个人走进婚姻的殿堂,都没有想到婚姻是个身份契约。起初恋爱的时候,情人眼里出西施,看着眼前的可人儿,处处都顺眼,哪哪都顺心,所有的缺点都可以被原谅,就连原本自己绝不能容忍的习惯,都可以变为对方最可爱的举止,就像辛晓琪唱的那样:"想念你的笑,想念你的外套,想念你白色袜子,和你身上的味道。"可是,味道毕竟还是味道,这种特别的味道,需要夫妻双方来用心来适应、包容、改进,互相成为"悦己者""知己者",否则,一般人不会有适应这个味道的怪癖。

于是,生活中的很多细节就变成了三天一小吵,九天一大吵的缘由。以前的潇洒飘逸变成懒惰自私;以前霸气刚强的男人变成不会体贴人的野蛮糙汉子;以前的温柔变成文弱没用;以前的小鸟依人变成幼稚;以前种种的魅力一点一点散去。婚姻变成爱情的坟墓,从揭开红盖头的那一刻开始,缺点的盖头也掀开了一只角。厌烦、失望、仰天长叹,最终,离婚之手开始为婚姻翻开另外一张牌,或者干脆推牌认输。

我认识一个法学教授,他离婚的时候我没有一点诧异。我第一次去他家的时候,教授夫人的几句话就让我知道他们的婚姻无法长久。"我看老家伙没有什么啊,怎么每天还有那么多的人找他签字?""老家伙几斤几两我还不知道!""离婚?他敢!"

人们常说:"入鲍鱼之肆,久而不闻其臭也。"意谓人们会习惯于对方的种种缺点,甚至被对方同化。但问题在于,婚姻并不是一个封闭的房间,人们在家庭与社会之间频繁穿梭,试问谁愿意自己的家安在"鲍鱼之肆"之中,频频闻其臭?一旦家庭外面有一个芝兰味的"知己者",那离婚势必要发生了。

二、自食其力,比翼双飞

我曾经办过这样一桩离婚案件,男方是某大型超市的总经理,女方是某宾馆的洗衣工。女方和我接触后,表示坚决不同意离婚。她说自己结婚前曾被多少开着宝马、奔驰的追求者追求,最终却选择了骑自行车的他。她说自己以前是如何鼓励老公去应聘超市送货员的岗位,如何放弃自己的工作,支持老公的事业等。

一个现代陈世美的故事来了。可是,根据2005年的法律,就是包公在世,这个婚姻也无法逃脱被洗牌的命运。作为男人,我非常同情这个伟大的女性,但是作为律师,我还是要对她说:"小姐,你出局了。"离婚不相信眼泪,离婚也不相信故事。

以你的才能,通过你的努力,你可以和你老公一样,做到超市的总经理。但是,女士,请你注意,当你成为老总,老公却是个全职爸爸时,你会发现,你的老公怎么这样无能,而你身边的男士怎么都对你含情脉脉。尽管此时,我也同情这位伟大的男士,但我想女士你也会有自己的选择。

一个人失去了自我,将生存的能力完全交由别人来保管,也就托管了自己的出牌机会,就应该接受这副牌的后果。一旦输光了筹码,赌场可以随时请你出去,或者仅仅欢迎你参观,因为你没有打牌的资格了。

人们常常羡慕比翼双飞的翔鸟,却忘了他们都没有失去独自飞翔的能力。夫妻二人千万不能失去自我,这样才叫比翼双飞,否则一个拖着另一个飞,只怕天飘小雨也不能扛过去。不离婚者信奉的是糟糠之妻不下堂,离婚者信奉的是胜者为王,败者为娟。

三、夫妻本是同林鸟,大难临头各自飞

结婚,不仅享有它的权利,也同样负有它的义务。归宿感每个人都有,结婚似乎也是每个人的幸福权利。可是好多人对婚姻没有足够的认识,往往只看到了权利,却忽略了义务。

我认识一对80后小夫妻,两个人是大学同班同学,一直读到研究生一起毕业,领证结了婚。家里出钱给两人买了房子,但两个人的月工资往往还没到月底就已经花光了。这样过了两年,做妻子的想要个孩子,因为担心抚养不起只好拖了又拖。做丈夫的生病住了院,妻子也抽不出时间来照顾,丈夫的父母亲在医院照顾儿子。两人的时间完全消耗在生活的漩涡之中,一方面没有足够的能力承受成家、立业、生子等耗时费力的家庭生活,另一方面心理上也没有做好养家糊口的准备。这时,离婚之手就光临了他们的殿堂,对这对小夫妻说,不要打牌了,愿赌服输吧。

四、床还是那张床,可是人变了

试婚是都市里的一条游戏规则,有学者反对这个说法,有学者赞同这个说法。但既然它已经成为一个潮流,就有一定的道理。

每个人都有自己的性取向、性爱好,尤其在今天这个时代,"性"如洪水猛兽一样进入我们的世界,当今社会对性的容忍度已经达到空前的地步,因为"性"而

产生的婚姻问题更是数不胜数。性,对上海这个地区而言,富人有富人的游戏,小资有小资的情怀,在经历了"家花没有野花香"的开始,家花和野花的界限变得越来越模糊。由于技术不济,泡妞变老公、野花变家花的男人"坏账"比比皆是。因此,如果在床上不能管住自己的家里人,洗牌之手将再次来临,洗你没商量。

这四种强大的外来因素破坏了婚姻的平衡时,洗牌将不可避免地来到你的生活之中。婚姻是严肃而脆弱的,洗牌之手哪怕光顾一次,足以引发巨大的动荡,唯一的解决办法就是搞清楚你的婚姻处于怎样的状态之中,并做出改变,才能有效地避开这只恐怖的"洗牌之手"!

(以上是个人观点,它的出发点是希望人们能从中体会到离婚作为婚姻的反面教训。仅供参考。)

婚姻到底怎么了

什么时候是男人最骄傲的时刻？

是天天回家有个暖被窝，还是左拥右抱、夜夜笙歌？

是话筒闪光灯跟着走，还是屋檐之下处处有人声？

是一个项目尘埃落定时，老板拍着你的肩膀说："给你提三级！"还是比赛中打败了一个个强劲的对手，心爱的人痴痴地看着你惊呼："你怎么这么厉害！"

……

这些时刻也许很幸福，但一定不是最骄傲的时刻。

我最骄傲的时候，是听到别人说了一句："爷，明儿个您可要来啊！"这句话，原本是电影里一个妓女的台词。那时候，我还很小，逼着弟弟妹妹们学着她的语气跟我说："爷，明儿个您可要来啊！"

做爷的感觉，真好！

直到现在，我一直认为，男人最骄傲、形象最高大的时候，就是他征服了别人的时候。男人征服男人，那就是事业；男人征服女人，那就是婚姻。

毛泽东主席曾说过一句名言："与天斗，其乐无穷。与地斗，其乐无穷。与人斗，其乐无穷。"人，天生具备征服的欲望。所以，人永远要去征服一些东西。政治家追求权力、科学家征服自然、哲学家征服理论、文学家征服语言、运动员征服极限……那么，我们普通人征服的是什么？

弗洛伊德曾说："我们所做的每一件事情，其动机都来自性欲和虚荣心。"卡耐基也曾说过："人最基本的两大欲望，就是性和渴望伟大。"总结来说，无论是根据弗洛伊德的意见，还是根据卡耐基的话，人的最终欲望只能靠"性"和"征服"两者来满足，而这两者又都能与婚姻亲切"握手"。也就是说，一场婚姻到底如何，我们从这两者就能看出来。

满足性欲望，一般来说只要不是同性恋，只有异性才能做到。对于男人来

63

说,只要有一个稳定的性伴侣,就比较容易满足这一欲望。

而满足"征服"欲望却要难得多。渴望伟大,是希望有一个人甚至一群人服你、信你、听从你,从而体会"征服"带来的快乐:一呼百应,气壮山河!大地,在我脚下;国权,在我手中!谁再敢多说一句话,我大袖一挥,统统消失!可是,男人,尤其是普通男人,要做到这点,真的难比登天。一山不容二虎,试问天下"既生亮",还能容得下周瑜吗?

而女人的出现,就让这一点成为可能。贾宝玉有一个著名的比喻:"女儿是水做的骨肉,男人是泥做的骨肉。我见了女儿,便觉清爽,见了男人,便觉浊臭逼人。"女人天生温柔细腻,一不留神崇拜上了男人,就满足了男人的征服欲望。

征服一个女人,可以同时满足人的两大欲望。因此,对一个男人来说,一个美满的婚姻,便是他最大的财富。不过,婚姻之初,年轻人大多考虑的是情投意合、门当户对,不可能深层次考虑这么多。同时,年轻人也很少以发展的眼光来看问题,长相、身高、学历、经济能力、自己需要结婚的急迫程度、相互之间的感觉等,都会造就男女的初次联姻。只有一个成熟的男人,才会从自己的实际情况出发,理智地对待自己的婚姻。

离婚,虽然是结婚的反面,同样也闪现着"征服"的影子。我在办理婚姻案件的过程中,从男主人公或女主人公身上,或多或少都能发现,"征服"与"被征服"的强大矛盾已经成为离婚的基本动力之一。

俞刚和妻子刚结婚的时候,在社区开了一家杂货店。妻子管理店里的事务,而俞刚负责寻找货源,两人分工明确,共商家事,小日子过得紧凑而有兴味。慢慢地,两个人开了一家小超市,结果越做越大,变成一家大型超市,再后来又开了几家分店,变成了连锁超市,最后两人干脆关了超市,把楼层开放,吸引别人来开服装店,自己转身做起了房产生意。这钱是越赚越多,日子悠哉游哉,出门坐气派的大奔,关门踩在真丝地毯上,地毯下是巴西龙凤檀木地板,嘴里叼着一支丹麦石楠木烟斗,别提有多惬意了。

但俞刚偏偏就在这时候犯了浑。有一天,他读到汉武帝的一句"欢乐极兮哀情多",想那汉武帝要啥啥没有啊?大将军卫青一出马,天底下还有哪个人敢说自己能打?就汉武帝那样的人物,欢乐着就好了,哀情个啥劲儿?别人或许都不能理解汉武帝,但俞刚能。为什么?因为俞刚也到了那个境界,要啥啥都有,所有的物质欲望都得到极大的满足,从而转向精神追求,开始寻找物质之外的"征服"。

这时候俞刚猛然"醒悟",发现自己以前结婚时所追求的东西是错误的。虽说自己的物质生活像神仙般惬意,但总感觉什么地方欠缺些。俞刚琢磨了很久,猛然发现,自己的妻子只会冷静地和自己商量业务,而且还气势凌人地批评自己这里做得不对、那里做得不好,却不懂得过日子是需要激情的。于是,他开始沉醉于各种温柔乡里乐不思蜀,体会不同的女人被自己所征服时带来的无穷快感。如果,自己有能力来改变自己最初的征服结果,让这种感觉持久下去,就能回归到追求人的本能需求上,"而离婚,恰恰就是重新选择征服的权利。"俞刚说。

"不爱江山爱美人"的内涵便在于此。英国的查尔斯王子与戴安娜王妃离婚,令全世界的情郎爱女吃惊费解,但我能理解这个有良好风度的绅士,他为什么会离开戴安娜这个光芒四射的迷人女人？因为,当他和她在一起的时候,所有的闪光灯都对准了王妃,而自己永远是一片陪衬的绿叶。

一个事业失败的男人,换一个环境,换一个对于自己崇拜或者百依百顺的女人,就体现出了征服。对于他所经历的事业失败的打击来说,这或许是一个莫大的慰藉。

无论怎样的男人,或多或少都憧憬过事业的成功,都曾有过激昂的雄心壮志。而一个内心承认自己没有能力征服事业的男人,往往更想通过征服女人来满足自己的欲望,体现自己的价值所在,这大概是他还能体现男人气概的唯一途径。

"征服"使人笑,"征服"也使人哭,在我们体会"征服"带来快感的同时,也要承受它带来的痛苦。

我承办的案件中,的确,有很多男人,征服点太低。

我有一个大学女同学,从小由家庭司机开着保时捷接送上学,大学里拒绝了数以十计的追求者,又以全系第一名的成绩毕业,毕业以后进入一家基金公司,两年后成为一名基金经理,管理着近1亿的资金。就是这样一个条件优越的孔雀女,最后她选择的老公,让我们所有同学都跌破了眼镜,心里满满的都是羡慕嫉妒恨,怨恨自己当年怎么就没有赢得她的芳心呢!

进入社会后,作为妻子,她给了他很多的帮助:帮助他寻找合适的工作,帮助他考上研究生,帮助他完成硕士论文,帮助他一步步往上爬……结婚17年,我们所有人都开始祝福他们的婚姻,因为,她的确爱他,她的爱让我们所有人都为之动容。

而她的丈夫可以说也很努力,勤勤恳恳、兢兢业业,工作上的事做得比所有同事都要漂亮。可是,有时候,事业,是需要一点运气的,但他就是背到了家,始终碰不到这个运气,上帝一直没有眷顾他。走在外面,妻子偎依着他,显示出一副小鸟依人的模样;然而一回到家,他心里一直有道过不去的坎——他的收入永远比妻子低,职位也一直比不上妻子,他总觉得自己的能力不如妻子。

虽然他的妻子无怨无悔,知足常乐,从不在他面前提起自己的工作和工资,更不敢在他面前提起一个个优秀的同学,谨小慎微,唯唯诺诺。但该发生的,还是发生了。他喜欢上了一个开美容院的女人,她长得不漂亮,与自己的丈夫离了婚,带着5岁的孩子独自生活。内心挣扎再三后,他一本正经地提出和妻子离婚。我的这位同学,像被抽了魂一般,呆呆地怎么也想不通,独自一人躲起来哭了又哭,也没跟丈夫说过一句委屈话。

自卑,有时候离自尊真的就只有一步之遥。这个男人,他不能算一个坏男人,只能说他的心理抗压能力还不够。和美貌有能力的妻子在一起,他莫名其妙地感到压力,直到结婚以后第17年,依然没有消散。也许他的痛苦,真的只有他自己才知道。也许只有和这个美发店老板娘在一起的时候,他才能真正地化去压力,真正地快乐起来。也许离婚,对于他来说,真的是一种解脱。

婚姻到底怎么了?当婚姻出了问题的时候,作为男人,不妨回过头去看看,是自己在家庭生活中没有体会到"征服"的感觉,还是自己太过于自卑、将不存在的压力压在自己的肩上;作为女人,也不妨去反思反思,自己在征服男人的过程中是否太过于盛气凌人,没有给丈夫留下足够的空间,满足他的征服欲望。

抢孩子

话说天下三分的时候,有个很有名的小孩,名叫刘禅,小名叫阿斗。为什么他这么牛呢?因为他老爸是皇叔刘备,妈咪是孙尚香,舅舅是吴太祖孙权。这人怕出名猪怕壮,有了这么牛的长辈,阿斗的名字在江湖上自然响当当,但这也为他自己招来杀身之祸。

那时,荆州有一项代理业务,本来是属于孙权的东吴公司,结果被妹夫刘备刘董事长的公司抢走了。这一抢不要紧,刘董事长的公司本来只是个毫不起眼的小破公司,结果他凭着荆州的这项代理业务发了家,一跃成了和孙权平起平坐的大老板。老孙心里很不服气,日日夜夜骂着刘备,做梦都想把荆州那块代理业务给夺回来。

孙权的副总张昭出了一个主意:趁刘总不在家的时候,派公司市场总监周善出使荆州,对刘备的老婆孙夫人(也就是孙权的妹妹)说,阿斗的外婆(孙夫人的亲娘)生病了,病得一口气提不上来就要死过去,让孙夫人和阿斗赶紧一起回东吴,见外婆最后一面,如果晚一步,外婆就见不着了。张昭料定孙夫人思母心切,计划必定成功。只要阿斗一朝踏进东吴地盘,只消三五个小兵,就等于抢过来一个荆州。你想啊,刘备就这么一个孩子,孩子没了,肯定会乖乖交出荆州的代理业务,换阿斗回家。

孙权一听,妙极妙极!当下赏给张昭百两黄金,几天内,将一切计划安排妥当,探得刘备在外奔忙的时候,悄悄派出亲信周善,带着一帮虎将雄兵,直驱荆州,骗抢阿斗。

这计划是周密,只可惜人算不如天算,由于妹夫刘备的结拜小弟张飞和赵云勇猛难挡,孩子没抢到手,兵倒是折了不少。

历史,总是惊人地相似。别说夫舅之间起了矛盾会撕破脸皮,一对夫妻的感情开始变质,往日的情谊如一江春水向东流的时候,开始分居了,准备离婚了,两人便为了各自的种种目的和利益,而吵得不可开交,甚至大打出手,抢孩子、抢财产之类的事情,也经常会发生。作为婚姻律师,我们也经常看到即将步出婚姻殿堂的夫妻把小孩子抢来抢去的故事。

虽说看得多了,但仍有一个案件令我至今难以忘怀。有一位委托人,和我说起她抢孩子的经历,其壮烈程度让我不禁潸然泪下。

委托人叫小娟,给我的印象是很好的,为人质朴诚恳。我和小娟签律师合同时,出于同情她的经历,主动提出给她减免一部分律师费。没想到她死活不答应,说当律师也很辛苦,不仅补给我免掉的那部分费用,还额外送了我一大包野荞麦,说是放在枕头里有助于睡眠。你看看,是个好人吧!

小娟告诉我,老公有了外遇,寻死觅活地要和她离婚。小娟的老公,刚开始应该说还是很爱她的。婚前买房,他出钱,写的却是小娟的名字,小娟提出要写两个人的名字,他说无所谓。婚后有了孩子,两人没时间照顾,孩子便交给了小娟在嘉兴的父母抚养。他又在嘉兴当地给小娟的父母买了一套房,名字写她父母。老公那时说,都是一家人,名字写谁无所谓,外公外婆照顾孩子很辛苦,一套合适的房子必不可少。

后来有一段时间,小娟被派到国外工作。回国定居后不久,老公直截了当地对她说:"我喜欢别人了,我们离婚吧!"离婚的条件也开出来了:上海的房子给老公,小娟妈妈名下的外地房子给小娟,孩子给小娟。小娟想不通,不肯离婚。可小三已经住进上海自己的房子,她只好回到嘉兴,跟自己的爸爸妈妈诉苦。爸爸妈妈却告诉她,她在国外的这段时间,老公一开始还来探望孩子,后来以工作忙为借口,干脆再也不来了,对孩子也不闻不问。孩子还在上幼儿园,爸爸妈妈一个都不在身边,每天晚上睡觉前都要哭一鼻子。正当小娟抱着孩子抹眼泪的时候,她收到小三发来的信息。小三挖苦她,说你老公对你已经没有感情了,你还非要赖着,就是一只癞皮狗。

小娟心如死灰,对老公不再抱希望,于是就找到了我。她说,如果一定要离婚,争取多少财产不是重点,关键是孩子她一定要争取到,这可是她的最爱。我听了她的陈述,告诉她以现在的情况,法律上对她是有利的。

首先,争取到孩子问题应该不大。因为,孩子一直随外婆生活,和女方家庭有深厚的感情,根据法律解释,可以作为优先条件予以考虑。同时,小孩和小娟都是上海户口,他老公却是外地户口,如果起诉离婚,孩子判给小娟抚养的可能性非常大。其次,从法律上来说,两套房子是她的婚前财产和她母亲的个人财产,这都是因为两次买房她老公"无所谓"的缘故。所以,在法律上他没有房子的份额。

因此，无论是在取得孩子的抚养权还是在财产分割上，小娟都是有利的一方。这个官司应该不难打！但同时我也提醒她，从现在起要看好孩子，一旦被老公抢走了，他用孩子做要挟，你这个爱子心切的妈妈只好彻底投降。"荆州代理业务"得拱手相让不说，人也会被折磨得要崩溃。

小娟很聪明，一下就明白了应该怎么做。但谈来谈去，小娟还想最后给她老公一次机会，看看有没有挽回的余地。于是她委托我先和她老公电话沟通了一次，告诉他离婚的后果。也许，她老公看在房子损失的份上，会回心转意的。小娟的老公接到我的电话，态度很是嚣张，说："不可能！周律师，你蒙谁啊？都是我买的房子，怎么会成为小娟的了？"

谁都没有想到，事情就是从这里开始变坏的。这一通电话之后，小娟的老公想了想，或是咨询了其他律师，认为我给他分析的法律后果是完全有可能的，甚至基本上必然如此。之后发生的事情，很快证明了"无所谓"先生的醒悟：和他通过电话后的第三天，趁小娟不在家，他直接就去了嘉兴的小娟父母家，以很久没见孩子，带孩子去吃 KFC 为理由，行李都没有顾得上取，一溜烟地就把小孩带走，并且藏了起来。

他知道自己在法律上不占优势，于是就拿小娟的命根子来争取法律外的优势。

孩子被抢走当天，老公立即打电话给小娟。打通后，一言不发，直接给她听孩子的哭声，恶狠狠地训孩子、吓唬孩子。孩子哭了三分钟后，老公才开始发表重要讲话："小娟，你懂的！你如果想再见孩子，先把房子过户给我！否则，你一辈子见不着孩子了！"

小娟哭着对我说："周律师，您当时提醒得太对了！您要我注意孩子，我没有注意，但我哪里想到他会这样卑鄙，他真抢孩子啊！现在，孩子在他手里，只要能要回孩子，财产他要我就都给他吧，只是房子给了他，我和孩子住哪里啊？"

考虑再三，我建议她想办法把孩子抢回来。我介绍了一家调查公司给她，跟了他老公几次，结果发现小娟的老公没有回自己的家，下班后直接去了"小三"家。由于调查公司费用太高，小娟就没有再请，她决定自己去找孩子。

这一找就找了三个半月，这三个半月里，我一直没有小娟的音讯。突然，有一天晚上，小娟打电话给我，她带着沙哑而坚定的声音说："周大哥，孩子我抢回来了，明天我请你吃饭。"第二天，她来请我吃饭，三个半月里，小娟瘦了整整 20 斤。

为了找孩子，小娟向老板提出辞职。老板却挽留她，特批她只要完成工作，上下班时间可以自由安排。

于是,小娟每天早上五点就上班,下午三点钟下班,为了去跟踪老公。跟了几天,大概知道了老公和公公婆婆的活动范围。这个范围有多大呢?近10平方公里。10平方公里有多大?我不知道。但是,我知道在上海,10平方公里内,会有100个小区,5 000多个居民楼。

小娟天天跟,跟丢了,就在10平方公里范围内一个小区一个小区地寻。每天晚上八点,她准时走进这个10平方公里范围内的一个个小区,寻找公公和老公的车子。只要找到车子,就知道他们住在这个小区,孩子也就在这个小区了。从晚上八点,一直找到凌晨两点,小娟回去睡觉,第二天早上五点接着去上班,下午三点接着跟踪,晚上八点接着找。

听到她说这段话的时候,我心里一阵难受。她却笑着对我说,周大哥,三个月下来,也有额外的收获:第一,以前我不敢独自走夜路,找孩子找了三个月,敢走夜路了。第二,那一块的房产中介我可以承包了,10平方公里内的每一个小区,甚至里面的每一条小道,我都摸得一清二楚。

一个小区她自己至少要找两遍,第三遍交给她的父亲,她父亲从嘉兴抽时间到上海,按照女儿的"找小孩笔记本"去找第三遍。

她说,有一天夜里下雨,没有戴眼镜,结果跌到沟里了。她一边哭一边爬起来,摸黑继续找。有时候,碰到野猫野狗突然蹿出来,吓她一跳,后来习惯了,胆量也练出来了。

皇天不负有心人,终于,第89天夜里11点,她在一个小区看到了公公的车子。看到的时候,她一下子就瘫倒下来,连拿手机打电话给父母报喜的力气都没有,坐在小区草坪上,哭了一个多小时才回家。

抢孩子开始了。第二天下午,她躲在车子里,看见婆婆带着孩子从楼里面出来散步,婆婆非常警惕,所以她不敢贸然下手抢小孩,因为,如果不能一次成功地抢走孩子,她也许再也看不到孩子了。她老公说过,离婚后,把孩子送到国外姐姐家去。就这样,她躲在车子里面,观察了15天,也在车里哭了15天。

她的同学很给力,15天,天天开着不同的车陪着她。第15天的下午,机会终于来了。这一天,孩子和婆婆走到了小区外面,孩子离婆婆有十几米的距离,机灵的男同学马上开着车跟上去,小孩就在他们车子的后轮处停住了。男同学对小娟说:"下车抢!"她还是不敢动。女同学一把把车门打开,把她推出去。小孩看见她,吓得跌坐在地上哇哇大哭,她一伸手,抱起孩子就往车里塞。车门一关,飞驰而去。后视镜里,小娟的婆婆目瞪口呆。

车里,孩子拼命挣扎,大叫"救命"。小娟说:"我是妈妈,不怕!"女儿哭喊着:"妈妈,你就饶了我一条小命吧,你不要杀了我!"

小娟一下子就愣住了。

还是男同学聪明，说这家人太过分了，怎么这样吓唬小孩子啊，小孩子才5岁。这样一说，车里的同学才反应过来，小娟轻声地安慰孩子说："妈妈怎么舍得杀你呢，妈妈带你吃你最爱的棉花糖。"车里的每一个人眼眶里都噙满了泪水。

听完了这个故事，我们就要来分析一下，难道法律对抢孩子就没有约束吗？抢到了孩子，到底会有什么好处呢？我们先来看看法律规定：

　　法律规定：一九九三年十一月三日，最高人民法院出台了《关于人民法院审理离婚案件处理子女抚养问题的若干具体意见》：

　　3. 对两周岁以上未成年的子女，父方和母方均要求随其生活，一方有下列情形之一的，可予优先考虑：

　　（2）子女随其生活时间较长，改变生活环境对子女健康成长明显不利的；

　　4. 父方与母方抚养子女的条件基本相同，双方均要求子女与其共同生活，但子女单独随祖父母或外祖父母共同生活多年，且祖父母或外祖父母要求并且有能力帮助子女照顾孙子女或外孙子女的，可作为子女随父或母生活的优先条件予以考虑。

从这个法律规定我们可以看出，小孩子在离婚前和谁一起生活，确实是争取小孩子抚养权的主要因素。

更重要的是，还有一个潜规则，从法院出具判决书的执行角度来看，如果孩子不在女方掌控之下，把孩子判决给女方，必然造成法院执行庭后期的工作量和工作难度。因此，尽管法官觉得孩子判决给女方对孩子有利，这种情况下法官也会犹豫，不敢判决给女方。

我经常遇见一些好心的法官私下和我说："抢走了，再想办法接回来，否则不好判决啊！就是我判决给你，执行庭也会找我麻烦！"

说完了法律依据和潜规则，我们再来分析一下，为什么会发生抢孩子的事件？到底是什么动机，让这些大人为了争取抚养权，把孩子抢来抢去呢？我认为不外乎以下几个原因：

一、确实爱孩子！独生子女就一个，爷爷奶奶外公外婆心头肉，爸爸妈妈的心肝宝。财产都好处理，多多少少无所谓，但孩子就一个，总不能一劈为二吧！既然法律规定，在谁手里就对谁判决有利，那么，我就先下手为强，抢到手再说！

二、为了财产利益。夫妻感情好的时候，孩子的名字写在产证上，天经地义。动迁的时候,动迁利益孩子有份,可以有一大笔钱。离婚后,如果谁取得了孩子的抚养权,就等于取得了属于孩子财产的监管权,那可是一大笔钱啊!利益的驱使,为了得到孩子的抚养权,就去抢孩子。其实,这些人并不是真正地爱孩子,而是爱孩子的钱。

三、为了名分。特别是男孩子,怎么能给女方呢?怎么样也要争取过来,不争取过来,孩子的爷爷奶奶岂不要把我这个爸爸劈了!

四、利用对孩子的爱,达到自己离婚的目的、财产分割的目的。小娟的故事就是如此。

法律是严酷的,法律也是正义的。法律在赋予一方抚养权的同时,还赋予另外一方探视权,共同形成离婚后子女的监护权,目的就是为了能给孩子完整的母爱和父爱。可是,由于判决后的执行受个人意愿影响,往往得到抚养权的一方,会制造障碍不给对方探视的机会,让探视权形同虚设。明白探视权是个摆设,就促使大家倚重抚养权,千方百计去抢孩子,得到抚养权。

其实作为一个正常人,不难看出孩子给哪一方抚养,更加有利于孩子的成长,何况是天天审理离婚案件的法官。

我这里对法官提两个问题:

第一,如果,仅仅是因为孩子被一方强制占为己有,就做出对强制方有利的判决,这样如何体现法律的公平公正?是不是在鼓励暴行?一旦做出这样的判决,是不是在变相鼓励离婚时抢孩子求抚养权的恶劣风气?

第二,如果审判法官觉得因为执行上有麻烦而不敢判决,我倒是想问,审判法官的义务难道是减轻麻烦?执行法官的工作难道不是执行吗?如果都是份内的工作,为什么不敢判决呢?

国外对于一些类似问题的解决办法,值得我们借鉴:

1. 离婚分居期间,对于抢孩子、改变子女生活环境的,法官可以出具裁定,明确分居期间双方共同抚养孩子的时间和方式。如果是单独抚养的,明确对方探视的方式和时间。这样,前期就明确小孩的抚养权问题,对抚养权和探视权进行离婚前置处理。这样,谁抢孩子谁吃亏,不抢孩子也不吃亏,如此,谁还抢孩子?

2. 对离婚后抚养权已经判决的,拒绝另一方履行探视权的,除了强制执行外,还将该行为视为不履行法院裁判文书行为,进入公民诚信系统。对拒不履行义务的,逐步增加对方的探视时间,严重的可以变更抚养权。

当然,作为律师,我们也体谅法官的辛苦,法律规定的不够细致,是导致法官执行无力的原因。如果,得到抚养权的一方拒绝让对方履行探视权,能不能以拒不执行法院法律文书对其采取司法拘留？这对国内的法律体系,对执行法官的胆量,都是一种考验。

　　法律,是对人们生活的指引。只有建立一套完善、细致的法律规定,并将其严肃地付诸执行,才能避免类似"抢孩子"的现象。

　　不幸要离婚,但真心爱孩子的同志一定看好你的孩子!

　　在此,祝愿天下孩子都幸福!

离婚的仇恨

离婚是一个巨大的情感漩涡,如果小心翼翼、绕行避之还好说;一旦不幸被卷入其中,人的理智会被整个儿地吸进,再一点一点吞噬,使人沦为仇恨冲动的奴隶。

前些日子网络上有条新闻,说一个山东临沂的女人好好地开着车,突然"砰"地一声,把路边的一个小孩给撞了。这本来不是什么奇事,一场车祸而已。小孩离车5米,躺在地上大哭,这个女人却趴在方向盘上一动不动,像是晕死过去。路人慌忙打120,没有一个人敢上前去查看两个人的伤势。过了一刻钟,两辆120呼啸着赶到现场,小孩被抬上了担架,一位医生打开那个女人的车门准备救治。就在这时,她突然冲下车,扯散自己的头发,把自己脱得一丝不挂,去撞担架旁的医生。三个大男人都拦她不住,最后连担架都被扯破了,她才被几个医生和围观的群众按倒在地上。小孩子被就地检查了一下,然后抱上救护车,这个女人直到救护车远去才慢慢平静下来,最后被医生用救护车的床单一裹,也送去了医院。

这个女人疯了?神智不清?但她说起话来有理有据,逻辑清晰。说她装疯、跟小孩有仇?但是,她是令人尊敬的心理学教授,主攻心理行为控制,平时一向为人师表,和善亲切,无论对什么人都礼让三分,据亲朋好友说,从没和什么人有过怨恨。报道称她和小孩一家两方都声明互不认识。

当时我猜测这个女人一定受到极大的刺激,而且多半和感情有关。后来仔细一看,跟踪报道说她丈夫有了新欢,要跟她离婚,她在出事之前,刚刚在电话里跟丈夫吵了一架。果然,这才是根本原因。

离婚,真的会导致这么大的仇恨吗?会让一个正常人扭曲到如此地步吗?

根据我的从业经验,回答是:"是的!"

在离婚过程中,为了让老公回家,很多女人采取了一些偏激手段,我们不能说她"天下最毒妇人心",但是因为离婚而产生的扭曲心理使她们做出的这些事情,有时候的确违背基本的人伦天理。

泼第三者硫酸、剪掉小三的头发、脱光小三的衣服,比较常见。

检举揭发,让老公承受牢狱之灾,比比皆是。

但像这个女人开车撞别人的孩子,还脱光自己的衣服,妨碍救护车救援的例子,实在是非常极端。

这些手段,用都已经用了,现在去评价也于事无补。但是,为了防止这样的事情再发生,我们必须对她的心理做一个剖析。

做这些举动,她有没有考虑过自己的孩子?她有没有考虑过自己父母的感受?有没有考虑过自己?

我曾经受理过一个离婚案件,委托人是个女人。有一次,她和我说:"周律师,我丈夫现在的工作就是天天在网络上发帖子,用手机发短信。主要内容就是说我是淫妇,某个男人是奸夫。他还在我单位网站的留言栏发,给所有我认识的朋友用手机发,不知道周律师您能制止吗?"

事实上,这个男人与上面所讲的撞人的女人是一样的心理,因为婚姻中的某一件事受了刺激,做出应对的时候又无法控制自己的理智,被卷入这个漩涡之中。全凭仇恨冲动来对待自己和自己所爱的人。

我告诉那个委托人可以。第二天,她的老公就不发了。第三天、第四天,也没有发过。一个礼拜过去,她再也没有发现老公发过类似的消息,于是她打电话对我表示感谢,问我用了什么样的计谋,才得到如此的效果。

其实我并没有用什么计谋,我只是给她老公打了一个电话。电话里,我没有提及他发帖、发信息的对错问题,我只是说:"要是你孩子的某位同学某一天得知此事,在所有同学的面前大声说:'你妈妈是淫妇,和某某奸夫一起,我没有瞎说,不信你自己回去问你爸爸,是你爸爸亲口说的!'你的孩子会怎么想?"

孩子没有去想,因为,孩子的同学没有说过这样的话。但是,作为丈夫,尤其作为爸爸,他想了。他换了一个角度去想,理智又重新回到他的脑袋里面。他不仅替孩子想,也替自己想,也替妻子、替自己的爸爸妈妈、妻子的爸爸妈妈想了。于是他没有继续发这种帖子和消息,不仅没有继续发,他还决定和妻子好好谈一次,互相理解,互相面对,看看能不能继续一起生活下去。"发帖子,发信息,都是表现仇恨的一个方式。但是,仇恨,往往是双刃剑,剑锋的一面对着被仇恨的人,另一面却对着自己、对着所有自己心爱的人,连孩子都会被伤到。"他后来在我的办公室里亲口跟我说。为什么他会来我的办公室?因为我的这一通电话,让他们做好准备进入彼此更深的内心世界,最后他们决定继续一起生活下去,一起携手去面对生活的危机。

临沂的这个女人,不管出自何种动机,她都是不可饶恕的。她伤害了太多人,包括我们。只要她在出事之前,哪怕一次想到过这么做的后果,她都不会做出这样的事情来,仇恨和冲动的后果只能是后半生无穷无尽的悔恨。

昨天晚上,我和一个委托人的太太谈及此事,她的先生委托我办理离婚。在与她的交谈中,我敏感地感觉到,对于先生的选择她也想不通。在心里,她不停地给自己仇恨的暗示,以至于这样的仇恨一直积压着无法消散。她和我说,她三个月没有睡好一个觉,没有吃过一顿正常的饭菜,从白天到晚上,从黑夜到天明,她的脑袋里只有一件事情:"他为什么要和我离婚?!"

好在积压着的仇恨还没有爆发,否则不知道会产生怎样的后果,女娲补上的天又要多出一个窟窿也说不定。直到十一点,我们的交谈才结束。她最后说:"没有见过你这样的律师,除了法律解释,还来做我的思想工作,就像一个居委会的老太太。看在你的面子上,算了,过去了。"

我已经是第三次和这个委托人的妻子交流离婚的观点了,多少帮助她疏导了一部分心结,消除了一部分仇恨。其实只要冷静下来,清醒地去面对这个世界,即使要独自面对今后的生活,也不会缺乏勇气。谁离开谁,其实都能活,就看你愿不愿意让自己独立。

现在,尽管我做离婚案件越来越少,但是,我所经办的离婚案件,没有发生过任何一次流血事件。我觉得,这是对我辛苦工作最大的奖励。

很多委托人对我说,找你咨询以前,我在网上搜索过你,网评说周志强律师是典型的劝和不劝离的律师。我说不是,我是劝"好和好散"的律师。如果不离婚,那便要好好找出问题,和好。如果离婚,本身已经是两个人的错误,那么就不要把错误再延伸到孩子,延伸到双方家庭,延伸到社会。

离婚心理问题,很少有人懂,很少有人去琢磨。因为,离婚导致的仇恨心理问题,是痛苦的问题,老百姓都是回避的。没离婚的人忌讳谈离婚,已离婚的人不愿谈离婚。

可是,作为律师,眼看一个个悲剧发生,不得不引起我们的思索。失去理智的人需要社会进行关注和干预,需要对他们的心理状况做出疏导。作为律师,接受离婚案件委托,就是干预的第一线人员,要担当起属于自己的社会责任,这也是一件有功德的事情。

当离婚成为一种奢望

  有一天和女儿逛街回家,路边一家店里飘出一句歌词:"想离不能离才最寂寞……"我心里一惊,想天底下但凡爱过的人,都知道爱一个人没爱到的难受,但一个能唱出"想离而不能离才最寂寞"的人绝不是一个平凡的人。

  作为一个从事离婚讼诉案件的律师,我看到过多少对徘徊在离婚边缘的夫妻,劝和徒增折磨,劝离万般阻碍,几经踌躇,只好又回去继续忍受生活,活着简直比死了还要难受——永远看不到解脱的希望……对于这样的夫妻,就连"离婚"都成了一种奢望!

  我问女儿那是什么歌,女儿说叫《离歌》。一听歌名,正当我打算继续感慨的时候,女儿唱了起来:"想留不能留才最寂寞,没说完温柔只剩离歌……"原来只是一首伤别离之作,害我白激动一场。

  情绪已经起来了,总不能无端平息掉吧。一路上回来,女儿叽里呱啦说着学校里的事情,我一概没有听进去。充斥着我整个脑袋的,是一个叫作平蝶的女人的故事。

  平蝶曾是我的委托人。她第一次来律师事务所找我的时候,刚说了一句:"周哥,我想要离婚,可是他不同意,怎么办?"就埋下头哭起来。我只好给她递上纸巾,她扭扭捏捏了半天,一句话也没说。最后,我把秘书也请出去,把窗帘拉起来,她才慢慢稳定下来。

  平蝶正在读研究生,但是工作了几年之后考的,读两年的专业硕士。照常理说,这种研究生学业很快就会结束:读一年,第二年基本上是在外面工作。但是,她说刚读了半年,就读不下去了。家里事情闹腾,没有心思去读。

  我让她不要急,从头一点一点慢慢说。她喝了口茶,稳定了一下情绪,终于娓娓道来。

  平蝶本科毕业就参加了工作,是在一家大型外企的中国总部。工作不算繁重,就是偶尔要出下差。不出差的时候,同事常常聚在一起喝喝茶、聊聊天。平蝶虽然是新来的,但长相温和,性格也开朗,许多人愿意跟她做朋友。没多久,她就有了一个好朋友小兰,还有一个叫晋鹏的男孩子千方百计找机会接近她。对于晋鹏,平蝶说不上有多喜欢,但也不讨厌他,晋鹏是个很欢乐的男孩,平时没什么事跟他说说话解解闷,他能给人带来很多有意思的事。

  这样过了几个月,总部又调来一个男孩,叫绍辉。看到他的第一眼,平蝶的魂儿就被勾走了。正好那段时间晋鹏出差,公司一有活动,平蝶就暗中装作偶然地跟绍辉坐在一起,加上小兰一共三,公司里的人总看到他们一起活动。很快平蝶就发现绍辉对自己也有好感,总是寻找机会来找自己聊天,"心里甜得像喝了蜜一样。"只是没想到,小兰也喜欢上了绍辉,她亲口告诉平蝶自己暗恋绍辉时,平蝶吓了一跳,脸色变得非常难看。好在绍辉不久便跟平蝶表白,平蝶高兴地快要死掉了,当场答应绍辉,一把搂住他的脖子。但考虑到小兰,平蝶不想这么快把感情公之于众,在办公室里依旧老老实实,下了班之后才偶尔和绍辉一起出去玩。平蝶跟绍辉每天晚上都要打电话,打到没话说了,也不舍得挂。听他讲话,简直像吹着三月和煦的春风一样温暖,渐渐地就变成绍辉一直在找话说,平蝶反而很少说自己的事情。

  其实,她一说到这里,我就知道要出问题了。一个女人心里对这个男人喜欢得紧,却一点都不表现出来,非让这个男人不停地没话找话,你让这个男人怎么想?换作是这个男人一直让你找话说,你会怎么想?傻瓜也会觉得你这不是摆明了在刁难他嘛,"我找了一个又一个话题了,怎么说你都没反应,你明明已经是我女朋友了,你不感兴趣就直说嘛,干嘛一声不响地看着我像个傻瓜一样叽里呱啦说个不停?"我想,是个男人都会有这样的反应。在你还不是他女朋友的时候,你这么做我可以理解,你要考验考验他,我懂。但我不理解的是,你都已经跟他确定关系了,还矜持个啥劲儿呀?后来发生的事情证明了我的看法。有的女人呀,等到事情发生了,还不知道问题到底出在哪里。

  后来晋鹏回来,发现平蝶和新来的绍辉打得火热。心中嫉恨,做什么事都要故意针对绍辉,还向全公司的人宣布平蝶是自己的。原本绍辉并不是会退缩的人,但这次不知道为什么,绍辉跟平蝶说:"我们还是分开吧。"平蝶急哭了,千解释万解释说自己根本不喜欢晋鹏,甚至发誓说再也不跟他说话了,但绍辉还是那句话:"我们还是分开吧。"

  平蝶赌气说了句:"分开就分开,有什么了不起的!"说完,扭头就走。

  第二天,晋鹏来找平蝶聊天,平蝶一杯水泼在晋鹏身上。

  下班的时候,平蝶收拾完桌子,抬头看到绍辉跟小兰两个人有说有笑地走进电梯,一下子趴在桌子上哭了起来。才哭了一会,平蝶听到有人说话:"别哭了,你还有我呢。"抬头一看是晋鹏。平蝶一想要不是他,绍辉也不会跟自己分手,当时就冲着他来了一句:"你给我滚。"

晋鹏又被派出去出差,办公室里一下子安静了许多。平蝶总是一个人活动,不时在路上看到绍辉总是跟小兰走在一起,绍辉一脸平静地跟她打招呼,平蝶也若无其事地点点头。

平蝶不想再在这里工作下去了,一时又找不到好工作,恰好本科的导师一直让她回去帮他干活,自己一来挺喜欢学校里的环境,二来也想进修一下,正好专业对口,公司领导跟导师也认识,挺支持她读研究生的,她就准备起考研来。没想到,第一年笔试还差10分,导师也帮不了她。平蝶感到万般受挫,一直郁郁寡欢。这时候晋鹏对她说:"没事,你专心再考一年,工作上有什么问题我帮你!"

平蝶终于心软了。但坏就坏在这"心软"上,一个女人得不到自己的所爱还图啥,不就图个安全感嘛?喜欢的人不喜欢自己,喜欢自己的人自己不喜欢,换作是你,你怎么选?选前者吧,太累;选后者吧,轻松是轻松,日子过得幸福吗?还真不一定。人有时候就是这样,不珍惜对自己好的人,把他的好当作一种理所应当的付出,直到人家不愿意再这样无偿对自己好了,才开始着急,问他:"你干嘛,凭什么这样对我,你以为你算个什么东西啊,老娘跟你在一起是给足你面子了!也不拿起镜子照照自己是张怎样的嘴脸!"

话是这么说,我也知道平蝶可怜,但我也是因为替平蝶着急才这样说的,还不是想让她振作一点。对平蝶的事,我简直比对自己女儿还要操心。

平蝶一边准备第二年的考试,一边开始和晋鹏交往起来。偶尔看到绍辉,还故意往晋鹏身上靠,脸上挂着一万句"你有什么了不起的"。

不久,绍辉被派去广州分部,名义上是外派,实际上提升了一个职位。小兰主动请辞,不知道她去了哪,听说也是往南。平蝶偷偷抹了一把眼泪,调整好心态,把重心都放在考试上。

就在考完试的那天,晋鹏向平蝶求婚了。平蝶并没有想象中的激动,甚至没有绍辉表白时那么欣喜。但考虑到晋鹏如此喜欢自己,两家情况也差不多,平蝶答应了晋鹏。

婚礼很快就举行了,也没有通知绍辉。结婚以后,两个人住在晋鹏的房子里,但各自都要还各自的房贷。工资除去房贷之后所剩不多,平摊掉水电等生活费后更是寥寥无几。

平蝶通过了考研的笔试,面试有导师在自然没有问题。于是平蝶辞了工作,开学的时候拿着积蓄交了高额学费,生活上的开销就更紧缩了。晋鹏总是出差,许多开销都得平蝶一个人承担。钱是没多少,但平蝶心里过不去,凭什么你晋鹏就不管这事了啊?时间一长,平蝶干脆搬到学校住,饭也在食堂吃,只在晋鹏回来的时候回家去住。两个人为钱的事吵过几次架,甚至有一次平蝶过生日,晋鹏买了一个蛋糕回来,还问她要了一半的钱,说这个月出差钱花得多,公司里的补贴还没发下来。但平蝶趁他洗澡的时候,翻他钱包,里面躺着2 000多块钱现金,手机银行提示,卡里有将近6位数的存款。平蝶当下就不舒服了,心里想,你不就是不想为我花钱嘛。

为了生孩子的事,两个人也吵了好多次。晋鹏想早点要个孩子,但平蝶不想耽误学业,想等毕业了安定下来再生。结果越吵越凶,到后来,两个人就算在家也不睡一张床。平蝶在学校里越来越没有心思做论文,跟导师聊了几次,导师也觉得她现在的状态不适合搞学术,建议她回去工作。平蝶回公司去找领导聊天,天没聊成,却在公司碰到了绍辉。近两年没见,他又被调回总部工作了。绍辉问起平蝶近况,平蝶逞强说过得很好,但才说了几句,眼泪就流了下来。

绍辉知道平蝶过得不好,但也没说什么。平蝶就问起绍辉的情况,绍辉刚说了几句工作顺利,就被平蝶打断,绍辉只好说自己还没结婚等。平蝶这才知道绍辉从没和小兰交往过,只不过恰好遇到小兰,两个人又互相熟悉,便常常走在一起。绍辉说当年之所以要分手,并不是害怕和晋鹏争抢,只是他从小兰那得知平蝶家庭背景要比自己好很多,怕以后在平蝶面前抬不起头来。这两年在外面经历多了,才发现一切都是自己不够勇敢。

平蝶一回到家,就跟晋鹏因为两个人都没买菜的事吵起架来,晋鹏把花瓶给砸碎了。平蝶提出要离婚,晋鹏一下子警觉起来,问她是不是在学校里有了别人。平蝶懒得理他,没有多解释。后来晋鹏突然醒悟过来,原来最近绍辉回到了公司。

晋鹏死活不肯离婚,两个人吵得凶的时候晋鹏揪着平蝶的头发,把她按在床上打她。平蝶本身娇小,哪里有反抗的力气。晋鹏嘴里骂骂咧咧,说平蝶和绍辉都不是东西,还威胁平蝶说,只要她再敢提离婚,他就会做些出格的事情来。

这样又吵了几次,连晋鹏的父母都看不下去了,劝他早点跟平蝶离婚,但他就是不同意,说享受折磨她的乐趣。平蝶哭了又哭,回到家天天都吵架,还常常被晋鹏打,这样的日子看不到头,连自杀的心都有了。

"我们离婚吧!"这句话有些人一直在说。有的人去做了,有的人没做成。

但是,更多的人连说都不敢说,更别说去做了。想法埋藏在心里最深处,离婚成了他们的一种奢望!

有的人把离婚当作一种奢望,是为了给孩子一个"完整"的家庭;

有的人把离婚当作一种奢望,是因为需要两个人加起来才能承担房贷;

有的人把离婚当作一种奢望,是为了维护家族的名誉;

有的人把离婚当作一种奢望,是因为家里的强力阻挠⋯⋯

平蝶就是最后一种情况,两个人明明早已感情破裂,甚至有可能从一开始就没有感情。但因为丈夫单方面的不许,无论如何也离不了婚。国家规定分居不到两年不得判决离婚,平蝶和丈夫结婚还不到两年,这一点上我也帮不了她。

平蝶可怜就可怜在没有考虑清楚,匆忙就进入婚姻,进入婚姻后又不懂得退让、不懂得收心,才一步一步走到今天这个地步。

没有离婚的女人是幸福的,幸福在于她不用体会离婚的酸甜苦辣。

没有离婚的女人是开心的,开心在于她单纯,即使慢慢变老,还生活在结发之爱中。

离婚的女人是成熟的,成熟就在于她从离婚的肝肠寸断中脱胎换骨。从离婚中走出来以后,看事、看人、看感情都会拨开乌云见太阳,就算是雾里看花,都能看出玫瑰花的花瓣、花蕊的数目是多少。

离婚的女人是豁达的,豁达到可以把女人视为生命的感情束之高阁,品尝着独立的魅力。

然而当离婚成为一种奢望的时候,女人是悲哀的。她不敢经历撕心裂肺,她不敢面对孩子将会面临残缺的父爱或母爱的现实,她不愿意面对生活的动荡,她不敢承认爱情的选择失败,她不是不勇敢,是勇敢过头了⋯⋯

中国的夫妻中,60%以上都是"凑合"夫妻。从我经办的案件来看,这样的数据绝非空穴来风。发达的上海都是如此,何况山野乡村之间。

《圣经》里有这样的说法:人出生以前是一个圆圆的肉球,出生后被劈成两半,一半是男,一半是女。于是,一个人就拼命寻找另一半,这就是爱情和婚姻的原动力。

一旦他们认定互相就是原先的那另一半,他们就合二为一。找对了,幸福美满;找错了,DNA不对,痛苦得很。

这就是离婚的原因。我理解离婚,办理了很多离婚,对于每一对"DNA不符"的夫妻,我都鼓励他们握手而后告别。在我的玩笑中,有的人握手了,有的人笑了。我希望我能够平和地解决平蝶和晋鹏的问题,不仅仅是从法律程序上解决,更希望能化解他们内心的仇恨。因为,这不仅仅是律师的工作,更是人的工作。

孟婆汤

相传通往阴间的路叫作黄泉路,黄泉路的尽头有一条河叫忘川河,忘川河上有一座桥叫奈何桥,奈何桥前有一个土台叫望乡台,而在望乡台边有个目慈心善的老妇人,每个鬼魂走到奈何桥前,她都赠送一碗免费的孟婆汤。

说起孟婆汤,大家想必都知道。虽然免费,但也不是那么容易就能喝下去的。孟婆汤又称忘情水,一辈子的牵挂得失、爱恨情仇,一辈子的苦痛觉悟,都将随着这一碗孟婆汤烟消云散。据说,阳间的每个人在孟婆这里都有一只属于自己的碗,孟婆用这只碗收集齐所有人为他们流下的眼泪:或喜、或悲、或苦、或痛、或爱、或恨、或愁……煎熬成汤,在他们离开人间,走上奈何桥头的时候,让他们喝下去。从而一切归零,干干净净,重新进入六道轮回,或为仙,或为人,或为畜,重新来过。

想过奈何桥,就要喝孟婆汤;不喝孟婆汤,就过不得奈何桥。而过不得奈何桥,就不得投生转世。

对于有的人来说,"给我一杯忘情水,换我一生不伤悲。"既然孟婆送上大碗的汤,那就毫不犹豫地大口喝下,转身回头后又是一条好汉!

并不是所有人都会心甘情愿地喝下这碗汤——穷尽你不长的一生,总会有一个深爱的人,你不想忘却。孟婆一手端起汤,轻轻地在耳边告诉你:她/他为你一生所流的泪滴都在这里,苦心熬成了这碗汤。喝下它,就是喝下了你对她/他的爱。你闭上眼睛,最后一次想她/他的脸,脑海中闪过一张张你与她/他在一起的画面,鼻子一酸,眼泪却没有流下来——又一次提醒了你,人鬼终将殊途。最后你终于一狠心,猛地一口喝下汤,脑海里的人影一点一点消散,回忆最终停留在眼前的这只空碗之上,你的双眸如初生婴儿一般清澈。

人和人固然境遇情缘不同,但同样有心绪感慨万千。缘来缘去缘如水,缘至身死终归结。缘分未尽之时,便有千般缱绻缠绵,缘分有一日走到尽头,纵如同根之树般无法割舍,过多的挽留也只能徒增烦恼。

一碗"孟婆汤",便是斩断三千烦恼丝的苦口良药。

　　如萱与老公离婚之后,一直意志消沉。上班的时候常常处理着工作,眼睛盯着屏幕就发好久的呆。闺蜜小夏来找她的时候,她猛地回过神来,皱一皱眉头,叹一口气,就搪塞过去。小夏知道她离了婚,心情不好,常常护着她,帮她干掉许多本来属于她的工作。然而领导就不那么好对付了,拍拍她的背,发现她在开小差,几次之后,就把她叫去办公室谈话。领导一边喝茶,一边语重心长地对她说:"如萱呐,咱是过来人,离婚这事没什么大不了的。你得调整好心态,调整好工作和感情的重心,早日走出来,恢复正常的生活。"

　　如萱唯唯诺诺,点头称是。然而只要一坐回到自己的座位上,眼前又浮现出老公的那张脸来。

　　如萱和老公恋爱 7 年,结婚也 7 年。14 年的光阴,早已让两个人心灵相通,彼此会意。有一次,如萱和老公出门逛街,逛累了,就坐在一家咖啡店里休息。两个人正聊着天,咖啡店的门被推开,一个打扮精致的老妇人在一个年轻人的陪同下走了进来。老妇人和年轻人谈天说笑,看上去是一对母子,他们在离如萱不远的位置上坐下来。年轻人没有要菜单,看着老妇人的眼睛说了几句话,老妇人向服务员微笑着点点头,年轻人也转过头来对服务员表示谢意。真是一对有教养的母子! 如萱看着他们,眼睛里竟闪过一丝难过来。

　　晚上,如萱刚洗完澡,走进房间,就看到老公坐在床上笑着看着她。老公说:"这是周六、周日往返北京的机票,我推迟了跟王总的见面,咱们去看你爸妈去!"

　　如萱的眼泪一下子涌了出来,在咖啡店里,仅仅那一刹那的眼神,就被老公准确地解读了出来。如萱是北京人,爸妈都是大学教授,因为老公工作的原因,他们在上海安了家。夫妻俩平时工作都忙,一年里难得抽空回北京看看爸妈。女儿刚出嫁的时候,爸妈在教书之余还常飞来上海探望他俩,时间一长,便只在空荡荡的家里互相谈论女儿还没长大时的故事。这样几年下来,如萱不觉思念得紧,因此看到那对母子的时候,情不自禁想起将近半年没见过面的爸妈来。她紧紧地搂着老公的脖子,认定一辈子都不要跟他分开!

　　可惜天公嫉恨,造化弄人。结婚的第七年,儿子长到 3 岁的时候,老公劈了腿。怨归怨,离婚之后,如萱仍对老公的好念念不忘。房子留给了如萱,她没有经济上的压力。孩子也判给了她,每日工作、托儿所、家,三点一线的奔波成了她仅有的生活。如萱怕爸妈担心自己,不敢回北京,而在上海的每一天,哄儿子入睡后的每一个夜晚,都成了她难以熬过的漫漫时光。老公的影子在这座熟悉的房子里时隐时现：做饭的时候，老公似乎依旧在身后切着菜；洗衣服的时候，老公仿佛仍在一旁给花儿浇水；晚上躺在床上，右肩的边上依稀还有一个温暖敦实的胸膛……

如萱时而恨自己如此真诚地把整个世界向老公打开，老公却弃之如敝屣；时而又想起在那段美好的岁月里，老公如何体贴入微，将她保护得像是全世界的公主。她在孤独的夜里泣不成声，对老公难舍的爱意酿成一汪苦苦的恨。她宁肯绕路也不愿路过那家他们曾经常去的咖啡店，却在每天选择道路的时候想起熟悉的红绿灯；她将卫生间里牙刷、沐浴露的位置一一变换，却在一早一晚洗脸的时候闻到熟悉的三明治的味道；她狠下心剪短了头发，却在梳头的时候从镜子里看到深埋在她的长发里的老公的脸……

三年的时间匆匆度过，儿子到了上小学的年龄，眉宇间透出一股跟老公一模一样的沉稳气息。小夏说，三年来，从没见如萱的嘴角上扬过哪怕一次，她仍没有勇气去面对一个人的生活，只有一杯真正的"忘情水"才能让她回到现实的生活中来。

小夏跟我说起这个故事，希望我能够给如萱一些帮助，她不忍看到自己的好闺蜜再这样消沉下去。

的确，一段感情的终结就像一段生命的结束。"生命"结束之时，能否选择洒脱地面对往事决定了一个人"来生"能否幸福地生活。

一个人之所以不能忘记过去，是因为他将全部的精力都消耗在那段时光之中，建造起一个能够抵御外界一切风浪的美好世界。一旦那段时光结束，美好世界破碎，他再也不能给自己一个温暖的避风港。那么，让自己停留在过去的回忆里，就成了他自我保护的唯一途径。

就像海面上一只漂泊的小船一样，想要稳定下来，唯有找到一个安全的港湾。但是如何才能找到这样一个安全的港湾呢？

首先，要勇敢地端起"孟婆汤"，勇敢地把它喝下去。喝下孟婆汤，就意味着对既定事实的承认与妥协，不沉浸于过去的情感纠缠之中。日本人不承认历史，背负了全世界的骂名，同样，一个人不承认历史，也必将在历史的洪流中翻转沉浮，不能使自己得到安定。

其次，要坚定再次寻找幸福的心。一个人要是永远无法鼓起独自面对世界的勇气，就像一只永远没有出发的小船一样，毫无目的地生活着，就永远不可能寻找到港湾。只有自己给自己设定目标，比如学一支舞，照顾一盆花，将自己的生活打理得干干净净，才能鼓起对生活的希望。

最后,不要让这样的希望轻易地破碎。婚姻是两个人的,但生活永远是自己的。如果自己都不能倚靠,想要倚靠别人来永远照顾自己,就像想要一轮圆月永远无缺一样。人与人的轨迹就像天上的星星,此时交汇,彼时分离,只有自己才能伴随自己走到最后。

万事开头难,只要勇敢地面对过去、承认历史,就意味着你向美好的生活迈出了巨大的一步。幸福只能凭借自己来把握,能否抓住新的幸福就看你有没有勇气喝下定气安神的"孟婆汤"了。

[第三篇]

修　　行

　　婚姻是夫妻二人的共同修行。两个人于茫茫人海之中相遇，由于性格、习惯、文化等方面的差异，免不了有矛盾冲突，如何解决这些冲突是修行的主要任务。

　　本篇对一些高发问题，以及容易被忽略的问题进行逐一分析。只有解决了这些问题，你的婚姻才能美美满满地走下去。

夫妻文化冲突

今天晚上真凉快,我们出去吃晚饭吧!吃什么?你要吃重庆火锅,她非要吃苏式浇头面;一个要辣,一个要甜,怎么办?打一架!两个口味不相同的人在一起生活,这日子长了,还能过得下去吗?

明天中秋节,你要歇业打麻将,他却说"打个大头鬼,开门做生意!"再过两天,你想投资一批货,他怕风险太大,绝不允许;后来,你说年终要出去旅游一番,结果他晕车晕船晕飞机;你跟他回老家,可他们家吃饭的时候,女人不允许上桌……罢了罢了!这日子还能过吗?能过!但凡有点文化的人都知道,咱周恩来老总理有句话:"我们的态度是求同而不求异,是来求团结而不是来吵架的。"

既然婚姻规定了两个不同的人生活在一起,也许一个来自山西,一个来自湖北;一个来自高原,一个来自盆地;一个来自旱漠,一个来自海洋;一个来自农村,一个来自都市……两个人就必然会产生冲突,究其原因,就是因为其打小生活所处的文化环境不同。

结婚就好比是企业的并购,我们现在提倡全球化了,结婚也得跟上时代的步伐。企业在并购前要经过长期的谈判,并购后要经过更为长期的文化整合。整合得好,两种文化水乳交融,发挥出其独特的杂交优势、混血优势,企业就必然欣欣向荣;整合得不好,企业只能是下山的日头——越落越低。婚姻也是一样,两个文化环境不同的人要在一起,就必须经历文化的整合。有了冲突不可怕,知道如何整合的人,求同而存异,冲突也为其婚姻增加许多乐趣;而不知如何整合的人,为了一点小矛盾而闹得不可开交,最终只能走向失败的婚姻。

民国时期的堂堂宋家三小姐,在全家上下一片反对声中选中了兵痞子蒋中正做丈夫。想那宋家何等尊贵,宋美龄又从美国留学回来,不仅信仰基督,思想、举止、谈吐也全盘西化,而蒋中正却是个信仰佛教,又三妻四妾、风流成性的兵流氓。两人本是八杆子也难打着,分处两个世界的人,因在一个晚会相识,最终成了长伴一生的白头夫妻。

也许你就要问了,这两个看上去信仰、文化、性格完全不同的人是怎样坚持下来,一步一个脚印白头偕老的?

这一切还要归功于宋美龄的高瞻远瞩。结婚之前,宋美龄与蒋中正约法三章:第一,要求蒋放弃佛教、改信基督教;第二,要求蒋先行与所有妻子、侍妾解除婚约;第三,结婚之后不生孩子。蒋中正不得已一一答应,才最终娶得美人归。

恰恰是这三条约定,才最终解决了"中美联姻"中的种种水土不服的难题。即使放到现在,一个哪怕受过最先进教育的女性,哪一个有魄力能够给出这样三个条件?

第一,要求蒋放弃佛教、改信基督。这是最为重要的一条,两个没有交集的人一旦有了共同信仰,也就都成了上帝的孩子,成了一家人。

第二,要求蒋先行与所有妻子、侍妾解除婚约。蒋也表现得很坦诚,将之前的三位妻妾统统安置妥当,并登报说明与其脱离关系。宋美龄靠这一条不仅理顺了蒋纷杂的关系,使婚后生活不受其前任打扰,更以此声明了自己的原则。

第三,结婚之后不生孩子。这是作为一个女人最有魄力的一条,中国自古以来母以子贵,哪个当母亲的不想生个儿子? 用句流行的话来说,宋美龄"明明可以靠儿子靠颜值,却非要靠才华"。反正你老蒋儿子也有好几个,多我的一个不多,干脆专心政治吧。

有了这样的约法三章,蒋宋两人本来差之千里,一下子被接近到可以接受的范围之内。而且两人专注于军务政事,生活中的小摩擦比之战争风险,早已不在话下。

当然也有整合失败的例子。我有个委托人叫唐菲,她和她的丈夫是典型的孔雀女和凤凰男,一个是上海人,家里条件优越;另一个是苏北人,家住在一个小镇子上,大学毕业之后就留在了上海工作。

两个人通过婚恋网站认识,交往了大半年,他们认为爱情可以超越差异,毅然决然选择了结婚。

刚刚结婚不久,有一次回婆家,两人带了一台微波炉。到了婆家,唐菲手把手地教婆婆怎么使用微波炉,婆婆年纪大,记性不太好,在唐菲耐心的教学下终于知道该如何操作。晚上吃饭的时候,唐菲让婆婆自己操作一遍,检查一下她有没有忘记。正巧看到婆婆一家用的碗仍是铁制的,于是她便随口提醒了一句:"铁碗是不能放进微波炉的,你们该买一些瓷碗了。"不料,丈夫立刻拉长了脸:"你这是嫌我们家穷吗?"

唐菲一肚子委屈,心里想,我怎么就嫌你们家穷了?但她知道丈夫自尊心强,当时也没有说什么。

农村里的人进了城,即使凭借自己的双手在城市立稳了脚跟,但看到城市从物质到文化都比自己的家乡要发达,仍会产生一种自卑心理。他们总担心城市里的人看不起自己,看不起自己的家乡,不能接受别人(尤其是女人)比他们强。因此,他们从内到外都非常要强,希望通过自己所做的事情来证明农村里来的人并不比城市里的人差。然而一旦他们出人头地了,又往往按捺不住内心的喜悦,做什么事情都要标识一句:"你看,我做的事情就是比你做得要好吧。"

唐菲的丈夫就是这种心态的一个典型。结婚之后,唐菲常常感受到丈夫的霸道不讲理,甚至买车的时候也没跟自己打声招呼。唐菲嘴里不说,心里却不舒服,凭什么你就自己做了决定啊?

有一段时间,唐菲的丈夫因为工作出色,被领导带在身边,常常不能回家吃饭,唐菲只好自己一个人做饭吃。结果没想到他有样学样,有一次好不容易能跟唐菲共进晚餐,没等唐菲把饭端上,他一个人自顾自地吃起来,还不时地品评一番:"嗯,这个汤不错,入味。""哎,这个肉烧得有些柴了。"吃完饭筷子往碗上一搁,屁股把座椅往后一推,也没跟唐菲说句话,一个人大摇大摆地走到客厅里去看电视了。唐菲气得脸颊发紫,心想,你不就是成了领导眼前的红人嘛,回到家就不是丈夫啦!

为着这样那样的事情,两个人吵了不下数十次,丈夫屡教不改,唐菲的心一点一点变得失望。终于有一天,她忍不住提出要离婚,没想到丈夫大发雷霆,手一挥,连饭带碗在墙角摔得粉碎。

唐菲找到我,说她无法继续忍受下去,想要跟丈夫离婚。一个城市小姐和一个农村"暴发户"的事情我也不是第一次见了。知识通过学习,很快就能改进,但文化习惯的烙印,往往一辈子也很难消除。

在农村长大的人,走在路上跟这个打打招呼,那个开开玩笑,所有的人低头不见抬头见,哪个不知道你家那点破事儿?跟谁说话都是直来直去,用不着隐藏。而城市长大的人则不一样,对门的人也许住了几年也还不认识,这个人是这样的,那个人是那样的,在这样的环境里长大的孩子,习惯了与陌生人打交道,知道怎样应付这个人,怎样应付那个人,不会一根筋,很快就能适应下来。

唐菲是一个典型的城市长大的人,而丈夫则是一个典型的农村长大的人,这样两个人生活在一起,对于从小养成的文化习惯没有整合好,难免发生冲突。这个觉得那个看不起自己,那个觉得这个蛮横霸道不讲理,两个人都没有改变自己看问题的角度,那么,一个原来很小的问题也在这里被放得很大,冲突只会越来越激烈,最终导致离婚。

　　说到底,文化冲突也只是冲突,文化整合得好,冲突解决得彻底,只会水乳交融,而不会导致不可调和的矛盾。每一种文化都代表着一种观念,一种看待世界的角度。要整合文化,就意味着要改变这种看待世界的角度,站在他人的立场去看问题。夫妻之间,必要的忍让是不可缺少的,也正是这必要的忍让,才让一个人学会体谅对方,学会以对方的方式去处理事情。在这里,我希望每一对夫妻都能从自己的小世界里走出来,用一种包容的心态去和另一半的世界达成融和,毕竟,每一对夫妻都想获得一个和和美美的家庭生活!愿现世安稳,岁月静好!

吵架的艺术

一天早上,我和老婆还在床上睡着呢,天花板上一阵"咣里咣当"的声音就把我从梦里给砸了出来,虽然气得我想把楼上摔东西的那个家伙一把抓下来揍一顿,但就在睁眼的那一刹那,我反应过来,楼上的小张已经不是第一次跟老婆小王吵架了。

做了几十年的律师,别说吵架,就是动手动脚动棍子的,我也看得多了。没错,吵架的确是夫妻间一种激烈而直接的沟通,但也不能总在我睡觉的时候吵吧。我好不容易少男心爆棚,梦里一个小女孩正递给我一个棉花糖呢,结果"咣当"一声,这个棉花糖就爆炸了,把我吓得手脚都缩了一下。

楼上的小张、小王三天两头吵架,我也劝过几次。只是他们这架势:

小王说:"你什么能耐都没有,还天天醉酒回来,这日子还想不想过了?"

小张说:"我什么能耐都没有,你有什么能耐?花钱花得比泼水还快,你倒是脸变俏了还是胸变大了,啊?"

小王说:"你……你还说!几分钟就没了,你当你是西门庆啊!"

小张说:"你再说一遍试试!你试试!有胆的找头驴去啊!驴还看不上你呢!"

小王说:"……"

听这架势,我私心一重,心里就乐了——这架吵不了几天了。

夫妻吵架,本来是件正常的事情,我上面说了,吵架是夫妻一种激烈而直接的沟通。俗话说得好:"天上下雨地上流,两口子吵架不记仇。白天同吃一锅饭,晚上同睡一个枕头。"整天轻声细语的,蜜糖吃多了也得腻不是,没事吵个架,给嘴里也加点盐,味道上去了,这日子不就有意思了嘛!吵完架,肚子里一消化,嘴巴里用水漱个口,转个身还是可爱的小夫妻,这不就完事了嘛!盐加得少,滋味就淡了,但盐加得多,一口呛下去,还不得把人给呛出毛病来?

我看,小张和小王就是盐加得太多。夫妻俩吵架,看上去是个烫手的山芋,实际上还是门艺术,讲究得就是个火候。

首先,我们要区别吵架和骂人,吵架是吵架,骂人是骂人。思想观念不一样,文化有碰撞的时候就是吵架。你一句,我一句,哎,最后出了个新观念,这就是吵架的好果子。那骂人是什么呢?你一句,我一句,哎,最后两个人身上中箭无数、鲜血直流,这就是骂人。

其次,吵架有什么规矩呢?还真有规矩。本律师总结多年经验,得出以下三条规矩:

1. 不伤及底线

吵架的时候,因为什么事情而吵,那就只吵这一件事情,就事而论事,不要攻击对方,不要揭对方底。揭了对方的底就像是揭了女人的裙子、男人的内裤,要是你被揭了,你高兴不高兴?

前两天给新家去买电视机,正好碰到两夫妻在吵架,丈夫说:"这个电视太大了,换个小一些的吧。"

不料,妻子急了:"换什么换,你呀就是小气,该花的钱不花!"

丈夫也急了:"我怎么小气了,那面墙又不大,木框还往里吃了几厘米,这电视往上一装,肚子都得撑圆了!"

妻子说:"我不管,这个好看!那个长得太丑了,我就要这个!"

丈夫说:"喜欢它好看就直说嘛,非得说我小气,我告诉你这是个敏感词啊。走,看看有没有小两寸的。"

当时我就乐了,吵架能吵到这份上,必须是真爱啊!磨合磨合,要合先得磨,但要磨,我得知道哪里不平了。丈夫不仅买电视有理有据,说得妻子不服不行,而且明确说明"小气"是敏感词,说出来了,妻子不去碰,那这个问题就解决了。怕只怕这个做妻子的不识抬举,下次吵起架来为了吵赢,非得拿这个敏感词捅丈夫几刀。试想天底下还有谁能像丈夫妻子这样互相知根知底的?别人不知道捅哪里丈夫最疼,做妻子的还能不知道?这白刀子进去,可是红刀子出来啊,捅的时候一时爽,捅完了就得送去火葬场了啊。还是那句话,吵架是吵架,骂人是骂人,吵架时千万不能伤及底线。

2. 出发点为公为私

人们吵架的时候,情感也许会有些偏激,但语言往往是最真实的,不会端着。对方一句话,你就可以看出,他究竟是为自己、为单方家庭考虑的,还是为夫妻、为双方家庭着想的。

如果他说:"你怎么就给你妈买了,没给我妈带一份?"那就是他觉得你只考虑自己了。

如果你说:"你妈不是有糖尿病嘛,所以我准备了别的呀。"这就是你在为双方着想。

换句话说,吵架也是最能看出对方到底有没有把你当自家人的好时机,一个是为我妈,一个是为你爸,这时候真爱与否立马水落石出。

3. 学会做出牺牲

无论怎样的吵架,到了最后,总得有一方要做出让步。让步并不意味着失败,吵赢了的也未必是真的赢了。吵赢的一方,冷静下来也会知道自己错了。

有一次在高铁上,坐在我身边的是一对母女。妈妈在车厢里教训孩子,孩子哭声震天,连前面车厢的人都转过头来看。妈妈教训得越厉害,孩子哭喊得越响;孩子哭喊得越响,妈妈教训得就更厉害。

我也是嫌闹腾得紧,于是就轻轻跟那母亲说了一句:"要教育孩子回家教育。"那个妈妈立刻就懂了。教孩子是这样,夫妻吵架也是这样。说理是靠平时的,场面上总要有一方能 hold 住对方,场面上 hold 不住,就哄住。两方都不肯做出牺牲,这火气只好越升越高,最后的结果只能是双方都下不了台面。说理总要等双方都冷静了,恢复理智才能进行。

吵架的目的是达到观点的融合和妥协,而不是"架"的胜利,夫妻俩吵架,从来没有赢家。只要能够遵守以上这三条规矩,吵架未必不是一件好事,"打是情骂是爱,爱得激烈用脚踹"。用激烈而直接的方式来达到融合和妥协的目的,有时候比温吞水的忍耐、磨合更有效。

人际边界

周六,小聪突然冒出一句话:"我们家买部车吧?"

静静正在整理房间,冷不防地听到小聪的话,愣了一下,她气呼呼地说:"你吃错药了吧?家里的房贷还没还完,压力本来就不轻松,买什么车啊!"

接下来的一个礼拜,两人为了买车不买车的事情,唇枪舌战地吵了好几架。过了几天,两个人干脆沉默是金,传说中的冷战,终于在这对小夫妻之中爆发了。就连晚上睡觉的时候,两个人也是背对着背,别说讲句话了,互相连看也不看一眼。半夜里,小聪的梦呓声把静静弄醒了。她鼻子一酸,委屈地哭了出来。

小聪像着了魔一样,满桌子堆的都是汽车杂志。下班回到家,小聪啥事不干,翘着腿躺在沙发上,自言自语道:"到底买哪个车型好呢?"声音分贝故意调到让静静听得到。静静又好气又好笑,想发脾气,但是转念一想,结婚这么多年了,小聪还是第一次拂逆她的意思,坚持要买辆车。可是,就那几个工资,买不买得起车、养不养得起车他不知道啊?他为啥要"造反"呢?静静百思不得其解。

在圈子里一直以节约闻名的静静,有一天终于找她的老同学李肇臻吃了一顿。破费就破费一次吧,夫妻两个老这么冷战,静静可受不了。说实话,对小聪,静静是爱不得恨不得,恼不得气不得,归根结底,自己爱死他了!为买车的事情,静静问了几个闺蜜,谁也不知道这是为什么?静静脑袋里面突然想起来一个老同学,李肇臻律师,这个老同学,现在是大律师、大婚姻律师,得向他好好咨询咨询,夫妻几年,怎么突然就开始冷战了?七年之痒是不是来了?一想到"七年之痒",静静吓得一脸土色。

"你们家最近发生了什么事情吗?"匆匆而来的老同学,听了几句以后,并没有关心买车的事情,却莫名其妙地问了静静一句。

"啥都没有啊!"静静想了半天,家里跟平常一样,都是些鸡毛蒜皮的事情,没有什么值得说起的。

"你们上班都怎么去啊?"李肇臻已不是同学时候的李肇臻了,人家现在是大律师,问话干净利落,不再是静静印象里那个高中熊孩子王李肇臻了。睿智的眼神,从金丝边的镜片后面透过来。

"坐地铁啊!我们做了四年的地铁了,当时为了就近,我们找的单位离家都只有十站路,就是为了早点回家,过两人世界。买车也不是没有想过,这不是房贷还没还完嘛。我们早就说好了,等还完了贷款再考虑买车的事,这个神经病也不知道这几天哪根筋搭错了,非要现在就买,贷款还在还,你说他是不是脑子有病了?"

"你们身边谁买车了?或者有什么车的事情?"老同学不听她啰嗦,打断了静静的埋怨。

"车的事情?好像最近也没谁买车啊……"静静使劲地开始回忆起来,"最近我们跟车有关的事情,也就是有时候我加班晚了,我们经理会开车送我回来。我是女孩子,公司的业务骨干,送送我也应该的。再说,经理家离我们家也就三公里,顺路的。有一次,我开玩笑说,老板,干脆你做滴滴专车,我拼你的车吧?顺道接我上班,我贴你三公里油钱。怎么样?这不亏本吧!"

"哦!"老同学意味深长地看了静静一眼,喝了几口茶,"你们经理对你好吗?"

"还好吧!对我挺照顾的,不过我们没有什么啊!过年我们几个同事发年终奖,经理业务突出,总公司给他发了大奖,拿到奖金,经理请我们吃了一顿大餐,末了,我们还敲了他一笔竹杠,要他给我们几个女同事一人来点实在的。没想到,他后来还真给我们几个女同事一人买了一根金项链,花了好多钱。"说到这里,静静似乎还有些得意:"你说我们两个要是真有什么,我还会敲他竹杠、放他的血啊!"

"我明白了。你回去和你老公说,受不了经理车里的味道,以后再也不坐了。项链你就说不喜欢这个款式,送给他妈或者你妈去。你把这两件事情做了,包管你家小聪再不提买车的事。"静静一头雾水,李肇臻却一脸严肃,指点好江山,说有事先走了,走之前还关照:"老同学,一定要这么说,听我的,错不了!下个礼拜我给你电话,你别给我打电话了,不是开庭就是咨询,不方便!"

星期天,静静专门烧了一桌好菜,准备跟老公"好好聊聊"。静静虽然不理解李肇臻的话,但一桌饭下来,静静还是把他教她说的话,断断续续地都说给小聪听。

小聪一开始还板着个脸,才听了个开头,眉毛就舒展开了。等静静说完话,小聪的气色大好,胃口也一下子开了起来,一个劲地夸静静烧菜的手艺高了。"晚上我们上你妈家去看看,你把项链带上!送完项链,我们一起看电影去!"看电影的时候,小聪还动手动脚,甜言蜜语直往静静耳朵里塞,乐得她没有少掐小聪,搞得和谈恋爱一样……

买车的事情,从这天开始,小聪真的就再也没有提过。

真是奇怪,静静脑子想破,都没有想出来老同学的这两句话有什么用,隐隐约约觉得好像是老公小聪在吃经理的干醋。不过,第二天她真和经理说不再拼车的时候,发现经理的眼睛一沉,一句话都不说扭头就走开了。静静想,该不会经理真的对我有意思吧,我怎么一点都不知道呢?

等李肇臻的电话一直等不到,静静听他那么说,也不好意思再打电话,下班后发了个微信给大律师,想请他吃顿饭好好谢谢他。微信刚刚发出,大律师的电话就打了过来,说正好就在静静家附近,叫她别烧饭了,他请老同学和小聪吃饭,地方让静静找。

小聪和李肇臻本来就认识,几杯酒下肚,话不知不觉就说开了。两个人喝高了,你一言我一语的,静静才听出来,发现男人其实也挺苦的,是自己没有把握好跟别的男人相处的边界啊!

李肇臻律师点评:

做任何事情是有边界的,做夫妻,处男女关系,尤其如此。越过道德的边界,我们就会走进爱的误区。接送上下班,送项链,这样的行为一般都是亲密爱人之间的专利。姑且不论你们经理懂不懂事,也不论你们经理对你有没有意思,有些东西,不是爱人送的是不可以接受的;有些事情,不是情人是不能一起做的,是有禁忌的。

如果,有女人送给小聪皮带、领带,静静你会怎么想?没想法!好,如果有女人送小聪CK短裤,静静你不会没有想法吧?所以,对于男人的礼品、殷勤,作为女人,有的可以接受,有的坚决不行。有句古话:"无事献殷勤,非奸即盗!"

现在这个社会,男人和女人都有工作,有工作肯定就少不了人际交往。在人际交往中,进退左右必须要有个度,这个"度"就是心理学中所说的"人际边界"。心理学认为:国与国之间要划有边疆,人际交往之间也有某种边界。国家与国家之间的边界是有形的、容易区分的,而人与人之间的边界有时候是无形的、不容易把握的。

一个健康的人际边界,能使人们在距离感和亲密度之间建立起平衡关系,也是让自己快乐,让人际关系和谐的重要因素。人际边界的不清,通常发生在亲子之间、恋人/伴侣之间、老板和员工之间、朋友之间。只要是人,就有交集,也就会有边界。

静静和经理的交往，越过了人际交往的边界，所以，引起了小聪的不快。单位里，不可能只有静静一个员工，一个业绩突出的经理，繁忙的工作加上频繁的晨会，是不可能天天方便而且准时去接送一个员工的，即使有时间，凭什么就接送你静静啊！可是，静静的经理恰恰这么做了。如果，他愿意并且乐此不彼地接送这一个女同事的话，那么，我推论，他多多少少会对静静有超出员工范畴的想法，企图创造和她单独相处的机会，至少，他对静静是欣赏的，想接近。再说白一点，如果蓄意地突破老板和员工的人际边界，不是不怀好意，就是痴头怪脑。

　　小聪的担忧是有道理的，他不是不知道家里的经济情况，出于对妻子的爱，他只能咬咬牙买一部车，因为只有买车了，接送妻子的差事，才不会由另外一个男人去履行。小聪想到的理论和推论是：如果经理接送静静，他们之间就会有聊天，有精神交流，有依赖和盼望，人际边界就会越来越模糊。特别是妻子傻乎乎地认为没事、很正常的情况下，小聪作为丈夫的部分职能，会默默地被经理所取代，慢慢地导致夫妻之间话语变少，精神交流受到影响。如果小聪克制不了醋意，必然会导致争吵，最终会产生隔阂。

　　有多少夫妻了解人际边界呢？在很多的离婚案例中，有的丈夫其实并没有第三者，有时候，离婚的理由，仅仅是因为一方不能容忍对方一而再再而三地突破人际边界，导致夫妻反目。每个娶了优秀女人的男人都会发现，在家庭感情交流过程中，总会有一些感情的"雷锋"出现在夫妻之间，不辞辛劳地做妻子的"暖男"，或者"男闺蜜""蓝颜知己"。在这样的情况下，如果静静没有注意，任由其发展，那么小聪会吃醋，会生气，最后后果很严重！

　　男女关系不需要大防，小防总归还是需要的，发乎情，止乎礼，然后边界生焉！

爱江山还是爱美人

自古江山美人两难全：若是铁骑踏江山，只怕无福消受美人恩；倘若七夕笑牵牛，谁知曲终歌罢剩空筵。

爱江山还是爱美人，这个问题不知困扰了古今多少英雄好汉。

有一次，一个卷着头发的女人走进我的办公室，眼线画得很重，口红也相当鲜艳，两个大耳环晃里晃当的，这打扮很不协调。她径直走到我的桌前，把一个LV包往我桌上"咚"地一放，说："周律师，我要跟我丈夫离婚，他娘的他在外面找小三。"

我让她先坐下，给她沏了一杯茶，让她慢慢说。

原来她和她丈夫一起开了家超市，很多年做下来，越来越大，到现在已经开了三家分店。最近她发现，有好多商品一直缺货，尤其许多蔬菜都供应不上，不少家庭主妇都改去隔壁华联超市买菜了。两个人分工，丈夫管后勤。本来他动作一直很快，货源保障总是很到位，最近怎么会拖了又拖？

于是，她就去问她丈夫这是怎么回事？丈夫支支吾吾地说最近事儿太多，好几个公司的货都到期了，要一项一项签合同，慢慢来。她一开始还没觉得有什么，只是奇怪平时说话直冲的丈夫怎么突然吞吞吐吐起来。

后来三下两下，她发现根本不是签合同时间慢，而是丈夫在外面找了个小三，天天围着小三转，自然没有时间来管合同的事。

她在帮丈夫大衣拍灰尘的时候拍出来四张电影票，一共两场电影，每场两张，丈夫左右说不清楚，一把把电影票抢过去，说："不就是跟老同学看了场电影嘛，急什么急！"丈夫平时别说看电影，电视机都是不碰一下的，怎么突然就看起电影来了，而且还是背着她单独跟别人看，这其中一定有鬼。

这又让她想到，有一次因为排架的事想跟丈夫商量，一时怎么也找不到丈夫，他平时电话24小时都开着，那时候也一直是关机。就在她四处找不到丈夫的时候,却看到丈夫慢悠悠地从电梯口走出来,一边走还一边哼着歌,手上拿着一个不知道是什么的小盒子摆来摆去。

她一时没好气,隔着老远劈头就问:"你个臭猪死哪儿去啦!找也找不到!"

她丈夫没想到她会突然出现在这里,脚步陡然停住,摆着的手就像突然被定在半空中,一句话也说不出来。

她提高了音量:"还不死过来,有事找你商量!"

她丈夫这才缓过神来,笑嘻嘻地说:"就来就来!今天不是情人节嘛,我给你买项链去啦,你看,好不好看。"说着,向她小跑过来,取出盒子里的项链,系在她脖子上。

她原来还以为这真的是为她买的项链,寻思这个臭猪一把年纪了还懂得浪漫,一时娇羞,不由得说了声:"讨厌。"但现在看来,这肯定是为那个小三买的项链!

我问她,有没有亲眼见过丈夫和小三在一起,还只是她自己的猜测?她说:"这不明摆着的嘛,肯定有小三!"

我又问她,那你丈夫现在和那个小三到哪种程度了,仅仅是生活腻了玩玩,还是已经黏在一起分不开了?她说:"那我也不知道,至少那个臭猪晚上还没有不回家。"

我接着问她,是不是忍受到了极限,非离婚不可?她犹豫了一会儿,说:"其实只要把那个小三赶跑,他给我保证再不找小三了,也行。"

我最后问,如果最后还是要离婚,你想过财产怎么分,超市怎么继续运营吗?她沉默了,沉默了好久。她跟我说:"我不要离婚了,周律师,你帮我想个法子,让这头该死的猪脑袋醒悟过来行不?"

我就知道肯定是这样的结果。两夫妻白手起家,勤勤恳恳好不容易有了今天这个成绩,可惜做丈夫的一时糊涂,不知道珍惜,做妻子的怎么忍心弃他不管不顾,任他自生自灭呢?不少男人,年轻的时候忍辱负重,千辛万苦什么苦都肯吃,甚至多少美人儿的暗语秋波都弃之不顾,就为了能够做出一点成绩,打拼下一片江山来证明自己。行到中年,好了,一般这么努力的男人到了这个年龄,都是要成绩有成绩,要江山有江山,只是大一点小一点的区别而已。走在外面,地位也有了,兜里闲钱也不缺了,也不需要再用什么事业来证明自己了,唉,这时候路边的美人们抛过来的媚眼就全部被他看在眼里、收在怀中了。这样时间一长,事情做得越来越出格,慢慢地就开始陶醉在生理的愉悦之中:手里搂着个年轻小姑娘,轻则上上电影院、上上KTV;重则串串酒吧、开开房;更有甚者,直接在外面租个小房子把人家养起来,没事的时候去晃悠两圈,温柔乡里一躺,就开乐不思蜀。成绩也不要了,江山也不管了,人生不过过眼云烟,今朝有酒还得今朝先醉!

这样的男人真的为数不少,我也不想多说他们什么,就举几个例子吧。

自古以来,打江山的人没有一个不勤勤恳恳,哪个不是卧了薪尝了胆才走上天子之位的?不然孟子怎么说:"盖天将降大任于斯人也,必先苦其心智,劳其筋骨,饿其体肤,空乏其身。"但是守江山的人就说不好了,从商纣王、周幽王开始,到汉成帝、陈后主、唐玄宗,每个把美人看得比江山还重的皇帝,都经历了动荡不安的社会。有的运气不错,历史在这里打了一个小疙瘩,继续向前走去,但毕竟普天之下生灵涂炭,饥尸饿殍遍布山野;运气差的则王朝直接覆灭,整个皇族罪连全姓,历史从这里开启了一个新的篇章。不要说美人了,自己的性命能保住就谢天谢地。滔滔江水向东流去,自古青史偏爱过谁!

家庭的责任的确是重要的,一个男人如果连自己的家都照顾不好、保护不了,那还叫什么男人?而且后院起火、家庭生活出了问题,事业也一定会受牵连。古语有云:"攘外必先安内。"只有先照顾好自己的"小家",才能走出家门,闯荡天下,去安定事业这个"大家"。但是工作的责任也同样是重要的,倘若一再沉湎于温柔乡之中,家庭打理得再美满,把事业这个"大家"给丢掉了,那"国之将覆,何以家为?"还用什么来支撑你自己的"小家"呢?上面说的开超市的两夫妻也是这样,如果做丈夫的跟小三难舍难分,最后夫妻二人离婚,超市开不下去,两边的生活都难以为继。后来,我跟那个丈夫说明白了这个道理,他也是聪明人,马上跟小三撇清关系,回归到正常的生活轨道上来了。

再举一个例子,张爱玲的《色戒》想必大家都有所耳闻吧,2007年被导演李安拍成电影,由梁朝伟和汤唯主演。戏中的男主角易先生是个汪伪政府的特务头目,且不论其人品如何,政治正确与否,作为政府官员,他的工作就是替汪伪政府办事。女主角王佳芝本是个爱国演员,假扮成香港贵妇色诱易先生,从中制造机会将之暗杀。易先生虽一步一步走入圈套,却也防备万分。直到最后,两人都发现自己动了真情,王佳芝不忍杀害易先生,走漏风声将他放跑,但易先生却不敢与她私奔逃跑,最后只好违心将她杀害。在特务行业干久了,事业和生命挂上了钩,易先生显然是个明白人。他清楚地知道为情献身是个什么代价,献身也就是献生,一旦抛弃工作与王佳芝逃跑,在当时中国那个乱世里,不仅很难生活下去,而且很容易被暗杀,没了工作,也永远别想和王佳芝继续生活下去。

一个男人,如果没了江山,则美人也一并丢了。事业是家庭基础,马克思他老人家还有过一句话:"经济基础决定上层建筑。"你连保障生活的事业都丢了,还有谁愿意跟你一起生活呢?

江山和美人并不是鱼和熊掌不可兼得的关系，而是一个谁先谁后、地基和房子的关系。没有必要非为了江山不顾美人恩，也没有必要为了美人国破家也亡。只要照顾好两者的先后关系、权衡好两者的时间比重，江山美人两手并抓，两全其美，也并不是一件很难的事情。

高风险的怀孕期

女人这辈子最脆弱的时候,大概就是怀孕期了。

首先就是身体比较敏感:哎呀,好烫!咦?这个杯子怎么把我手上的皮肤往下拽。妈呀!我的脚要胀裂了……一系列之前完全没有过的感觉都集中在这个时候出现,还有易劳累、水肿、贫血、忌口增加、情绪不稳定等因素,都导致女人对外界突发情况的反应能力降低。

为了保护宝宝和自己的生命,怀孕期着实是一个高风险的时期。

不过,这些风险在无数本怀孕指南里早已被说烂了,今天我不想在这里重复。我想说的是,除了生理上的脆弱,对于婚姻关系,怀孕期只怕也是最脆弱的时期。

怀孕期是一个非常重要的、非常敏感的时间点。据不完全统计,除去我们常说的"七年之痒""十年之痛",怀孕期是男性婚外情发生率最高的时间点。

妻子一怀孕,别说丈夫,双方的老爸老妈,甚至各路亲朋好友、七大姑八大姨都纷纷跑来,这个手里提着水果、补品,那个口中嚷着要留下来照看。

妻子倒是被照顾得妥妥帖帖、要啥有啥的,但丈夫呢?别看他快要当爸爸了,可哪个男人不是从一个孩子成长起来的?哪个男人不希望被别人关心?男人本来就是个孩子,学着去关心别人、照顾别人的同时,也需要别人,尤其是妻子的关心和照顾。这种关心和照顾也许只是简单的一句话:"今天累不累?"但女人在怀孕的时候,所有精力都放在还没出生的孩子身上,往往会忽视对丈夫的关心。

我有个相当好的朋友,因为妻子怀孕时的压力无处化解,硬生生地在外面找了个小三。他倒是坦诚,对我毫不隐瞒:"我就在那儿坐着,她噼里啪啦敲了一阵鼓,把鼓槌往地上一扔,跑过来对着我当胸就是一拳,问我今天过得怎么样,我一天的压力一下子全都不见了!"他亲口对我说。

　　他跟妻子因为工作认识,半年后见了双方家长,立刻结了婚。双方年纪都不小,家里给他们施加压力,要他们两年内生一个孩子。结果结婚还不到三个月,妻子就怀孕了。妻子是上海人,第一个给自己爸妈打电话,岳父岳母相当激动,当晚就开车来到他们家,给他们做晚饭,说是要庆祝庆祝。

　　我这朋友也马上向自己的爸妈汇报,一个号码按了三遍才打出去,老爸一句话还没听完,手机先从手里滑脱了。周末,公婆俩买了两张动车票,也挤到上海来看儿媳妇。100平方米的房子里挤了6个人,妻子的肚子还没大起来,就已经被要求好好坐着躺着,被要求不许多动、不许做家务、不许穿高跟鞋、不许吃辣、不许挑食、不许熬夜、不许开车等诸多"不许"。听到这么多"不许",妻子在一边皱眉头,丈夫在一边吐舌头,怕是日后没有清净的日子过了。

　　过了几天,我这朋友的爸爸妈妈就回家了,夫妻俩照常上班,岳父岳母隔三差五过来帮忙做家务。我这朋友从没做过家务,因为妻子怀孕,才不得不学着动手做,自然做得不太好。岳母看不下去了,冲着他说:"你这地怎么拖的?脏东西一点都没拖掉!""盘子上还有油?孕妇能用吗?""桌子上的灰怎么也不擦!孕妇吸进去了孩子可就畸形了!"

　　有一次,岳母做完饭,让他去房间里叫妻子吃饭。两个人走进餐厅,正好碰上岳母端着盘子从厨房里走出来,劈头就是一句:"你还是丈夫吗?妻子怀孕了,椅子也不帮忙扶一下!"他一时愣在那里,妻子看着他笑了一下说:"妈,我这不是好好的嘛。"吃饭的时候,岳母一个劲儿地给女儿夹菜,嘴里说着:"这个要多吃,补维生素!""这个补钙!"都没瞧过女婿一眼。我这朋友整个人缩在一边,感觉自己像个外人。

　　其实,那时候他就跟我聊过天。有一天,他来到我的办公室,我开导了他一下,说特殊时期嘛,要以特别的心态去对待,男人就要多体谅别人,别计较太多。没想到他当时一脸通透,回到家里还是跟岳母吵了一架。

　　后来他常常以加班为由,等岳母走了以后再回家。下了班没地方可去,就跟几个哥们在酒吧里待着。那几个哥们知道他的难处,劝了几次都劝不动,也就不再劝了。

　　有一天,酒吧里来了个新乐队,敲架子鼓的是个不到20岁的漂亮姑娘。舞台就在吧台边上,他一手端着啤酒,背靠着吧台沿,面对着舞台,坐在高脚圆凳上,盯着那姑娘一动不动地看着,突然接到妻子的电话,问他怎么还不回来,他一看手机,已经是后半夜了。

第二天他没有去酒吧,老老实实在家里待着,岳母看他不顺眼,干脆一句话也不跟他说。第三天,他没忍住又去了酒吧。第四天、第五天,他都在酒吧里。第五天晚上,他跟平常一样坐着看乐队演出,一轮演出结束,那个敲架子鼓的姑娘噼里啪啦敲了一阵,把鼓槌往地上一扔,跑上来对着他的胸口就是一拳,问道:"今天过得怎么样?"

他完全没有防备,为了躲这一拳,差点从高脚长凳上掉下来,结果还是没有躲开,被结结实实地打在胸口。虽然是以这样的方式开场,但他竟觉得工作了一天的压力完全不见了!逃避回家的郁闷也没有了。去他的岳母!整天摆一张臭脸也不知道给谁看。他看了一眼这个姑娘,跟吧仔要了一瓶啤酒给她,就在一旁聊了起来。

他问她家在哪里,从小就在乐队吗?以后是不是会一直做音乐?乐队里都是她的什么人?她认真地一一做答。她问他为什么不回家,每天都混在酒吧里?他回避了这个问题。她又问他做什么工作,喜欢什么音乐?有没有兴趣跟他们一起唱一首歌?他说好啊。于是,第二轮的时候就上去唱了一首。我这朋友的工作虽然跟唱歌没有关系,但天生一副好嗓子,一首歌唱下来,大家都喊"encore",不让他下台。当晚,他一直玩到凌晨才回家。

他每天都不回家,妻子和岳父、岳母当然不高兴,为此也跟他好好交谈过几次。妻子坐在一边,一句话也不说,冷冷地看着他。刚谈完话的那几天,他老老实实在家里待着,但岳父岳母仍是老样子,摆明没把他当自家人看。几天后,他就耐不住性子,与其说耐不住性子,不如说再也忍受不了,干脆每天晚上都半夜回来。酒吧乐队的姑娘给他留了电话,晚上有演出的时候,他就在酒吧里待着;没有演出的时候,就约姑娘出去逛街。年轻的姑娘玩性十足,他也像个孩子一样无拘无束。

有一天,他又到办公室来找我,说虽然岳父岳母老看他不顺眼,但毕竟他这么多天半夜才回去,他们都没有管他,而且妻子正怀着孕,也不吵不闹的,他没尽到丈夫的责任,心里也很愧疚。我一听,这不是"浪子回头"嘛,心里正说"孺子可教"。没想到,他马上就跟我说起他跟酒吧乐队那姑娘的事情。我大吃一惊,你家里的妻子正千辛万苦怀着孩子,你当丈夫的却在外面找小三,这不是猪狗不如的事嘛?我对着他破口大骂,说这事你也干得出来!

我问他,他跟那姑娘一起都干了些什么?他说,也就是陪她逛逛街,给她买买化妆品,拉拉手,亲亲嘴,搂搂抱抱。有好几次,那个姑娘要他别回家了,跟她一起过夜,但他都拒绝了。他把她送回旅馆,自己一个人打车回家。

算他还有点良知!我当下跟他说,要是不跟酒吧乐队那个姑娘断绝联系,咱就不做朋友了。我亲自给他岳父岳母打电话,请他们连同我朋友的妻子一起来我的办公室,当面跟他们说清楚。妻子怀孕了,固然是一件大事,是一件天大的事,值得一家上下全部围着她转,服侍她,但同时,也不能忽视丈夫的感受啊!丈夫也是个人,也有喜怒哀乐,对于长辈来说,他也是个孩子呀!年轻人白天工作压力本来就大,晚上回到家偶尔偷个懒也很正常,不然你们做岳父岳母的,还用得着来帮忙吗?

妻子一家这才反应过来,看待女婿的眼神一下子都不一样了。

这件事真是吓了我一跳,要不是因为我跟这个朋友的关系好,他愿意来找我,不然的话,这个家接下去就很有可能是另外一种情况了!所以我在这里奉劝家有孕妇的家庭,怀孕期是一个高风险期,状况良多,各方面因素都不能忽视,尤其是夫妻双方,一定要互相体谅、互相关心,才能避免风险的发生啊!

你到底爱谁

又到春暖花开的季节,做个美瞳,修个美甲,头发卷一点、再卷一点,鞋跟儿高一些、再高一些。五颜六色都穿在身上,珠玉金银点缀其中。哎呀妈呀,我咋就这么漂亮呢!

王雪晴就这样出门上班去了。一路上,她嘴里哼着:"太阳当头照,花儿对我笑。宝马哥,来要号。路上行人全都停下了。"心里却想着:"这些肤浅的人,老娘根本看不上!想让老娘看上眼的,都是……"

呀!那边有个绿色上衣,戴着墨镜的大帅哥!

咚咚咚,脚步跟上去;咚咚咚,心跳也跟了上来。

王雪晴跟在大帅哥后面,作为一位姑娘,她羞于直接上去跟人搭讪,于是她就只能寄希望于前面的大帅哥回过头来,注意到自己。可是……

妈呀,他怎么走进我们公司?

妈呀妈呀,他怎么在跟我的顶头上司说话?

妈呀妈呀妈呀,他们俩怎么向我走了过来?

……

几番风雨几番晴,从业务合作开始,大帅哥开始注意王雪晴了!她的桌上不时出现小卡片,有时还会放着一杯打着爱心奶泡的卡布其诺。

逛街的时候,他给王雪晴带上一块宝蓝色带子的漂亮手表;吃饭的时候,他三言两语就让王雪晴开怀大笑。有一次,王雪晴正开着会呢,窗户外面突然升起一大束彩色的气球,下面绑着一块长方形告示牌,写着"Loving You"。

"还好我故作镇定,装作啥都不知道,要是被经理发现那是写给我的,准得好好揍我一顿!"王雪晴说这话的时候一脸的得意和满足。

之后的事情你们都知道啦,王雪晴跟大帅哥在一起,天天被关爱,不要太幸福哦!

可是很遗憾,故事里的女主角最后还是和男主角分手了。我问她为什么?她说那个大帅哥喜欢上别人了。我又问她,她喜欢那个大帅哥什么?是帅,有钱,懂风趣懂浪漫,还是幽默善解人意?她沉思良久,一概摇头。她说:"我喜欢被他喜欢着、关心着、惦记着的感觉。"

我早已料到。人们永远是自私的,人们永远不可能分开的那个人就是自己,人们最了解、最关心、最怜惜、最感同身受、最深深爱着的那个人也只能是自己。

心理学家认为:在爱情中,人们需要的是同时爱一个人和被一个人爱的感受。爱一个人时,他感受到自己的存在,感受到自己在生活中是有地位的;被一个人爱时,他感受到自己并不是孤独一人,感受到自己是被人所关心的。所以,他所爱的并不是他的情人、爱人,他爱的是他自己。

人们往往分不清楚这一点,以为自己喜欢一个人、爱一个人的时候,爱的就是对方。

也正是因为人们往往分不清楚这一点,才以"爱他"的名义做着"爱自己"的事情。"爱他,就给他你的全部!"这样的宣言不正是如此吗?你的全部,你想给,你给得了吗?他想要,他受得了吗?

给他你全部的时间,每一分每一秒都陪着他?给他你所有的社交圈子,让他跟你一样地熟悉你的朋友们?给他你所有的归宿感,事事顺从、以夫为纲?

为什么你如此爱他,他却离开了你?

要回答这些问题,你还是先问问你自己,你爱的到底是谁,是他,还是你自己?

美国耶鲁大学心理学教授罗伯特·斯多伯格有一个著名的"爱情三角理论"。他认为,爱情由三个基本成分组成:激情、亲密和承诺。

激情,是情绪和欲望层面上的着迷,是"哎呀,我看见他好兴奋,好开心,我好想跟他在一起",表现为对自己的占有欲、表现欲的满足。

亲密,是心灵层面上的温暖和关怀的体验,是"跟他在一起很轻松、很舒服,我不用伪装自己,不用担心他会讨厌我",表现为对自己"安放内心"的需求的满足。

承诺,指维持关系的期许或担保,这种期许和担保不是要求对方表达,而是自己内心的期许和对自己做的担保,是"我是爱他的!我要对爱情忠贞,我甘愿承担责任。问我愿不愿意嫁给他?我愿意",表现为对自己、对自己和对方两人未来的承诺。

激情、亲密和承诺共同构成了爱情,就像三角形的三个顶点一般,缺少其中任何一个要素都不能称其为爱情。但是,每个人所具有的三个部分的能力又有所不同。我们可以以每个点为轴,画一个三角形,并把每个人的能力量化标上,从而观察每个人到底拥有哪一点多一些。

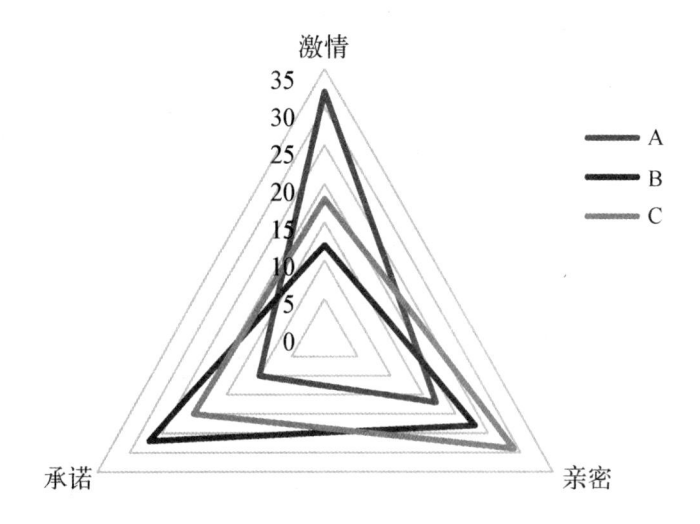

比如在上图中,A是一个充满激情,但亲密感和承诺都较少的人,这种人也就是我们平时所说的"浪子"。这样的人会玩,长得帅,但除此之外,他不愿意去了解对方,也从没有想过将来。这是一种受到本能牵引和导向的青涩爱情,与他相处时间久了以后会感到非常地不稳定,没有安全感,这被称为迷恋式爱情(Infatuated love)。

而B则是一个很看重承诺,缺乏亲密和激情的人。他的爱情是理性的爱情,就好比文成公主为了政治必须缔结的婚姻。此类"爱情"拥有婚姻所需的种种条件,看上去美满,却独独缺少了别人看不见的激情和亲密,这样的爱情被称为空洞式爱情(Empty love)。

C则是一个充满了亲密感,有一定激情和承诺,但却并不足够的人。这样的人更适合做一个好朋友,相处非常愉快,但总觉得少那么点激情,不一定能坚持走完漫长的一生;总觉得缺少了那么点承诺,对遥远的未来充满了未知数。这样的爱情被称为喜欢式爱情(Liking)。

之所以这三种爱情都被称为"××式"爱情,是因为从严格意义上来说,它们都不能被称为爱情,而只是爱情的一种类似物。严格意义上的理想爱情应当三者兼备,并且三者皆为擅长。但理想是理想,现实是现实,现实中要想一个人三种能力都非常突出,是一件几乎不可能的事情。

女人往往很贪心,既要现在的幸福(激情),又要将来的幸福(承诺)。对于这样的女人,我只想告诉你:"做梦去吧!"

激情属于人的本能,而承诺属于人的理性,激情很强、不会控制本能的人怎么会有理性呢?我们的爱情永远有缺,就是因为这样的激情和承诺不能达到完美统一。完美的男人是虚幻的、缺乏安全感的,而安全感则是女人一生都在寻找的东西。

爱情中,最重要的一点是,千万不要误解了自己的感受。你觉得你是爱他的,但其实你爱的是自己。有的人不会区分这一点,因为爱着"自己被对方爱着"的感觉,从而无限制地索取对方的爱,向对方宣称:"爱我,就给我你的全部。"结果却把对方束缚得太紧,最终导致对方的离开。

其次,这种无节制的"索爱",其实是一种不能控制自己的激情、自己的本能的体现。激情往往是不长久的,只有搭配上亲密和承诺,才能成就一份完美的爱情。有时候,人要学会控制自己的激情,让感情升温慢一点,适当地放弃现在的幸福,才能获得将来的幸福。

礼多人不怪

时钟指向六点,丈夫还没有到家。你跟往常一样,正在厨房里叮叮咣咣地做菜,手里的铲子不停地翻动,脑袋里却是丈夫打开房门,屋里的热气在他的眼镜上蒙上一层厚厚的水雾的情形,你不禁"扑哧"一声笑了出来。

做了个茄子包肉,辣炒蛤蜊,加上马上要做的咖喱鸡,还有汤煲里的芋艿炖排骨,这顿晚饭一定很棒!就是这油烟机似乎出了点问题,"突突突"像个拖拉机一样响。不过这丝毫不能影响你的心情,因为今天医生告诉你,你有喜啦!

突然,一双手从背后围了过来,脖子旁边出现了那张熟悉的面庞,你被紧紧地抱在丈夫的怀里。你一只手端着锅,一只手握着铲子,耸了耸肩膀,嗔怪他:"讨厌,吓我一跳!"

他向后跳了一步,原地转了个圈,最后摆了个喜气洋洋的姿势,说:"哨哨哨哨,猜猜今天什么日子?"

你在脑袋里翻了一遍,里面只有医生跟你说的好消息,怎么也没想起来今天是什么日子。他推开厨房的门,你一眼看到餐桌上盛着茄子包肉和辣炒蛤蜊的两个盘子边,放着一只点了两根蜡烛的精致的小蛋糕,他手里突然变出一条围巾——天呐!这不就是那天你在博柏利看了又看、试了又试却仍没舍得买下的那款吗!天呐,天呐!哦亲爱的,你一把扔下锅和铲子,拥上去搂着他的脖子,问他:"今天到底是什么日子呀?"

"今天可是我们结婚1 000天的纪念日哦,小呆瓜,不记得啦!"

有的人会对礼物表示不屑,他们认为爱是深埋在心底的一种感情,"送礼物"只是年轻人求爱的一种游戏,跟真正的爱情八杆子也打不着。

那么,我就想问,真正的爱情到底是什么呢?

也许他们会说,真正的爱情是关怀而不是宠爱,是一种从内心发出的关心和照顾,而不是华丽的言语、夺人眼球的行动,是在点点滴滴中、一言一行里才能感受得到的东西,送礼物这样的行为,显然只是一个噱头。

甚至他们还会搬出大卫·塞林格那段著名的描述:"有人认为爱是性,是婚姻,是清晨六点的吻,是一堆孩子。也许真是这样的,莱斯特小姐。但你知道我怎么想吗?我觉得爱是想触碰又收回手。"

说到底,他们就想表达这样的意思:爱情是一种隐藏着的、不能直接表露出来的情感,这种情感体现在生活的每一分每一秒里,而绝不是体现在你送出礼物的那一分那一秒里。

对于他们,我觉得我并不想多说什么。

送一个礼物给最亲爱的人,难道我送的仅仅是礼物吗?

在一个清风拂面的夜晚,柳枝摆动着曼妙的身姿,灯光绰约,身影苗条。两个相爱的人走在充满人气的古老的街道上。他们回忆着过去,畅想着未来,生活是多么美好!丈夫想起儿时,也是在这一条街道上,他曾逃学跟小伙伴绞绳子、织竹篡、下象棋、碾玉米,最怀念的是大家趴在地上头顶着头围成一圈,一个个屁股都翘到了天上,一起斗蛐蛐。大家从山野草丛里捉来蛐蛐,放在一个竹罐里,"嘿呀!""哈呀!"突然,谁的屁股上挨了一脚,一个凶狠的声音喊道:"全都给我去操场罚站!"妻子没斗过蛐蛐,听到这一段,简直笑弯了腰,蹲在地上直不起身来。

几天后,妻子走遍了能找到的所有古董店,终于买到一个破破烂烂的小竹罐。她拉着丈夫带她去抓蛐蛐,看到这个竹罐的时候,丈夫鼻子一酸,眼泪哗啦啦流了下来。他把妻子紧紧地搂在怀里,难道礼物仅仅只是这一个破破烂烂的小竹罐吗?

这样一个小竹罐放在你的面前,你可能还会嫌它碍手碍脚,把它丢进垃圾桶。但对于这位丈夫来说,它是一个视觉上的象征,它承载的是儿时最美好的回忆,是妻子对他无意间一句话的无比用心,它代表着妻子跟他说:"你看,我记得你,我正在想着你。"它承载的正是妻子对丈夫浓浓的爱。

美国著名小说家欧·亨利曾写过一个著名的故事《麦琪的礼物》。

圣诞节的前夜,一对贫穷的夫妻为了给对方准备圣诞礼物,都卖掉了自己最宝贵、最引以为自豪的东西。丈夫最宝贵、最引以为自豪的东西是一块金表,是他祖父传给父亲,父亲又传给他的传家宝,"足以让地下室堆满金银财宝的所罗门王嫉妒得吹胡子瞪眼睛";妻子最宝贵、最引以为自豪的东西是她的一头秀发,她的美发长及膝下,"足以让示巴女王的所有珍珠宝贝黯然失色"。

丈夫把他的金表卖掉,买了一套妻子很久以前在百老汇的一个橱窗里见过并羡慕得要死的梳子；而妻子把她的头发卖掉，买了一条镂刻着花纹的白金表链。

还能有谁比他们更为幸福吗？虽然，他们彼此的礼物最后都失去了使用价值，但他们都得到了人世间最珍贵的礼物——彼此的真情。

爱情的确不是"礼物"本身所能包涵的，但一件礼物，它所承载的意义，很有可能远大于它的本身。给心爱的人送礼物，送的恰恰不是礼物，送的正是你对她深厚的爱。

正所谓"礼多人不怪"。哪个少男不痴情？哪个少女不怀春？其实也不仅仅是少男少女，在爱情里，谁都是一个长不大的孩子，谁都渴望别人对自己的爱。而礼物，正是表达这种爱意的一种极佳的方式。

美国作家盖瑞·查普曼在他的《爱的五种语言》里归纳了表达爱的五种方式，其中一种便是送礼物和接受礼物。作者对美洲、亚洲、北极冻原等地的不同民族，围绕着爱情和婚姻的文化模式进行研究，发现这些地方的每一种文化里，送礼物都是爱情和婚姻过程中的一部分。礼物不仅仅是一种象征，一种情绪的载体，更代表了爱的本质——给予。

查普曼写到他在芝加哥碰到的一对夫妻，这对夫妻非要请他吃饭。刚一坐下来，妻子就滔滔不绝开始说话，对查普曼表示感谢。她说三年前，她的丈夫只做他应该做的事情：工作、吃饭、养孩子。妻子对这样的生活感到绝望，夫妻俩濒临离婚的边缘。

因为一次偶然的机会参加了他的婚姻研讨会，回到家的第一个周一，丈夫送了妻子一朵玫瑰花，他说："我认为你应该有一朵玫瑰花。"周二，他带回了一个大比萨饼，让妻子休息一下，不做晚餐。周三，他给每个孩子带回了一盒脆谷片，给妻子带回一盆小盆栽，因为盆栽比起玫瑰花来不容易枯萎。周四晚餐后，他送给妻子一张自己制作的卡片。周五，他绕道点心店，买了每个人都喜欢的点心。周六，他请了个临时保姆照顾孩子，跟妻子两人去逛街吃饭。

妻子为他的改变惊呆了，要知道，之前的他从来没有"浪费钱"买过一朵花，给妻子和孩子带过一份礼物！妻子问他究竟是怎么回事，他说，在那个研讨会里，他明白，"礼物"是表达爱的一种语言。

中国人总有种想法："酒香不怕巷子深。"但再香的酒，如果用黄泥封起来，用窖子藏起来，一点香味也不让它飘出来，就怕"自称臣是酒中仙"的李白也闻不出来了吧。要让心爱的人感受到你的爱意，就更不能把这样的爱藏着掖着，勇敢地将其表达出来吧，礼多人不怪，用你的礼物砸"晕"心爱的人吧！

精心准备的时间

一天,我的一个委托人要请我吃饭,地点就在我的律师事务所旁边不远,我便干脆走路过去。

也是工作太忙,好久没有这样子走在马路上。我原以为能够看到许多人幸福的笑脸,但是路上的人们全都低着头,一边举着手机,一边行色匆匆。

走在我前面的是一个40岁左右的中年人,大概是迎面碰到认识的人,他伸手向他们打了个招呼,但是脚步却并没有停下来。我瞥了一眼,迎面走来的是一对夫妻,丈夫走在右边,一边向前走,一边两只手拿着手机发微信,脸上露出一阵嘿嘿的笑;妻子走在左边,两只手挽着丈夫的一只胳膊,正在自顾自地跟他说着话。

我前面的那个中年人跟他们打招呼的时候,那个丈夫抬头看了他一眼,又继续低下头去发微信;而妻子正好说着"你听……"便硬生生打断了自己的话,挤出一个"你好啊!"来回应他,他们俩都没有停下来,接着向前走。妻子接上刚刚被打断的话,对丈夫说:"……没听我说话啊!"丈夫仍没有抬头,那个妻子抓住丈夫的胳膊拼命地晃,又说了一遍:"你听没听我说话啊!"丈夫这才反应过来:"啊?"

走到店里,我的委托人已经到了。她也正在发微信,一看到我到了,她说:"给我两分钟,我把这件事情解决掉。"

两分钟以后,她退出微信,锁了屏,把屏幕向下放在一边。吃饭的整个过程中,她除看了一次时间,没有碰过手机一下。

说实话我非常感动,在今天这样一个"信病"肆虐、手机应用大行其道的时候,她居然做到整个晚餐时间一次都没有解锁手机,我感受到了她对我的莫大尊重。

然而,在她跟我叙说的事件里面,她就没有那么幸运了。

她说:"我的项链、耳环、发卡、手镯、戒指,没有一个不让我的闺蜜眼红的;我有一个30平方米的试衣间,衣柜里装满了各种奢侈的衣服;只是手提包,我就有3个LV、5个蔻驰、2个普拉达和2个香奈儿;我的手机屏幕刚刚碎了一个角,第二天,他就摆了一个新的在我面前。他给了我所有他能给的一切,除了时间。"

她说:"我只能一个人穿戴着这些东西,一个人上班,一个人下班,一个人逛街,一个人散步,一个人上美容店,一个人去健身房,一个人看电视,一个人听音乐……就是晚上一起吃饭,他也基本不说话。我跟他讲起我一天里碰到的有意思的事情,在公司门口的那只萌萌的白色小猫,他只会点点头,嘴角向上扬起笑一笑;我跟他抱怨工作上又碰到什么烦心事,才讲了一半,他说:'你应该这样这样。'拜托!我又不是让你帮我解决问题,我就是想让你体会一下我的感受啊!有什么问题真要去解决,我自己动动脑筋不能解决嘛!"

她说:"他的所有时间都安排得满满的,哪怕是喝茶、上网、踢球、看朋友圈,每一件事都值得他花十分的精力去做,但我让他陪我聊会儿天,他就会问:'聊什么?'他觉得聊天是件没有意义的事情,他觉得很多事情都是没有意义的。有时候晚上躺在床上,我把他扳过身来,让他看着我的眼睛,但他保证在3分钟内就会睡着;有时候看电视,只要是他想看的,他就绝对听不见别人跟他说话,只要是他不想看的,那他也绝不会留在沙发上。"

她说:"跟他一起生活,我会感觉到全身都笼罩在他的阴影之下,无比空虚,无比寒冷。跟他一起生活,我没有丝毫的安全感,他对我的爱——如果这还能被称为爱的话——同样可以施加给任何人。我感受不到对于他来说,我和别人哪怕一丁点的区别。接受他的爱,就像接受一幢金碧辉煌但却随时可能消失的皇宫一样,让我心虚,让我害怕,让我觉得我永远只是一个人在孤独地走夜路。他的确是天天跟我生活在一起,但仅仅是他的躯体跟我在一起,他的所有心思,没有一点在我身上。"

哦,对了,顺便说一句:由于我的律师身份,这位委托人约见我的目的非常明确——她想离婚。

如果你注意观察,在大街上散步的人里面,经常扭头互相注视着说话的人往往是约会的情侣,而已经结婚的夫妻却只顾着散步,偶尔才说上几句,很少会互相对视,似乎"走路"本身才是一件更重要的事情;在等餐的时候,只有服务员上餐时才会把视线从对方身上移开的也往往是约会的情侣,而已经结婚的夫妻却低头看着各自的手机,或者东张西望,似乎要跟他们一起吃饭的人还没有来似的。

婚姻往往是这样一种安全的纽带，让你心安理得地觉得对方已经从法律、道德、伦理等诸多层面上都属于你了，从而把最初他（她）属于你的层面——感情给丢失了。

有一些男人，结婚前对女人穷追不舍，又是送花又是弹吉他，还时不时突然出现在她面前给她一个意外惊喜。结婚后，该干嘛干嘛，逛街？太累不去了。做饭？太烦你去做。老婆买了个小盆栽放在窗台上，"买那个干嘛，又要浇水又要晒太阳的，养一个孩子还嫌不够累啊。"

有一些女人，结婚前，和男友约会是不化妆不出门，精心打扮、细心搭配，将最好的一面展示给所爱的人；结婚后，整天拖鞋叭嗒叭嗒，穿着一件睡衣就和老公出去逛街了。

这样的夫妻看似朝夕相处，时间很多。但是，这些时间里，有多少是他们精心准备过的？两个人身体是在一起，但是相处的质量，根本不合格。

精心准备的时间，不仅仅代表着两个人相处得怎么样。相处的时候，双方都可以感受到对方为了相处的这段时间准备了多久，为了自己究竟付出了多少，自己在对方心里到底是个什么样的地位。

精心准备的时间，并不仅仅是为了让相处的时间质量变高，更是出于对婚姻的尊重和对对方感受的考虑。

夫妻的感情是婚姻的基础，如果夫妻感情出了问题，就很容易导致婚姻中各种各样的问题出现。而夫妻之间长期缺乏沟通，就很容易导致感情不和。当他们接受其他引诱考验的时候，或是当其他感情出现的时候，就很容易因为寻求感情上的补偿而做出错误的选择。

我的这位委托人遇到的情况便是如此，好就好在他们夫妻俩之间还没有别的感情横插一脚。妻子虽然想离婚，但还不敢和丈夫提起。我提议和他丈夫见个面，她同意了。在我跟他的几次交流之后，终于发现了问题所在。

人们的成长都跟家庭教育背景相关。有的人会对生活有一个明确的目标，在现状与目标之间，他们会选择一条最短的路径，花最短的时间、最低的成本到达那个目标。自从自由市场经济以来，有这样观念的人越来越多。对于他们来说，生活的反馈仅仅在于目标的到达，而对于到达目标的途径，由于他们只选择了成本最低的那一条，他们毫不享受这个途径。打个比方来说，他们只关注于给女人送一条项链，至于这条项链是如何到达女人手中的：谁想出要送项链的这个想法、谁去选择一条项链、这条项链如何出现在女人的手中、女人看到这条项链的反应如何……这些问题都不在他们的考虑之中，因此也不在他的幸福感里面。

　　这当然是一种回报率最高的做法,但仅仅有这一点是远远不够的。对于这样的男人,我们可以给他一个非常具有时代气息的名字:糙汉子。

　　　　谁不愿意,有一个柔软的晚上
　　　　柔软得像一片湖
　　　　萤火虫和星星在睡莲丛中游动
　　　　谁不喜欢春天,鸟落满枝头
　　　　像星星落满天空
　　　　闪闪烁烁的声音从远方飘来
　　　　一团团白丁香朦朦胧胧

　　对于这样的糙汉子,我们对他能做的只有一点——启蒙!

　　到底怎样的时间才算是精心准备的时间呢? 真正的答案只有一个:你的心和她(他)在一起的时间。

　　丈夫和妻子一起看电视,如果是精心准备的时间,那焦点就不在电视,而是在双方的情感上。他们说:"这个演员长得像你。"他们说:"这个故事让我想起了我们一起去黄山旅行时的故事……"他们说:"这个男二号太不负责任了! 那个×××就跟他一样!"他们说:"这个女主角用情太深,真让我感动。"他们花时间一起做普通的消遣,但传达的信息却是他们互相关心对方、心疼对方、喜欢跟对方在一起。

　　丈夫跟妻子一起聊天,如果是精心准备的时间,那焦点就不在聊的事情上,而是在听者的反馈上。就像我的这个委托人的丈夫一样,我们很多人都在生活、工作中被训练得很有能力,他们善于分析问题、解决问题,却忘了婚姻是一种感情关系,而非一个待解决的问题。在这样的关系里,我们的确需要提出建议,但更需要的是去了解对方的想法、感受和愿望,去理解他(她)为什么会产生这样的情绪。

　　做一个好的倾听者的同时,这种关系也要求双方做一个好的告白者。谁愿意跟一个永远没有情绪、没有情感的人生活呢? 如果你对自己的生活都无法产生情绪,又怎么能对对方的生活产生相同的情绪呢? 将这样的情绪表达出来,也是让对方进入你生活的一种方式,让对方了解你,感受到你的好和不好,从而你对他(她)来说就不只是一个平面的存在,而是一个有情绪的立体的存在。

两个人只有精心准备在一起的生活,才能真正意义上彼此靠近,将心灵安放在一起。也只有如此,婚姻才不仅仅从法律、道德、伦理等层面上把你们束缚在一起,更在感情上让你们主动地紧紧相拥。

　　给你们一段精心准备的时间吧,让两个人的感情越来越稳固。

五公斤的爱情

哪个少男不钟情,哪个少女不怀春?年轻的时候,看过很多有关爱情的书,也包括歌德的《少年维特之烦恼》。维特的钟情让我也不禁开始幻想自己的爱情。

有一次看书的间歇,我正睡着午觉,不知不觉中做了一个梦。梦里一个白色衣服、长着翅膀的美丽天使来到我面前,天使看着我的眼睛笑了,她对我说:"既然你这么渴望爱情,那我现在就给你五公斤的"爱情",你要把它给你最爱的人。即使你只给了她一半,她也会一辈子爱着你。"说完,天使就消失在我眼前。

在梦里,我没有理解天使的意思,不知她话的分量轻重,转身就把这五公斤的"爱情"交给了我妈妈保管。五公斤,呵,拿在手里沉甸甸的,我妈妈的手握不住,一下子掉下去砸在了她的脚上。当时,梦就醒了!

梦醒的时候,阳光正暖暖地照在我的脸上,像天使温暖的双手。我甜甜地想着,谁才是我最爱的人呢?等找到她,我一定把我最纯真、最宝贵的这五公斤"爱情"全都交给她。

恋爱的时候,我发现我变了。少年维特深深地爱着绿蒂,她走到哪他跟到哪,眼睛从来没有从她的身边移开。我发现我做不到。

五公斤的"爱情"有很多?太沉重,一下子交给别人,接受的人也会无力承受,"爱情"会从她的手中掉下去,狠狠地砸在她的脚上。所以,我决定把这五公斤的"爱情"切割一下,慢慢地给出去。

初恋来了,我给了她我的第一份"爱情",时光一点一滴地流逝,终于还是没有结果。初恋在我的记忆里留下了一个美好的印象,尘封在阁楼里,越走越远。很多年过去,慢慢地,连这美好的印象也逐渐黯淡了。

后来,我发现了一个善良的姑娘,我也给了她一份"爱情"。嘿,两年过去,我决定和她结婚了！天上的太阳红艳艳的,春风也吹得我们心里痒痒的,沿路的人们给我们送来祝福,她的额头上留下了我的深情一吻。

结婚后,有了孩子。孩子从手里爬到了地上,从地上站起身来,会走了,会跑了……我真想一下子把我所有的"爱情"都给她！但是,不着急,一辈子,我们有的是时间慢慢地给。

可惜造物弄人,有一天我发现了一个更好的姑娘。工作中,我们情投意合,不知不觉地,我动心了、动情了,头昏脑胀地也给了她一份"爱情"。

后来,我发现我错了。

再后来,我又遇见一个姑娘,不知不觉中,又给出一份"爱情"。那时候我真的以为她才是我最爱的人,她才是我的绿蒂！我恨不得将她整个抱在怀里,将自己所有的"爱情"一点一滴全都交到她的手中。

可我一转身,看到自己的孩子在远处奔跑。他还小,还不懂得什么叫爱情。也许某一天他也开始读书,他也读到这本《少年维特之烦恼》,天使也在他的梦里跟他说:"我给你五公斤的'爱情',你要把它给你最爱的人。"我不知道他会怎样把这五公斤的"爱情"给出去,给的又是怎样一个姑娘。

看着眼前这个我给了她一份"爱情"的姑娘,我痛苦地意识到自己无法再给她婚姻。终于,我们又分开了。

几年下来,我发现爱情真是个奇怪的东西。我可以给她"爱情"的女子真的很多,她们深爱着我,我也同样觉得她们都不可辜负。我沉浸在爱河里,舒心地被和风细雨抚摸,但每次一抬头,就看见自己曾经流过的眼泪,在一旁汇成一条涓涓河流。

妻子的身影,开始慢慢地模糊了。她牵着孩子的手,背对着我走了,孩子不时地扭过头来呼喊,那呼喊像刀子一样插入我的心脏,我的眼泪哗啦啦地流下来。望着妻子消瘦的背影,我蓦然回忆起我还有一份"爱情",却没有送给她。为什么我没有在她最需要的时候把这份"爱情"交给她？我想说,却没有说出来,我为自己感到羞耻。

有一天夜里,我又做了一个梦。年轻时候的天使,又出现在梦境中,她依旧美丽如初,温柔得像是我的母亲,轻柔得像是我的情人。她轻轻地抚摸着我的头,我抱着她失声痛哭:"为什么？为什么要给我五公斤的'爱情',为什么你要让我如此痛苦？到底是因为我滥情,还是我缺乏羞耻心,为什么我的'爱情'会如此之多？"

最后,我哭着说:"你还是把给我的'爱情'收回去吧！我的心被撕扯得太厉害,你让我一个人过平静的生活吧!"

天使怜悯地看着我,她张张嘴巴,却没有说话。

校友聚会,粗茶淡饭,谈生活,谈感悟。

校花和校草天作之合,郎才女貌。结婚二十年,风采依旧,感情像是两棵橡树般牢固。送他们回家的时候,我随口和他们聊起了自己的梦,聊起了那个天使,也聊起了五公斤的爱情。

天使为什么不说话?两夫妻的观点不一致。

妻子说:"天使不是不想说话,是无话可说。因为你的五公斤已经用完了,她没有办法收回去。爱情并不是学雷锋,友情可以分享,爱情必须独占。五公斤的'爱情'怎么可以分开呢?爱情只能交给一个人。你在把爱情交给情人的同时,会把自认为交给妻子的一份收回去。结果是五公斤的'爱情'都给了情人,妻子其实一公斤也没有。她感觉不到你的爱,所以,她才会离去。至于你五公斤的'爱情'丢在哪里,你能找回来就找回来了,找不回来,就再也不会有了!"

丈夫却不是这么认为,丈夫说:"五公斤的'爱情',就如同五公斤的黄金那般珍贵。可以分开,但是不能轻易付出。社会纷繁复杂,黄金贵贱有变,爱情却亘古如初。爱情有时候甚至比黄金还珍贵,只是有些人不知道而已。有些老板因为有钱能包得到二奶,就以为自己买到了爱情;有些成功者身边粉丝云集,就认为自己受爱神眷顾;有些人迷恋权势,就误以为找到了真爱;他们头脑一发热,就会认为爱情很廉价。认为爱情廉价的人,他们五公斤的'爱情'砰地一声就变成了爆米花,看上去多得不得了,其实仍是五公斤。他们将这爱情给了自己的爱人,一定会有多余的。于是,他们就分给崇拜者一些,分给青睐者一些,情人后面还有情人,给出一点自己就会少一点,谁能架得住这样子花?所以,不知不觉你的五公斤就花完了!一个人的'爱情'就只有五公斤,放在一起看挺多,放到一辈子来看却是少得可怜。不要滥交,不要泛爱。爱情给了之后就没有了,再想爱的时候也不会有了。不经意地用掉爱情,不仅浪费了爱情,也会给别人带来伤害。花完了,你还能找别人要回来吗?要不回来的!悔作浪子多留情!"

两夫妻在车上一直争论,我在一旁静悄悄地想,他们会有梦吗?在他们的梦里,会有天使吗?天使给他们五公斤的"爱情"了吗?他们的婚姻,是不是就是一个牢固的大保险箱,稳稳地看管着他们夫妻俩十公斤的爱情呢?

男人在前？女人在前？

据说，每一个成功的男人背后，都有一个伟大的女人。李彦宏曾说："在百度的冒险创业历程中，每一步都是她推着我向前走的。"马云也曾说："她对我的帮助是全方位的，无论事业上还是生活上，都是全力的理解和支持。"每一个男人的成功都离不开女人的全力支持。

那么问题来了：女人，是否应该站在男人的背后？

如果时间往前推 20 年的任何一个时候，我想，这个问题不是问题，即使是问题，也只有一个答案，是！然而到了现在这个年代，问题就出现了。我问了这个问题，许多 80 后、90 后的女孩子甚至会说，你神经病啊！

喂喂喂，我事先声明，我绝对不是什么大男子主义者，我也绝对支持女性争取自己的权利和地位！但在经手了无数个离婚案件后，从许许多多女人的经历和遭遇中，我也获得了不少认识，作了不少总结。

女人，自古以来就站在男人的背后。不得不佩服毛主席的伟大，他说的"妇女能顶半边天"，彻底改变了女人的地位。他在 1949 年后改写了女人的社会地位，给女人打下了社会地位的基础，女人翻身做主人。社会在进步，如今女性的地位，超过了历朝历代，甚至领先于西方国家：至少在结婚的时候，女人要在自己的姓名前，加上丈夫的姓氏，比如希拉里·克林顿。不管这是一种习俗，还是《圣经》的规律，最起码在形式上有这个程序。而在中国，在大陆，却没有这样的认识。

工业的飞速发展，使大脑成为主要生产力，男人的体力优势被工业化、机械化给削弱了，女人的地位一下子达到了中国上下五千年的顶峰，搞得很多女人惶恐而不知所措，有的女人不知不觉地，就站到了男人的前面！

男男女女携手并肩向前，这本来是一件好事。但是也不要忘了站在前面是有责任、有代价的。一些站在前面的女人付出了代价，于是有一个女明星说"做女人难,做名女人更难!"

为什么做女人难?就是因为五千年来,女人站在男人身后相夫教子的思想观念很难移除干净。她尽管思想上独立,在圈子里也早已红遍大江南北,但潜意识里还是想站在男人的后面,做一个娇小可爱的妻子。

《周易》中有关于家庭的描述:家人,女正位乎内,男正位乎外,男女正,天地之大义也。家人有严君焉,父母之谓也。父父,子子,兄兄,弟弟,夫夫,妇妇,而家道正。正家,而天下定矣!男女正乃天地间之大义。家人有尊严之君,即父母。父成其为父,子成其为子,兄成其为兄,弟成其为弟,夫成其为夫,妇成其为妇,则家道正。正其家,则天下定矣。

在《中孚·象》中:"柔在内而刚得中,说而巽,孚,乃化邦也。"强调妇女柔顺主内,丈夫诚信主外,相互配合,不但可以"齐家",而且可泽化邦国。

孔子对女人也有一定的研究,他在《论语·阳货》中说过一句话:"近之则不逊,远之则怨。"这句话什么意思?就是说女人有一个天性的性格弱点,如果得到过分的尊重,就会对过分尊重、亲近他的人不尊重(出言不逊),如果过分地疏远,就会得到抱怨。

男人和女人,都是有性别障碍的,都有自己先天的缺点。知道自己的缺点也未必不好,"知不足而后进",当得到过分尊重和被人青睐的时候,女人需要克制自己与生俱来的性格。

从这三本书里,我们都可以看出老祖宗们对于女人的认识。但老祖宗的思想毕竟是老祖宗的,现代女人,是否还应该站在男人的身后?

英国王妃戴安娜天生丽质,她一出场就带着耀眼的光芒,这样的光芒使她不自觉地就走在了查尔斯王储的前面。然而,在一个男人看来,在查尔斯看来,所有人的眼球都围着戴安娜转,且不说王储的脸面,他作为一个男人的脸面和尊严往哪里放!终于,两个人离婚了;再后来,英格兰玫瑰香消玉殒,懂得尊重查尔斯的卡米拉和王子幸福地生活在了一起。

你可能会说,名人们的牵绊太多,我们普通人不要考虑那些复杂的事情。但普通人的故事,我听得就更多了。本律师出身不算高贵,所经办的离婚案例概莫能外都是小人物,还没有一个大人物。说一个真实的故事吧:

有一个普通警察,他与人和善融洽,工作恪尽职守,深得领导的喜欢。一天,他们局里领导来家访,妻子在厨房里做饭,他不动声色地和妻子说了一句:"我下去接接领导。"妻子也没在意,头没抬,嘴里应了一声。突然她听到门口一声尖叫,她匆匆关掉天然气,跑到门口,不禁惊呆在那里:在电梯口,他一刀割了自己的颈部动脉,鲜血从伤口里喷涌出来,溅在电梯门口墙壁上,像是一道鲜红的感叹号!领导扭过身,背对着她,旁边的驾驶员手发着抖,正在拨打120。

消息传到单位后,全局惊讶!他一度可是全局男人羡慕的对象啊!作为人民警察,工作很好,平时压力可能大了点,但他一直乐呵呵的,状态也很好;妻子是国家一级演员,演过不少有名的电影;小孩子也很听话,一家人其乐融融。怎么会自杀呢?

后来电视台进行深度调查,才揭开了他自杀的原因。一年一度的末位淘汰制,时不时的学习评比,使警察这个职业的工作压力很大。别看在老百姓面前风光无限,但穿上制服后的压力只有自己知道。心理有了压力,必须要通过排解发泄才能得以平衡。平衡有两个途径,一个是工作的回报,另一个就是家庭的温柔。他白天黑夜、家里家外都承受着不如人的压力,积压得自己怎么也喘不过气来。最后走投无路,终于选择自杀。一下手便割断了自己整个颈部动脉,根本不给自己留下一点生还的机会。

有些女人和我交流,她们总是搞不清楚:"为什么我这么优秀,而且又是明媒正娶,到头来还比不上那些野花野草!这些野花野草到底是些什么东西?"大有一副孙悟空碰上白骨精还被师傅冤枉的感觉。

原因其实非常简单,因为在这些女人面前,男人找不到作为男人的感觉。几千年来,男人们已经习惯了站在前面、习惯了去承担责任和代价。他们有自己的发泄渠道:每一个男人都有征服的欲望,当征服世界的欲望没有了出口,他就需要找一个可以让他站在前面、被他征服的女人。

女人,不需要站在男人的前面。你即使不想躲在后面,平时可以独立自主,但在适当的时候,请装装样子站在男人后面,给男人一点尊严和尊重。其实男人们心里非常清楚,对于你给的尊重将一辈子铭记在心!

宁波女人就是一些比较聪明的女人典型。宁波是一个开放性的大城市,上海也有着许许多多的宁波人。可以说每一个成功的宁波男人后面,肯定站着一个聪明的宁波女人。每当你问起她,他们家是男人在前还是女人在前?这些女人都会说,一家人,何必计较谁在前谁在后!他喜欢在前面,那就去吧,我是女人,站在后面也无妨!

一个女人,如果具有不输给男人的大智若愚,并对男人具有那种天生的依附感觉,就会让他的男人产生成功所需要的自信和傲气。从而为家庭创造一个理论上完美的男人。大男人不都是这样产生的吗?

创造家庭的是女人,创造男人的也是女人。一个家,只要有一个知道自己是女人的女人,一个知道自己是男人的男人,何忧家庭不会和谐,何忧经营不好、管理不好自己的婚姻!

聪明的女人,站在男人的身后。让男人征服世界,让自己来征服男人。

如果你是女人,你会选择站在前还是站在后?

男闺蜜

故事的主人公叫晓灵。

晓灵从小就非常大方，爱在亲朋好友面前表现自己的各方面才艺。加上家里条件不错，父母亲也很乐观、开明，因此，晓灵的人际交往处理得非常融洽。

晓灵身高1米65，长着一张可爱的小脸蛋，学习成绩名列前茅，会画水彩画，当过学校文艺晚会主持人，拿过校园十佳歌手第一名，带领校舞蹈队参加过省里的演出……从小到大，晓灵不知道被多少个男生追求过。一筹莫展的男生只能远远地看着她，而聪明一点的男生却成了她的好朋友。最聪明的一个从小学一直跟她同学到大学，16年的同学情谊，让他戴上了"好闺蜜"的头衔。

晓灵一共有两个闺蜜，一个女闺蜜大学毕业后去了北京工作。而另一个，就是这个从小学一直同学到大学的男闺蜜，他叫子轩，长得可真是人如其名，玉树临风，气宇轩昂。他们两人被戴上了"好闺蜜"的头衔，而子轩也做得恰如其分：在学校，子轩常常跟晓灵一起吃饭、一起散步聊天；工作以后，两个人也常常见面，购物、逛街、一起去听演唱会、一起去参观艺术展览……除了同事和父母亲，晓灵见面时间最长的就是子轩。两个人无话不谈，从工作人情到时尚潮流，从艺术理念到风花雪月，从心理问题到生理周期，甚至晓灵在微信里发文字消息，子轩都能敏感地觉察出她是开心还是难过，是生气还是随和。

有人问晓灵："什么时候跟子轩结婚啊？"晓灵已经不知道是第几次面对这样的问题，一开始，她还费尽力气跟别人解释："子轩只是我的好闺蜜，我们互相心里都知道对方不适合自己……"到了后来，她只是笑笑，将人搪塞过去也就罢了。

直到有一天，晓灵碰到一个叫乐驹的男人。乐驹是晓灵的客户，两个人因为工作上的事见了一次面，没想到目光一对上，双方就在彼此的心里留下了深刻的印象。一个月内，两个人又见了几次。工作上的事情做完了，乐驹就给晓灵发短信,问她下班后有没有空去喝杯咖啡。那天,晓灵本来跟子轩约好了,晚上一起去吃晚饭、买衣服,看到乐驹的短信,晓灵歪着脖子愣在了那里。

好半天,晓灵才回过神来,她去了洗手间。在洗手间里,晓灵给子轩打了一个电话,问能不能下次再去吃晚饭、买衣服?子轩问她怎么啦?她支支吾吾了老半天,结果还是没瞒住,说有个自己看对了眼的男人要请自己喝咖啡。子轩意味深长地"哦"了一声,但是晓灵什么也没感觉出来,她说:"下次再跟你说具体情况!我先去工作啦!"子轩说:"好。"

当天晚上晓灵回到家的时候,已经11点多了。爸妈已经入睡,晓灵匆匆洗漱了一下,一冲回自己房间,就给子轩发微信。

晓灵说:"他叫乐驹,比我高一个头,人长得可帅了,还有那一脸颊的大胡茬实在是太性感了!今天穿的是一身西装,就是上次我推荐给你的那款阿玛尼!再过几次,我介绍他给你认识,你见了面就知道了!"

晓灵说:"我现在刚回到家,今天跟他聊了一晚上,我跟你说,他可有意思了!我们今天去的是衡山路的那家咖啡馆,我们之前也去过一次的。他是做风投的,他给我讲碰到的各种有意思的事情,后来聊着聊着我们聊到钢琴,他还亲自去给我弹了一首!"

……

晓灵说:"我感觉他蛮好的,回头你帮我参谋参谋啊!"

晓灵把子轩介绍给乐驹的时候已经是两个月以后。晓灵拉着子轩的手臂跟乐驹说:"这就是我跟你说起过的,我的好闺蜜!他叫黄子轩。我一共有两个好闺蜜,一个去了北京,还有一个就是他,他从小学就是我的同学,到现在已经20年了!"然后把子轩的手递给乐驹,乐驹一看晓灵说的好闺蜜居然是个男的,不禁愣了一下,但一听他们已经认识20年了,也不好当面说什么。乐驹握着子轩的手,笑着说:"兄弟我初来乍到,对晓灵的脾气,还要你多多指教!"

几次下来,大家都成了熟人。子轩不得不承认,乐驹真的是一个很不错的人,不仅各方面条件都很好,而且为人沉稳又有风度,特别适合晓灵这样的姑娘。但晓灵却忍住了,没告诉子轩,乐驹对她有一个男闺蜜,曾经隐晦地表达过自己的担忧。

一边是交往越来越深、日后可能会一起步入婚姻的男朋友,一边是跟自己熟悉了20年、对自己的喜怒哀乐了如指掌的男闺蜜,晓灵陷入了深深的矛盾之中。如果依然跟子轩保持现在的关系,就像给自己的婚姻埋下一颗定时炸弹,眼前应该问题不大,但结婚一段时间以后,自己和乐驹两人难免会因为自己和子轩的关系发生争吵，弄不好甚至步入离婚的泥潭里；但如果跟子轩渐渐疏远，不仅自己于心不舍，对子轩也是一个莫大的伤害。晓灵犹豫不定，最后也只能得过且过，把子轩的问题放到一边不管。

　　这样又过了一年，晓灵终于和乐驹结婚了。多亏有了子轩，否则晓灵和乐驹不知要为婚礼多操多少心。子轩忙前忙后毫无怨言，到了婚礼现场，却悄悄地坐在一个不起眼的角落。乐驹非常感激子轩，他觉得自己过去的担心完全多余，子轩一身的责任感，对自己能做的、不能做的事情认识得非常清楚，这样的人不仅工作上是一把好手，在交往上也是完全能放心的朋友。

　　婚后，晓灵和子轩见面的次数就少了，只在微信上聊聊天，朋友圈里、微博上拌拌嘴。对于子轩渐渐淡出自己的生活，晓灵心里总觉得有块地方空空荡荡的，好在乐驹对她非常好，才让她感觉到生活的温馨。乐驹非常地贴心，他看出晓灵的心事，常常邀请子轩来自己家里与夫妻俩共进晚餐。有一次，乐驹问起子轩，怎么不考虑一下自己的终身大事？子轩笑笑，说："再等等吧。"

　　又过了一年，晓灵和子轩高中同学十年聚会。班长说一个做房地产生意的同学把他在苏州的一套别墅贡献了出来，大家找个周末，一起去苏州"轰趴"，微信群里大家纷纷附和。可有的人说，家里孩子还小，于是就说好，大家都不许带家属。

　　到了周末，子轩开车带晓灵去苏州。一个做进口酒生意的同学带了几箱酒，到了晚上，大家在幽暗的灯光下觥筹交错，在震耳欲聋的音响里一个个使了劲地high。晓灵当年是大家心目中共同的女神，如今竟也成了人妻。男人们一个个地排着队敬她，感慨当年自己怎么就那么怂，没把她追到手呢；女人们也一个个排着队敬她，心里却带着十分的嫉妒，想的是"你快给我喝吧！"

　　凌晨的时候，晓灵已经吐了好几轮。就在她快要发酒疯的时候，子轩把她架上了楼，想让她好好休息下。

　　子轩把她扶进一个没人的房间，让她躺好。就在他转身想出门的时候，晓灵一把勾住他的脖子。晓灵喊着丈夫的名字，双手却在子轩的身上乱摸了起来。子轩尝试了几次，也没能从晓灵的双手中逃脱，便半推半就地跟晓灵发生了关系。

　　等晓灵醒过来的时候，已经是下午4点钟了。晓灵被一阵"咚咚"的敲门声给吵醒，却发现子轩正一丝不挂地躺在自己的身边。晓灵差一点尖叫出来，硬生生地被自己给压了下去。她一边告诉外面的人自己已经醒了，一边慌忙摇醒子轩。

　　两个人都吃了一惊，背对着背，一声不响地穿好衣服。等他们走出房间的时候,不少同学已经离开了。剩下的人一起吃了晚饭,然后互相告别。

子轩静静地开着车,晓灵坐在后排座位上看着窗外,两个人一句话也没有说。到了上海,下高速的时候,晓灵从后面连靠背一起一把搂住子轩,子轩惊得车子也抖了一下。子轩飞速地把车子开到最近的旅馆,两个人又去开了房。

等到晓灵回到家的时候,已经是晚上 10 点半了。乐驹看晓灵一脸疲惫,给她泡了一杯菊花茶,让她好好休息。乐驹一觉睡到天亮,晓灵却直到东方发白才浅浅地睡着。

几天下来,乐驹觉得晓灵不太对劲。聚会回来以后,晓灵像是变了个人似的,整天愁眉苦脸,家里少了不少欢乐;晚上睡觉前,晓灵甚至连手机也不玩了,似乎跟所有人都断了联系。但是每当乐驹问她出了什么事情,晓灵马上强打起笑脸来,跟乐驹说自己没事。

这一天吃晚饭,晓灵一不留神把碟子掉在地上,摔了个粉碎。乐驹也没怪她,自己拿起簸箕来把碎屑扫干净。乐驹正扫着呢,晓灵却一个人趴在桌子上哇哇大哭,弄得乐驹莫名其妙的。乐驹只好坐下来安慰晓灵,他把晓灵抱在怀里,跟她说有什么事情就说出来,没事的。晓灵一个劲儿地哭,哭了好久,才一字一噎地把那天她跟子轩发生了关系的事情告诉了乐驹。

这回轮到乐驹愣住了。他这才意识到,自己当初最担心的、后来渐渐打消了疑虑的事情,终于发生了。

子轩是她 20 多年的好闺蜜,他一直在担心自己到底有什么能力,在晓灵心里占据比他更多的位置。他一直觉得,作为男闺蜜,子轩几乎拥有一切作为丈夫才能给晓灵的东西。他一直在提醒晓灵,要注意控制跟子轩的交往边界。就算他是一个男闺蜜,那么一个已经结了婚的女人不知道自己跟别的男人的交往边界,这还叫结了婚的女人吗?

而时至今日,晓灵的男闺蜜,子轩,连他作为丈夫仅剩的性生活的功能都给取代了,他心里一下子对自己跟晓灵之间的爱情充满了绝望。

他痴痴呆呆地想了两天,跟晓灵说:"子轩跟我之间,你做一个选择吧。三个人一起过,我对自己没有信心。"

现代社会,哪个女人没有几个要好的男性朋友?结婚了,有些话的确也不能和自己的丈夫交流,特别当自己有一些情感上的困惑,交流的对象绝对不能是自己的老公,那样会闯祸的!但是,有几个要好的男性朋友,不代表一个女人可以有几个要好的男性性朋友。

婚姻中,伴侣的功能是可以被拆分的:共同的爱好、闲暇的时间、工作建议、生活选择、物资帮助、精神交流、性交流……然而,社会开放了,男女平等了,这使得妻子在很大层面上不只属于丈夫一个人,丈夫也很大层面上不只属于妻子一个人。作为伴侣,他的许多功能都可以被别人代替。但丈夫之所以为丈夫,妻子之所以为妻子,这个角色与普通朋友,甚至闺蜜,要画出清楚的界限。不同朋友的界限可能是不同的,但所有界限都不能越过一个底线,这个底线就是现代道德依然忌讳和制裁的——婚外异性性交流。

人们常常觉得自己足够理性,能够处理好跟别人的人际关系,于是把自己的行为、自己跟别人的关系维持在底线的附近。但是人的理性并不是永远都能够得到执行的,人的行为会受到许许多多事情的影响。因此,究竟怎样去控制跟别人交往的底线,就成了一个很大的问题。

首先,你自己要区分好丈夫和男闺蜜的区别,什么事情可以跟男闺蜜说,什么事情又只能和丈夫谈。如果跟男闺蜜无话不谈,那么,首先在心理上、在共同语言上,男闺蜜和丈夫的界限就已经模糊了。

其次,行为上要表现出对丈夫和男闺蜜的区别对待。这不仅是给丈夫的一剂安心药,也是给男闺蜜的一个信号,表示我已经结婚了,我们虽仍是好朋友,但仍应当注意一下行为举止,不能太过亲密。

有的女人可能会对友情看得非常重,就像晓灵一样,觉得子轩淡出自己的生活非常伤感。但是,你在对男闺蜜抱有同情的时候,你有没有考虑过丈夫的感受?作为丈夫,作为一个将要陪你走过下半辈子的男人,你就这样忍心让他因为你的男闺蜜而受伤?另一方面,俗话说:"君子之交淡如水,小人之交甘若醴。"这个君子并不一定是指男人,而是指有道德的人。有道德的人交朋友,本来就不像小人一样甜美腻歪,如果你一定不能处理好自己跟男闺蜜的关系,只能说你对他仍存有依赖,甚至依恋。这时候你就要搞清楚,你所爱的人到底是你的丈夫,还是你的男闺蜜。

最后,在任何时候,不要让自己失去了理智。只有理智才能控制好自己跟别人相处时的界限,要是像故事里,晓灵喝酒喝得失去了理智,那么别说子轩了,随便上来一个男人,她都会把他当作自己丈夫而跟他发生性关系。

夫妻关系需要双方共同的维护,若是不小心翼翼,而是随意地处理,很有可能某一天你一觉醒来,发现身边躺着的这个人,心已经不属于你了。

七年之痒

婚姻走到第七个年头,小夏总觉得哪里出了点问题。日子一天一天地过着,今天跟昨天就像是一个模子里刻出来的,准备早饭、上班、下班、自己做晚饭或是出去吃、跟老公散个步、上床睡觉,每天都是这几样,跟一杯白开水一样简简单单,一眼就看到了杯底长得什么样子。

跟丈夫在生活中也总是没话找话。两个人一坐下来,面对着面,眼睛却不看着对方,各自默默地玩自己的手机,跟不在眼前的人聊着微信。

有一次,小夏不想做晚饭,就跟老公出去吃。微博和朋友圈都刷完了,小夏不知道干点什么好。对面的老公低着头,一言不发地玩着游戏,她就看着老公玩。小人跳啊跳,躲过了一个个障碍物,吃了不少金币,唉呀,死了。重新来过。又死了。又重新来。几次三番之后,小夏看得心烦,就说起前几天买的迪奥口红。

她问老公:"这颜色怎么样?"

老公头也没抬:"挺好啊,蛮自然的。"

小夏说:"你看一下啊,看都没看你怎么知道?"

老公说:"刚出门我就看了啊。"

小夏说:"是吧。就是差点滋润度。"

老公嗯了一声。小夏只好又拿起手机,闺蜜发了个朋友圈,没什么意思,点个赞吧。下面仍是什么新鲜事也没有。饭店里唱着一首"曾经在幽幽暗暗反反复复中追问,才知道平平淡淡从从容容是最真……"小夏抬头张望了两下,服务生没有一点走过来上菜的意思。窗户外面的人走过来又走过去,偶尔开过一两辆车,树叶动也不动一下,眼前的老公更是头也没抬。

小夏跟老公说:"喂,你理我一下呀,跟我说几句话嘛。"

老公说:"说什么?"

小夏说:"你想。"

老公说:"没话说什么话!菜一会就上了,等着。"

生活要是真的陷入了这死寂一样的平淡,你能受得了吗?

前两天我收到一封邮件,是一个刚跟老公走进第七年婚姻的女人写的。她说老公总说她烦,疑神疑鬼的,讲她该去精神病院了。

她跟老公天天吵架,因为饭里咬到了一块石头,因为洗的衣服上粘了张纸屑,因为老公回家晚了……她说老公三天两头因为同学聚会的理由不回家吃饭,还不准带家属。她本来并不怀疑老公什么,直到有一天老公回家后,打仙剑打到天亮,耳机一戴,嘴巴上全都是嘿嘿地笑。

她问他:"你不是前几天才说玩厌了么?"

他说:"这不是有同学一起玩么!"

她说:"同学同学,什么同学让你这么屁颠屁颠的!前两天刚让我给你练,说不爱玩,有个同学看把你给乐的,觉也不睡了!"

他说:"你怎么搞的,想怎么样啊!"

她说:"别以为你们聚会聚会的,自己搞什么以为我不知道啊!"

老公把耳机往桌上一摔,气势汹汹地往她面前一站,说:"我搞什么了?我搞什么了!你有病啊你!"

她一个枕头扔上去,喊了出来:"不让带家属,也亏你们想得出来,郭纲把那个谁都带去酒店了!"

他一把接住枕头,往她头上一扔:"郭纲是郭纲,你冲我发啥脾气!"

她吓得一时没敢说话,木愣愣地坐在床上。老公又坐回到电脑前,把耳机带到头上,整个房间就只剩下鼠标的"咔嗒咔嗒"声。她半天才说出来一句话:"你有事了。"

老公没说话。

她说:"你有别的女人了。"

老公说:"嗯。"

她一个人抱着枕头在床上哭了好久,想不通老公为什么会变成这个样子?家里的孩子才五岁,自己的样貌也保养得很好。"家里什么都不缺,他怎么就有了别人呢?"

老公刚刚又出去喝酒了,她在门口跟他喊:"你有种的再也别回来了,孩子也别要了,喝吧,喝死你的!"老公一句话也没说,头也没回就走了。

为什么到了第七年,婚姻总是会出现各种各样的问题?

七年,是一个不平常的时间段。对此,德国社会学家干脆提出了一个"婚姻七年续约制"。夫妻俩结婚只有七年的有效期,七年一到自动离婚,只有想要继续在一起的,才要去民政局续约。

这七年时间到底发生了什么事情,好端端的日子一过到这个时间,怎么就突然痒了?

这说起来,还跟人的生理生长有关。人身体上的细胞会不断地发生细胞的代谢,有的细胞两天就要死去,而有的却能活上好几年。而七年,正好是全身的细胞都换一遍的周期。也就是说,七年之后,你就成为一个跟七年前完全不一样的人,一个全新的"新人"。

尽管细胞仍是有记忆的,但两个新人在一起,难免会发生一些感觉上的微妙变化。之前觉得对方美若西施,现在看起来也不过如此;之前觉得对方男子汉气概很足,现在看来太过霸道了点……

从这个角度来说,德国社会学家提的这个"婚姻七年续约制",还是有其科学依据的。现代婚姻就像一场绑架,一开始的时候,两个人你情我愿,你成为他的,他成为你的。但问题就出在:他今天是你的,就一辈子是你的?七年一过,两个人都成为新人,你不爱他了,他也不爱你了,为什么还非要靠"现代婚姻"来绑在一起?

七年又是一段很长的时间,在这样一段漫长的时间,再大的激情都得到了冷却。每天都跟柴米油盐打交道,生活就像一道天天吃日日吃的家常菜一样寡然无味。能不能忍受得住这样的乏味,能不能从这样的乏味中去找出点新的花样?就成了婚姻能否存续下去的必要条件。

人们总觉得新鲜的东西有味道,但其实也只不过是新鲜一点罢了。跟这个丈夫离了婚,再另外找个人结婚,生活就能不一样了?你不能从乏味中找出点新的花样,跟谁结婚都是翻炒冷菜,没味!

许多人都感慨:"岁月是一把残忍的杀猪刀。"曾经的美丽憧憬灰飞烟灭,曾经的海誓山盟土崩瓦解。其实,岁月不过是把生活表面的那层神秘面纱给你揭掉了,让你看到它原来的样子而已。你害怕了,沉沦了,那就只能等着被埋葬在生活之中。

夫妻二人生活在一起,节奏也未必相同。一个不停地向前:读书、工作,不停地提升自己;另一个却原地打转,上班只完成领导交待的事,回到家炒昨天一样的菜,没有一点给自己充电的意识,还觉得生活天天一张脸没意思,七年一晃即过,这两个人的脚步还能不能合拍? 这真是个问题。

要解决七年之痒的问题,关键还是看心态。七年之痒,终究也不过是痒而已,不是什么大不了的事。背上痒了,怎么办?挠!婚姻痒了,怎么办?还是挠!怎么个挠法?

首先,就要从心理上摆正对婚姻的态度。结了婚并不代表着"万事大吉",婚礼往往只是关系的开始。夫妻关系是人和人的关系,而不是人和物品的关系。物品可以替代,坏了可以换,而人却是不能换的,夫妻关系只能靠修,只有靠"磨合"、靠"经营"才能维护下去。

其次,夫妻俩刚刚开始出现小矛盾,就要趁早解决,不能越积越多、越积越深。否则时间一长,多年的积怨就会在一个时间豁口一下子爆发出来。当两个人已经发展到互相攻击、长时间冷战、分居的地步,此时再来努力维持、努力修补,就要花费很大的力气,甚至变成不可挽回。

最后,要学会从爱情中走出来。爱情并不是生活的全部,而只是生活的一部分。要是一个人将自我价值感像押注一样全部押在爱情上,也就等于将自己全部的安全感都押到了对方身上。一旦失去了爱情,整个人都像要被毁灭似的。要是夫妻双方对生活中爱情所占比重的观念不相同,则会使看得重的人觉得对方不够爱自己,而看得轻的人却认为对方是一种束缚、一种拖累。两人用力不一样,共同的生活很容易就被撕裂了。

"七年之痒"并不可怕,它更像是上帝降在婚姻上的一道考验,要夫妻二人共同地去解决。一旦成功解决,感情便能朝向良性健康的方向发展,越来越牢固;而倘若解决不好,则可能就是分道扬镳、劳燕分飞。

恕人恕己

我家住的这个小区路不是很宽，车倒是一年比一年多。再加上离陆家嘴金融区比较近，开车的都是叱咤金融风云的"白骨精"，两车交会，你挤我、我挤你的过不去，三天两头路就被堵住了。

要说堵住的原因，是交会的两部车谁都不肯退，哪怕就退几米，对面的车就可以过去了。有时候明明远远地看到他车过来，也要抢上去，争取在他堵到路口之前冲过去。凭什么是我要退呢？他不能退啊？僵持几分钟，后面的车接连而来，想退也不可能了。那好呀，那就耗着呗，看是你能耗，还是我有这个闲！

有一段时间，路上的吵骂声可以穿越好几栋楼，大早上的都能当个免费闹钟了！有时候这边的吵闹声才刚刚轻下去，那一边就接着气势响起来，大有"乱哄哄你方唱罢我登场"的景象。甚至有人一气之下，干脆把车停在小区路上，让你这个不识抬举的东西堵吧，自个儿摸摸屁股走了！霸气吧？霸气！但这么霸气的结果就是，他人一回来，发现爱车被人划了深深的几道杠。我去年买了个表！杀人的心都有了。

小区物业、保安搞烦了，怕出问题，就想搞单行道。也不知道是小区物业、保安哪根筋搭错了，还是业主们集体脑袋出了问题，业主们进行投票，反对票居然很多，单行道议案没有通过。

我入住半年后，越来越担心事态恶性发展下去。大家走在路上碰个面，都要开始吵上大半天了。有一天我也被堵在路上，心想，哎呀，又是这个人。但我突然想到我正要去赶飞机，耗不起这个时间，只好档位一倒，车退到一旁，我向对方招了招手，示意她先过。

透过两块挡风玻璃，我看到了她充满谢意的神情。不一会儿，她车上来，路过我边上的时候跟我微笑着点了点头。接着我从容而过，顺利地到达机场。

过了两天，我从北京回来，车一进小区，立刻就感觉到这气氛有些不太一样。

到了晚上上床的时候,我问老婆:"咦,你有没有觉得这大晚上少了点什么?"

老婆哈哈大笑,说:"是哦,现在小区里两个车交会,谁都不吵架了,自己主动倒档让对方,双方互相打个招呼,个个像绅士淑女。半年下来,是不是吵烦了?"

小区会车,总有人会自己先倒车让对方一下。没想到不仅她学会倒车退让,路过的好几位业主也都开始主动退让。几天下来,小区里的车主都领悟到了这个道理:倒车只花一分钟,但节约下的却是自己的时间。让别人,等于是让了自己。

我不禁跟老婆大声感慨:生活中,果然处处是哲学!

小夫妻过日子,时不时也会狭路相逢。

微信朋友圈里,凭什么给那个芳芳点赞,为什么要给静静一个"拥抱"的表情,你给我解释解释!我转发了一条,你理也不理我一下,你什么意思?你必须给我解释清楚!否则,别想拿回手机!

过年了,除夕夜去哪过啊?老爸老妈家,还是去岳父岳母家?必须去我家啊!媳妇是嫁入我家,嫁鸡随鸡嫁狗随狗,嫁给猴子满山走。不去我家过年,那岂不成了我被她娶回家?这话要是传出去,我还能出门见人吗!

给公公送了五百,也必须给我妈送五百,这是必须的!

喂喂喂,我不吃芹菜你不知道啊,三天两头烧芹菜,你是看我不惯怎么的?

女人作天作地,打情骂俏的时候,手一扬,老公的手穿过她的黑发,不小心碰到了她的脸。你怎么打人啊!家暴!这还了得,快给我道歉!否则以后你还不蹬鼻子上脸?必须给我道歉!你不道歉是吧?好,老娘这就回娘家,再见!回头告诉你爸妈去,你不道歉,就是家风不正,就是从小没教好!

还有小姊妹结婚的时候,就有好心人说:"新婚夜,衣服一定要压在老公的衣服上,这样的话,你一辈子可以压着老公过日子。要是让他衣服压住你了,你就等着倒霉吧,这辈子都要被他压住了。"

……

夫妻生活,有时候也需要哲学!

有些开庭,原告是妻子,被告是丈夫。妻子慷慨激昂地诉说着对方的不是,丈夫冷言冷语地说着妻子的无情无义,双方大到买房写名字,小到生日买礼物,总之一切的一切都是对方不是。情绪激烈一点的,当庭就开骂,出门就开打,问问起因,讲的其实都是一些鸡毛蒜皮、小题大做的故事。

一般到这个阶段,我也不制止,也不鼓励。吵呗!近来,朋友们老夸我,说我的书法越来越好了。为啥?如果夫妻俩吵的时间太长,我会拿出钢笔来,练习书法,套用一下鲁迅先生的话:"我只不过把你们吵架的时间用在了练习书法上罢了。"

有些开庭,对方的委托律师,经常义愤填膺地帮助当事人,说我们这边当事人如何不好,我也就笑笑,不去争辩。清官难断家务事,律师何必狗拿耗子多管闲事啊!双方就是因为处理不好这"礼让三先",所以才会闹到离婚,才会找到律师,才会来到法庭。你那么义愤填膺,站在一旁添油加醋,火上浇油,有必要吗?自己回到家,说不定老婆菜烧咸了、孩子调皮捣蛋还要嘟囔几句,这边却整天在对别人吹毛求疵,对此,我只能说:"你太嫩了。"

有些开庭,就赏心悦目得多了。郎才与女貌,相顾而无言。剩下两个律师唇枪舌战,将财产一劈为二,从此之后,老死不相往来。后来,问问当事人,当事人说:"吵累了,伤到了,不吵了!"

其实,每对吵架吵得要把对方撕裂的小夫妻们,你们扪心自问,这次吵架的起因到底是什么?它真的触碰到你的底线、你的原则了?不吵赢,你就真的活不下去了?还是你只是想争口气,跟曾经的我一样,抱着这样的心理:"你就堵着吧,想让我退?哼!凭什么我要退?你不能退啊?"

争吵的原因大都是觉得对方不够尊重自己,对方所说的、所做的都没有考虑过自己的感受。感觉到自己被"轻视",才是你跟对方争吵的原动力。但是,换个角度来考虑,对方真的轻视你了吗?你真的这么看重自己不被对方轻视?你真的这么自卑,总觉得对方不够重视你?你真的这么没用,没用到对方时不时就要轻视你一下?这些问题如果得到了回答,我想所有的争吵都没有了它的必要。你要是厉害得很,对方自然不敢轻视你;而你要是真的这么没用,那我劝你还是别吵架了,回去好好提升自己吧。

看到过一个故事:有对小夫妻,吵架吵得不可开交,遂决定不过了,大家拿出一叠纸来,互相写出对方的不是,然后各回各家,分手!女方洋洋洒洒写了三张纸,从谈朋友的雪糕开始,一直到今天老公没有让自己先去洗手间,独占了好久不肯出来。真是一把辛酸泪!有理有据,谁看了谁都觉得这个老公真他妈的是一个十恶不赦的大坏蛋!和这种大坏蛋过日子,简直是惨不忍睹!然后看丈夫,丈夫也文采飞扬,一样洋洋洒洒写了三张纸,满满三张纸哦,上面只写了一句话:"我爱你,我错了,我不能没有你!"密密麻麻地写了几百遍,看得这小娘子哇哇大哭哦,粉锤万朵。结果分手没有分成,至今还爱着。

宽容地对待自己的另一半,必要的时候先让一步,场面上他吵架吵赢了,哪个心里会不知道。让他,有时候何尝不是让自己呢?

夫妻是一场修行,修行自己,彼此也成就了对方。

婆媳之间

昨天我又把一个委托人说哭了。我还没说啥呢,她一个人坐在我对面稀里哗啦地哭起来了。也许是压抑了很久,眼泪匣子一经打开,就跟梅雨一样,停也停不下来。勾起委托人痛苦的回忆,实非我所愿。所以,我一旦把人说哭,就有责任把委托人说得笑起来,一边哭,一边笑,律师咨询就在"两只眼睛开大炮"中慢慢地展开。我最讨厌一本正经的离婚咨询,清官还难断家务事,我又不是官,搞得那么严肃干嘛?

其实,也不是什么特别大的事,可能大家都会碰到。就是积累久了,心里的委屈压得就特别深:她特别爱老公,而老公又特别在意一言九鼎的妈妈。说到底,就是婆媳关系不太好。

的确,由于处理不好和对方父母的关系,有些小夫妻关系变得越来越恶化。特别是初为人妻的小女子,有时候,会觉得婆媳关系太难处理,生活在这种家庭氛围中,行为束缚、心理压抑,闹到最后不得不分道扬镳,亲家变成冤家!这时候,女人最大的感受是:他离不开他的家庭,又不给我融进去的机会!

自古以来,这种失落一直客观存在。尤其改革开放 30 多年的今天,时代变化剧烈,两代人之间往往有巨大的认识差异,这种婆媳关系问题就变得更为复杂。

我办理案件的时候,不自觉地会了解婆媳关系多一点。的确,有的婆媳关系非常好,一起要求儿子上进,帮助男人成长。最让我感动的一次是,儿子有了外遇,他的父母向媳妇求情不算,还到律师事务所向我说情。反过来,有些家庭,婆媳争宠斗恶,一个怕失去儿子,一个想老公是我的,两个女人因为一点小事,就搞得家里鸡飞狗跳。这样的家庭,男人三夹板不好做,也做不好。

我不是很八婆的人,就婆媳关系也没有发言权,不过先贤孟子一家的故事,我想很能说明问题。

孟子,史称"亚圣",他有个妈妈,名字叫什么,大概记载已经遗失了,但有个"孟母三迁"的故事流传至今,成为教育子女的典范。其实,孟母不仅是一个有眼光、有远见的妈妈,更是一个讲道理、识大体的婆婆。有个关于孟子的婆媳故事,写出来,给互相争风吃醋的婆媳们借鉴一下:

有一天,孟子上完班回家,看见老婆居然在家里面光着膀子睡觉,孟子是个重礼教的人,"夫和而义,妻柔而正"。一个女人,光着膀子在房间里睡觉,万一给串门的人看见了,不就吃豆腐了吗?我孟子的老婆,咋这样不端正啊!他心里一火,不开心,招呼也没打一声,板着脸就退出卧室,自己看书去了。

孟子老婆迷迷糊糊知道有人进来,一扭头,看见是自己老公。翻身就想跟他打个招呼,谁知孟子头一扭,转身就出去了。孟子被称为"亚圣",老婆也不是个寻常人物。哦,老公不开心了,有矛盾了!知夫莫若妻,孟太太心里一琢磨,孟夫子觉得我不合乎礼了,对我有了芥蒂,这可得及时解决,否则的话,记我一辈子。怎么解决呢?找他妈去!

孟太太找到孟母,话说的头头是道:"妾闻夫妇之道,私室不与焉。今者妾窃惰在室,而夫子见妾,勃然不悦,是客妾也。妇人之义概不客宿,请归父母。"古希腊先哲亚里士多德刚刚在地中海沿岸发明了三段论,几年之后,孟太太就熟练地跟孟母用了出来。大前提是:我听说夫妇在卧室里面,不必以礼苛求;小前提是:我偷个懒、睡个觉、露个点,孟子作为丈夫,就气呼呼的;结论是:孟子没把我当妻子,他把我当客人;引申结论是:我们妇女同志一般不在客人家过夜的,所以,我想回到我自己父母家里去。

天底下孟子就一个,孟母也只有一个。孟母听儿媳妇这样一说,太有才了!竟无言以对!说了一句:"姓孟的,你给我过来!"就把儿子叫来训话了。

孟母云:"夫礼,将入门,问孰存,所以致敬也。将上堂,声必扬,所以戒人也。将入户,视必下,恐见人过也。今子不察于礼,而责礼于人,不宜远乎?"

孟母说了啥?礼教是这样教我们进门的:

首先,准备进门的时候,要问问人家:"家里有人吗?"以表示敬意;准备进入厅里面,动作声音要响亮一点,这样人家有什么不方便,也可以注意一下;万一非得要到房间里,眼睛不要向上看,要低头看下面,避免看到不该看到的东西。姓孟的我是怎么教你的?这小子自己礼教没有学好,连自己进门都不知道怎么进的,反而说老婆不好,你看你是不是差的太远了?

孟子一想,对呀,还好老妈提醒我。要是我一不小心进错了门,门里躺的不是自己的老婆,那可就坏大发了!哎哟,这下孟子向老婆千道歉万道歉,极力地挽留她不要回娘家。

见微而知著,孟子之所以能成为孟子,看看他的家庭就知道了。孟子,有一个逻辑性非常强的太太,至少可以帮他整理手稿。孟太太发现夫妻之间有了隔阂,不回避,欲擒而故纵,寻找最佳途径解决,思维缜密,执行力非常强。孟子还有一个护卫道理不护犊子的妈妈。他在这两个女人的熏陶下生活,必然让他立德立功立言,最终成为享誉天下的"亚圣"。

说了老孟家的事情,再说一个小故事给大家听。

一年里面,总会有几个离过婚、已经结案的女客户专程要请我吃饭。婚都已经离完了,还来找我干什么?原来是又想结婚了,想让我帮她参谋参谋,她和她的下一个老公合不合适。

说起来这都是我自找的麻烦。以前我办理她们离婚案件的时候,总是先不厌其烦地给他们分析分析夫妻二人的生活质量系数,找出离婚原因,毕竟"一日夫妻百日恩"嘛。如果能够不离婚,尽量劝导他们别离婚,如何解决夫妻矛盾才是重点。如果一定不能和好的,建议双方和谐离婚。当时有些客户就后悔地说:"只可惜我结婚的时候还不认识你,要是当时让你先给我预计判断一下,说不定这婚我就不结了!毕竟,结婚离婚太烦了。"现在,她们鼓起勇气要再婚了,因此就一定要我帮忙分析一下。

我只是一个律师,要是能帮她们看老公,我怎么不去当媒婆?一般我都以没有空而谢绝,但是,她们会找个借口到事务所看我,"顺便"把准老公带过来,让我见个面,谈上几句话。人走了以后,再另外找我,听听我的建议。

女人都把亲爱的男人带上门了,说明自己已经很满意了。这种时候我推脱不掉,只好遵命,跟她带来的男人聊聊天。一般来说,男人嘛,总归有些问题的,没有问题的男人还叫好男人?只要没有什么大问题,我是不会说带来的男人不好的。

只有一个男人我说过不好。

他们之间有个小故事,是我的客户无意讲起,关于她的新手机的故事。有一天天气很好,男朋友带她去七宝玩。没想到在一个小弄堂里,路遇劫匪了!男朋友被劫匪控制住,所以,这个女人的包被抢掉了,好在包里值钱的就是一部手机。事后,男朋友安慰她说不要紧,就当破财消灾。家里还有一部手机闲置着没用,下次见面带给她用。我的这位女客户就答应了。结果好几天过去了,男朋友对手机的事只字未提。女的因为联系不方便,就问他,结果男朋友吞吞吐吐地说他妈妈不愿意拿出来。无奈,她只好自己买了一部手机。

我跟她说,这个男人不一定适合你,但是,我没有说具体原因。事后,我的这位女客户还是和他在交往。过了差不多一年,这位客户又打电话给我说,周律师还真被你说对了,我们不合适!原来她和他刚刚分手了。昨天这位女客户到他家上门,他妈妈说她是再婚的,而自己儿子是初婚,想要和她儿子结婚,必须要在她自己的产证上面加他的名字。

"天啊,这种事情都会有,什么玩意啊!周律师,你牛!你当时是如何知道我们不合适的啊?"她问我。

人看得多了,分析得多了,这样的男人,我一眼就看出来是个没有担当的男人,讲得不好听点,是怂包,以后必定是个吃软饭的。

一个男人,跟女人出去玩,连保护女人和财产的魄力都没有,连承担过失、承担责任的胆量都没有,他还叫男人吗?所以说他缺乏魄力。劫匪必定是有备而来,我不赞同他去和劫匪搏斗,但是造成包被抢、手机被抢的后果,你一个男人总应该承担责任吧?就是你家里没有手机,买个手机补偿给女友,这也是理所当然的事。你没这样做,你不懂道理;一个旧手机,作为儿子都不能从妈妈手里拿出来,说明你怯弱,没有主见;一个没有魄力、不懂道理、怯弱而没有主见的男人,跟他一起过日子,这日子能过得顺畅、过得舒心吗?

这个男人向妈妈要手机,妈妈了解了事情的经过,但是,她不同意!这还说明了一个问题,这个男人成长成这个样子,家庭教育要负很大的责任。这个妈妈不明事理,不懂担当,太抠门,跟这样的婆婆生活在一起,婆媳关系怎么处理?

再者就是,也许男朋友家里根本就没有手机,他就是哄你一下,压根儿也没打算给你个手机。这样的男朋友,我想就是傻瓜也不至于看得上眼吧。

夫和而义,其中义不可无!

三夹板,男人要会做;婆媳情,女人要重视。有时候,婆媳关系考量的是一个人的智慧,不管是男人还是女人,都要在学习如何处理这种关系中成为大人,毕竟,俺妈、俺媳妇都不是孟家的。尽管,夫妻之道,没有教材,没有讲师,没有实践,我们不妨就学学古人,听听今人的故事,也许会有点启迪,毕竟,婚姻就是一种修行。

古人云:"一室之不治,何以国家天下为!"但古人还有一句话:"治大国如烹小鲜。"很多人,并不想成为大人物,可是小人物的家庭关系,也不是一件简单的事情。毕竟家和万事兴,愿大家看完此文能对婆媳关系的处理有一个好的视角,也祝大家能获得一个美满的家庭!

比翼双飞

> 谁不愿意
> 有一片香甜的夜空
> 香甜得像蜜做的池塘
> 两只比翼而行的鸟儿在夜色里翱翔
> 在池边痛饮
> 一颗颗眨着眼睛的星星闪闪发光

谁不羡慕一对这样的鸟儿,与自己相爱的人在广阔的天地里自由自在地玩耍?怎奈天大地大,却没有你们这对本该长久恩爱的夫妻的容身之所:不是这只不要脸的花杜鹃挤进了你们的屋,就是那只挨千刀的黑喜鹊勾走了他的魂。总而言之,一切的一切,归结到最后,就是每次都只有你自己受了最深的伤。

你一个人躲在一角低声啜泣,却没有人来抚慰你受伤的心灵;你冲上前去向小三声讨,却换得老公五丈高的怒火,"啪"地一声耳光;终于,你不顾一切地大声控诉,可是所有的人都茫茫然不知所措。

这个世界到底怎么了?为什么我这个青春依旧、明媒正娶的大家闺秀还比不上那个贼眉鼠眼的小三?为什么他天天往外头跑?

当你问出这样的问题的时候,我基本可以断定,你们的夫妻关系已经面临一个几乎不可挽回的矛盾。

意大利诗人卢恰诺·德克雷申对婚姻有一句经典的比喻:"我们都是只有一只翅膀的鸟儿,只有相互拥抱着才能飞翔。"

每一对夫妻都是这样一对结伴飞行的鸟儿,他们的身体交融在一起,一同把握好方向,并靠着双方的翅膀共同振翅才能前进。

这里有两点要求：

1. 身体交融在一起，一同把握好方向。这就要求夫妻双方对对方的认识、想法有很深的了解；

2. 靠着双方的翅膀共同振翅才能前进。一个家庭的压力来自方方面面，不是单靠一个男人就能扛得住的，只有夫妻双方都发挥了自己的作用，一个家庭才能和谐地运转下去。

你整天在家里当家庭主妇，看电视剧，逛街，去美容院，接孩子，老公工作上有什么烦心事也不管，家里漏水了、灯泡破了也不管，孩子转学要找领导也不管，七大姑八大姨有事来找也不管。总之，一切的一切全都由老公去处理。到最后，连老公为什么不喜欢你、喜欢上了别人也不知道，还整天埋怨天埋怨地，说那个负心汉是只中山狼。

那么，我只能说，你要是再不醒悟过来，我也救不了你。

王姐就是这样一个典型的例子。

王姐还年轻的时候，是个四星级酒店的前台。那时候的她，年轻貌美，秀色可餐，一头乌黑漂亮的头发像瀑布一样地洒在身后，不知道吸引了多少男人。不仅酒店里的许多男性员工暗恋她，就连经理也私下多次表达过对她的喜欢。许多来酒店里住宿的大老板，在前台登记的时候见了她一眼，就再也难以忘怀，更有甚者，还三番五次地下榻酒店，只为了再目睹一次她的芳容。

王姐运气不错。酒店经理因为喜欢她，有意栽培，为了让她能胜任更多的工作，也为了自己能常常跟她待在一起，便找各种理由让她帮自己做点事情。但是几次下来，王姐就跟经理说明，自己不想干别的，只想在前台工作。经理一开始以为她只是不想当个跑腿儿的，就提出送她去培训一阵子，回来可以做个大堂经理，却没想到王姐婉言拒绝，一个理由也没有留下。

还有一个外贸公司的老总，也因为王姐而成了这个酒店的常客。几次之后，大家互相都认识了。老总提出，王姐可以先以他秘书的身份去他们公司工作，等熟悉业务以后，再去分管某部分工作。工资比她现在高个十倍二十倍的，唯一的缺点就是可能会经常全国各地到处跑。王姐又拒绝了。

一年下来，所有男同事都觉得王姐冷若冰霜，找不到任何可以接近她的机会。

直到有一天傍晚换班，他们才知道，原来王姐早已心有所属。她心里爱着的人，是个和她一起来到这个城市工作的家乡小伙。他们同窗6年，高中一毕业就一起来到上海找工作。王姐找到了这个四星级酒店前台的工作，而那个小伙在一家大型超市做送货工。

那一天傍晚,所有在大堂里的人都看到,王姐交接完工作,从换衣间换完衣服走出来,喜笑颜开地向门口跑去。门口停着一辆老式的永久牌自行车,车上立着一个衣服洗得发白的男人。王姐兴冲冲地跑过去,一手搂住那个男人的腰,一屁股坐在他的自行车后座上,两个人在所有人瞠目结舌下缓缓离开。

王姐和小伙儿住在一间租来的、10平方米的房子里,每天风里来雨里去,却从不觉得辛苦。小伙儿很卖力,没多久就从送货工升到了后勤主管助理。工作变忙了,王姐为了照顾他,拒绝了经理、老总等所有人的好意,坚持不外出培训、不外出工作,尽量空出时间来打理好家里的事情。

小伙儿很争气,几年后,就步步高升,当上了超市一个分点的经理。这时候他们已经有了孩子,老公当了经理之后更是忙前忙后,经常不在家。为了照看孩子,王姐就辞掉了自己的工作,在家里当家庭主妇。原来双飞着的鸟儿终于在这一天开始了分工,也就是这一分工,导致了两人的差别越来越大。

王姐闲在家里,除了做家务、带孩子便没其他事情可做。后来孩子上了小学,更是闷得慌,整天沉浸在电视机面前。老公忙了一天回来,常常累得倒头就睡。第二天王姐醒过来的时候,老公早就已经不在身边了。王姐心里非常不高兴,因此跟老公吵了几架,后来两个人干脆开始冷战。你想这老公在外面压力多大啊,一回到家还要看王姐的脸,所以他干脆就不回来了。一开始还只是睡办公室,顶多找个旅馆睡一晚。到了后来,唉,好歹是个公司经理,见得世面广,就开始睡在别的女人家里,或者干脆直接出去开房。外面的女人可不是家里的黄脸婆啊,你老公还不是人家老公的时候,人家就跟他还不是你老公的时候一样,疼惜他,爱护他。他也是男人,哪儿受得了别人这样的疼惜、这样的爱护,分分钟就爱上人家了。

等王姐知道自己老公在外面有人的时候,已经到了老公回家跟她说要离婚的日子。王姐一下子傻了眼,心想自己不理他顶多也就是气一气他,没想到他还当真了!等到现在老公真的说要离婚了,哪还管得上他这里不好、那里不好,再不好也是自己老公啊。王姐一万个不同意,整个人哭得像个泪人似的,眼睛肿成了两个大桃子,任老公怎么说,任他摔了多少东西,就是不同意。

老公心里虽然窝火,但老婆不同意也没有办法,干脆就直接分居。两年时间一到,不管王姐跟多少人说自己老公的不是,不管王姐多少次在超市门口大骂自己老公,法院判决一下来,还是离婚了。

你可以说这个小伙儿狼心狗肺。王姐当初为了他错过了多少机会,没有跟着开奔驰、宝马的人走掉,却心甘情愿地坐在你破自行车后座上。如今你发达了、有本事了,"咚"地一脚,就把人家王姐给踢开了,你还是不是东西?

你也可以说王姐没有脑子,结了婚自己不思进取,老公这么忙还要三天两头跟他闹别扭。一个人受得了掀了房顶大吵一架,但谁受得了你天天拿针去刺他?

其实清官难断家务事,谁对谁错很难说清楚。但有一点可以很明确地看出来:王姐为了家庭放弃了自己进修的好机会,却没有做好接受如此结果的准备。两个人本来就很少交谈,对于老公脑袋里在想什么,王姐根本就不了解。两个人没有共同的语言、共同的生活,那婚姻还靠什么来维系呢?作为一个家庭主妇,老公在外为家庭奔波,王姐本来就该多为家里的事情操心,多体谅老公在外的困难,王姐却选择了跟老公闹别扭、闹情绪。

首先,两只结伴飞行的鸟儿对飞行的方向有了分歧,其次,相互拥抱的两只手还在互相打架,你还能强求这两只鸟儿不分开吗?不分开才怪!这样的婚姻不解散才怪!

所以,要想做天上自由飞翔的"比翼鸟",夫妻关系一定要牢牢地把握好。夫妻双方要经常交流,互相了解对方的想法,确定一个共同的飞行方向。必须要两个人共同地努力、互相体谅、互相加油,这样的飞行才能越来越远。

第四篇

婚 外 情

　　婚姻的新鲜感逐渐褪去，种种问题就慢慢暴露出来。婚外情就是非常典型的一种，对于新鲜感的不懈追求，是产生婚外情的最大原因。

　　婚外情经过甜蜜期、转型期和维持期，最后结束，大都有着相似的过程。要解决婚外情问题，必须准确把握住其所处的时期，对症下药，早预防、早发现、早"治疗"才能早解决。

小三的渊源

翻开中国的历史大书,书页里夹杂着一部血泪淋淋的小三史,比什么《罗马帝国艳情史》不知道高明到哪里去了。单不说例子不胜枚举,"小三"的名称也比比皆是:妃嫔、小妾、姨太、陪房,亦有二奶、小老婆、通房丫头、侍妾等。

这些称谓,其实实质都一样,区别在于有的说得出口,而有的说不出口。在中国封建父系社会,男子一夫多妻,女子自称"妾身"不仅合法,而且是一种谦逊的表示,想想以下画面:小老婆当着大老婆的面,说一句:"相公早去早回,莫教妾身念想!"多么的美妙、多么的合乎情理。然而到了提倡男女平等、一夫一妻的今天,"小三"渐渐成为一个没有人愿意自称的称谓。

但是无论台前风光,还是幕后偷摸,几千年来,小三味犹在鼻。如同婚姻有正反面,小三一直如影随形,承载着人类感情的方方面面。小三是否如同张爱玲所说的那样飞蛾般的美丽,还是跌跌撞撞不可名状,孰是孰非,需要更多的研究。我们要研究小三,必须像研究一个人一样,把她的出生、背景、家底统统都摸透。她是谁?从哪里来?又会到哪里去。

一、小三的历史渊源

前文已经谈到过,"婚姻的起源是对财产的保护",讲到底,人类历史上从一开始,婚姻就把女人视作物品,一种可供交换的财产。此时产生了女奴,还不能称之为小三,因为女奴和牛羊马一样,没有独立的人格,与主人没有情感的交流,是不能主宰自己的。这种观念,我们今天当然是要批判的,但在那时候,因为人们还是愚昧的、无知的,还没有意识到这一点。

进入封建王朝之后,小三就像一颗种子一样,生根,发芽。我们老祖宗早年的时候,因为缺纸少笔,正史只记录了王宫和贤达的生活。老百姓生死有命,别说绯闻,没点名气的连野史都懒得记载。周朝的贵族中,有一个美女出嫁,需要同族姐妹或姑侄陪嫁,称为"媵"。媵,说是说"陪嫁",一陪过去就成了侧室,也就是我们今天的"小三"。

西周最后一位天子叫周幽王,这哥们没别的喜好,就是喜欢美女,好色程度和前朝的商纣王可以一拼高低,后宫堆满了房子,还跟商纣王喜欢狐狸精妲己一样,找了一个小三褒姒。周幽王喜欢褒姒喜欢得不得了,没多久,就把她由妾转正为王后,再把她生的儿子伯服立为太子。但是褒姒觉得小三的出身不怎么光彩,和他在一起就是不笑。喜欢的人不笑,那可是大问题! 于是周幽王就变着法子去讨好她。

有一次幽王偶然得知褒姒喜欢听撕布的声音,就把王宫里的布全都收集起来。她爱听,就撕给她听,有钱任性嘛。可好听归好听,听了褒姒还是不笑。幽王把脑袋都想破了,终于想出了个绝顶妙计来:在一个寒冬腊月,为了展示自己体谅守边的将士,要给他们送点温暖,周幽王一声令下,烽火台上来了把"冬天里的一把火"。这可不得了,诸侯们都以为大哥有难,赶紧从温暖的被窝中跳出来,拼命来救场。结果到了烽火台下,诸侯们连敌人的一根毫毛都没有看到,只看到幽王和褒姒在烽火台上吃着火锅唱着歌,美人看到自己仓皇狼狈的样子,嫣然一笑。幽王看到褒姒笑了,乐得连兄弟也不要了,起身说了句:"哥们辛苦了!"就抱着美人闪了。

周幽王把褒姒夸得跟天仙似的,可是诸侯小弟不这么想。他们私下里说,褒姒长得还没自己家里的奴婢漂亮,老大至于吗? 所以,当幽王第二次点燃烽火的时候,诸侯们认为,为了看一个还不如自己家里奴婢漂亮的女人笑一笑,车马费太贵,太不划算,居然一个也没来。这诸侯没来不要紧,犬戎人倒是来了,好了,西周没有了。

商纣王喜欢妲己,周幽王喜欢褒姒,在那个年代也是最大的绯闻。和我们的律师同行克林顿喜欢莱温斯基的故事一样,总统没有被弹劾掉,律师证却没了,再考也难,只能外面讲讲课,挣点出场费,还弄得地球人都知道了。

于是,"色字头上一把刀"的传说一直流传到了现在,"红颜祸水"的说法在那个年代就被定格了,因为,这两个不是正牌夫人的女人,也就是小三,把两个王朝活生生搞没了。

后来,春秋战国时期的理论家们对此做了深刻的反思,痛定思痛,产生了很多对人性、对社会伦理有深刻认识的学说。

其中,《孟子·告子上》曰:"食色,性也",意思是食欲和性欲都是人的本性。

孔子在《礼记》里讲:"饮食男女,人之大欲存焉。"凡是人的生命,不离两件大事:饮食、男女。一个是生活的问题,一个是性的问题。

孔夫子,大家都知道,文圣,不是一般人,是天下所有学生的老师和祖师爷。孔子出生那年,老爸66岁,妈妈不到20岁,怎么出生的?司马迁《史记·孔子世家》有记载,说"纥与颜氏女野合而生孔子"。"野合"是什么意思?我没有研究,真不清楚。您知道吗?

在性的问题上,2500年前左右,我们的祖宗八辈就有了深刻的认识,正常男人都喜欢色或性,圣贤们甚至认为情色和吃饭一样,不吃就会饿死。只不过不同的人,自控能力不一样。男人,只有越过色与性这座大山,才能到达圣与贤的境界。

小三就是在这样的历史背景下产生的。世上圣贤毕竟少数,大多数男人还是会在这个问题上跌跟头,大多数女人也会为了这件事,让眼泪再飞一会儿。

小三的故事,也不全是祸国殃民的,有正面影响的,还比较多。

汉朝有一个赫赫有名的将军叫卫青,卫青的妈妈与在平阳侯家中做事的县吏郑季私通,生了卫青。卫青后来七战七捷,奠定了汉朝驱逐匈奴的篇章,官至大将军,迎娶汉武帝的姐姐平阳公主。

霍去病将军,赫赫有名,他的舅舅卫青的名字也是如雷贯耳。霍去病的母亲卫少儿,是汉武帝的姐姐平阳公主家里的奴婢,与平阳县衙役霍仲孺私通后,生下了霍去病。

卫少儿的妹妹叫卫子夫,也没闲着,几经努力,被汉武帝看中,纳入后宫,后来还成了皇后。

卫少儿、卫子夫姐妹俩都是小三出身,他们家也算是小三世家了。名头是不太好听,可小三的孩子霍去病,跟着舅舅卫青,领着军队赶走了匈奴,使得匈奴进不了中原。后来他们俩还溜达去了欧洲,杀得欧洲人屁滚尿流,俯首称臣。最后,改变了欧洲和中国的历史。

卫青和霍去病两位将军,创造了"上帝之鞭"这个真实的词语,匈奴最后在国外"定居",再也没有回来,于是,有了土耳其。突厥和土耳其的外语发音完全一致。如果您不了解"上帝之鞭"是个什么意思,您可以百度一下,就会觉得这两位将军的伟大。连上帝都怕的匈奴,却被两个小三的孩子打得趴下。

同样是小三的故事,距离咋就那么大呢?其实,有了历史,就有了三儿,那么多的三儿,当然有好有坏,有尊有卑了。

四大美女中,沉鱼的西施、落雁的王昭君、闭月的貂蝉、羞花的杨贵妃,都是小三出身。西施和王昭君甚至连小三都不如,是被当作"今年过节不收礼,收礼只收大美女"般的礼物,是送来送去的玩具。

貂蝉在闭月之余,努力学习,用美人计游走于董卓和吕布之间。搞暧昧、玩劈腿,最后借刀杀人,玩死了董卓,汉朝得以苟延残喘了一会儿。要不是貂蝉,都没有后来曹操什么事。吕布死后,貂蝉被定了"红颜祸水"的罪名,也就是"太漂亮了"的罪名,被关公老爷一刀两段。您说冤不冤?"太漂亮了"也是罪名,典型的莫须有!

杨贵妃本是儿媳,一不留神溜到了公爹的床上。诗人杜牧还专门写了一首马屁诗,"一骑红尘妃子笑,无人知是荔枝来。"说的就是小杨美眉爱吃荔枝,唐玄宗为她找"快递公司"的故事。

做小三,能做到这个境界,只怕已经是出神入化了。可惜,在马嵬坡出了点事,中国人说她被赐死了,日本人说她逃到日本去了,还说在日本有一个她的坟墓!

看到这里,弟兄姐妹们就不要对小三大惊小怪了。历朝历代,都有小三,不是才有了几十年,而是已经有了几千年。也不是您家里有了,社会上才有的。

二、断层之反弹

几千年来,中国一直实行"一夫一妻多妾"制度,直到近代才稍稍有了变化:受西方先进思想影响,宣扬一夫一妻制度,从而,妾在法律上被废除了。

但是,名义上废除了妻妾制度,中国男人们却犹抱琵琶半遮面,没有完全执行。1950年4月30日,我国颁布了《婚姻法》,明确确立了一夫一妻制度,号召"男女各占半边天"。一声令下,普天之下,即使是那些有贼心没贼胆的骚客们,也不敢干越雷池一步的事了。一夫一妻制度就这样落实了,二人世界产生了,妾,没有了,三,也就没有了。"生活作风"这个词,在当时绝对是最吓人的,是专门用来对付小三的达摩剑。如果生活作风有问题?嘿嘿,知道是什么下场吗?去看看电影《芙蓉镇》就知道了。

小三的历史,发展到这个时期,在我们的灵魂深处,突然就像发生了地震一样,时代断裂了,断层了,小三,就这样突然消失了,白茫茫一片真干净!

忽如一夜春风来,千树万树梨花开。

紧接着,我们就来到了改革开放的年代。

历史已经走过了30年。80年代,比较流行的词是二奶。那时候大陆还比较穷,"港澳台"一些先富起来的先生们,争先恐后地来到中国大陆。他们一手握着一条金利来领带,另一手拿着一包波力海苔,身后是几个经济开发区的厂房,然而他们最大的贡献,是在30年的断层之后,给大陆地区创造了一个又一个的二奶村,让大陆的二奶数量一下子反弹到了一个惊人的数量。"村委会"里面,有空姐,有老师,有医师,有没有律师我不知道,总之,都是美女。

我办理过很多的"二奶"购买古北地区房产的案件,在90年代末期,这类案件的数量急剧增加。台湾人出钱,房子写在某女性名下,那么这个房产到底归谁?上海某法院众望所归,判令房产归"二奶"所有,购买房款是借款还是赠与款,请台湾同胞另案起诉。I服了you吧!

90年代末期,随着我们国家越来越富强,"二奶"这个词慢慢淡化。的确,一辈子都没有希望变成大奶的"二奶",谁肯干?"二奶"也需要爱情,也需要归属,也要从Windows2003升级到Windows XP。当一部分港澳台同胞穷得都要靠"二奶"救济的时候,"二奶"就到了该退出历史舞台的时候了。

2000年开始,另一个词开始风行大江南北——"小蜜"。这标志着中国一部分有权有势的爷们醒悟过来了。国产的大哥们,意识到肥水不流外人田。他们学习港澳台哥们的先进经验:他们不就是有几个钱嘛,我也有。找个女人做秘书,"小秘"慢慢就变成了"小蜜"。"穷得只剩下钱"的这些哥们,和拿青春赌明天的姐们,你需要我,我需要你;你中有我,我中有你,两边各取所需,碰到一起,就擦出了巨大的火花。小蜜,在当时,就成了一些官爷和款爷摆谱的象征了。

2010年后,中华巨龙开始腾飞了。"咱们中国人,今儿个真高兴!"高兴啥?是因为我们有三高。血脂高,吃出来的!血压高,胖出来的!血糖高,甜出来的!我们的祖国,强大起来了,老百姓的口袋,都鼓起来了!

终于,"小三"这个词一脚踢开"小蜜",一下子闪亮了我们的视野。

从二奶,到小蜜,再到小三,是情感交流战胜纯肉欲勾当的权衡选择。出于对"文革"之前的清心寡欲的报复性反弹,2010年,小三唱着"我是一条修了千年的狐"的歌曲,四处横行,漫天飞舞。这种风气,形成了当今社会真正的伦理问题,直面中国家庭。

俗话说:"饱暖思淫欲,饥寒起盗心。"可以纳妾的时代,是回不去了。如何才能绕开重婚罪,获得感官享受,饱暖的哥们儿朝思又暮想,极力发挥他们的聪明才智。

于是,有钱的、有小钱的、甚至没钱的都开始活动了。在二奶、小蜜、姘头、情妇、小三中游离徘徊。最终,小三因为笔画最少,最贴近意境,朗朗上口,付出的法律成本最少,成为最给力的关键词,并反复出现,全国通用,荣登榜首。

说小三这个词付出的法律成本最少,本律师是有法律依据的。

我们来看看法律中有关于"婚姻"的规定。目前,只有两个关键词,可以进入法院的大门,使法官敲响法槌,一个是"重婚",一个是"非法同居"。

重婚罪是《刑法》规定的罪名。大家都知道,一个人,有两个老婆或者一妻一妾,那是典型的重婚。我接到过很多咨询的电话,问我什么是重婚,当用法言法语和她(他)说不清楚的时候,我会用一句大白话:重婚就是指一个男人"恶意"占有两个女性资源(其中至少一个是有证的),让别的男人找不到老婆(因为男人女人一样多),这样就是重婚了。根据《中华人民共和国刑法》第二百五十八条规定:"有配偶而重婚的,或者明知他人有配偶而与之结婚的,处两年以下有期徒刑或者拘役"。代价不菲!

非法同居,就不是犯罪了,《刑法》管不了,是《婚姻法》的范围。那么什么是非法同居呢?有配偶与他人同居,就是非法同居。

《婚姻法》第46条规定,有配偶者与他人同居导致离婚的,无过错方可以请求损害赔偿。赔偿多少?目前法律规定是几千,最高不超过五万元,人民币,不是美金!这是我们国家精神损害赔偿的上限了。嫌太少?交通事故死一个人,或者少个胳膊、少条腿,也就这么点精神抚慰金,不错了!

而"小三"这个词延伸开来,还有不同的说法:婚外情、婚外恋。目前,中国大陆的法律还没有怎么涉及,爱咋地咋地!

简单地说:

男人有了老婆,再找个小老婆,重婚!他将和小老婆一起携手去劳动改造,免费度过两年不担心饿死的日子。

男人找个二奶,非法同居!罚款!但是,非法同居和重婚是隔壁邻居,搞得不好就串门。

男人找个小三,没事!万一给老婆抓到,老婆不想离婚,一分不赔!老婆想要离婚,真离了,给几千走人。

正是由于找小三的代价最低,国人们趋利避害,纷纷选择了这条路子。几千年来小三的风光史,一度断层绝迹了几十年,在全球化的今天,出现了一个空前的反弹。

下半身连着上半身

很多人都说:"男人因性而爱,女人因爱而性。"但其实,爱是上半身,性是下半身,情和欲这两个东西,是分不开的。

很多搞婚外情的人,其实一开始未必抱着婚外情的心思。大部分人都是在婚姻中没有得到他(她)想要的东西,至少是对已经得到的还不满足,就抱着体验新鲜的心态跟别人交朋友。但交朋友嘛,这个度很难把握,交朋友交到什么程度?一不小心就交成了婚外情朋友,最后骑虎难下,不仅朋友没交好,连婚姻也出了问题。

我有个委托人,他跟我说起他发生婚外情的故事。

他1米83的个子,人长得特别帅,家里条件也还可以,娶了个门当户对的老婆,生了个大白胖小子。

这一家人叫别人羡慕不已。可是家家有本难念的经,我的委托人说,她的老婆什么毛病都没有,就是有些性冷淡。他老婆的兴致上来一次,少说也得十天半个月,可把我的委托人给苦着了。

除了一个月难得的那一两天,剩下的日子,他老婆对他要么是例行公事,要么干脆直接拒绝。有一次,他老婆躺在床上,我这委托人嬉皮笑脸地凑上去,伸出手将老婆拦腰抱住,另一只手就开始乱摸。结果他老婆横着就是一掌,再飞起一脚,把他从床上踹到了床下。还好我的委托人练过跆拳道,不然受老婆这一掌一脚的,没有半死也得八级残废。在这之后,他就长记性了,老婆没兴致,他就自觉离老婆远远的。

这就是我的委托人"悲惨"的家庭背景。了解了这一点,对他之后发生婚外情也就没什么大惊小怪了。

我刚刚说了,我的委托人长得特别帅,人高马大。走在街上,引得各路美女纷纷驻步惊呼。有一次他跟同事去酒吧，大家正聊着，一位小妹凑过来搭讪，还没说上几句话，小妹就问他要了电话。几个同事都羡慕他，只有一个同事知道他家里的状况，刚走出酒吧，就提醒他，这事可不能乱来啊。

我的委托人当然知道他是什么意思，他说心里有数，就是看在孩子的份上，也不会做出格的事。当天晚上小妹就加了他的微信，那时候他已经回到家，躺在老婆身边了，就没有接受添加好友的请求。

第二天一早，他接受了小妹的好友请求，小妹马上就发来消息。他急着要去上班，没有马上回复。上午处理了一些工作后，有一段空闲的时间，他就回复了小妹，没想到小妹很会聊天，两个人一直聊到午饭时间也没停下来。小妹问他在哪里上班，没想到两个人相距不远，就问他能不能一起吃饭。他犹豫了一下，想想一起吃个饭，无非是花一顿饭钱，也没有什么，就答应了。

后来嘛，呵呵，没过几天，两个人就去开房了。他跟我说的时候，我笑着问他："你不是说你心里有数，不会做出出格事的吗？"

他说："什么出格不出格？！人家长得跟林志玲似的，主动投怀送抱，说只想玩玩，不要我负责任。我们开的是海湾大厦江景房，连开房的钱都是她出的，你说要是你，你能忍得住嘛！"

我轻轻笑了一笑。他看我不说话，又说："当然主要原因还不在此，主要是我家里那位有点太冷淡了。你说我一大男人，平时工作那么累，总得找点法子消消火不是。"

我表示理解，但怎么就闹到非得跟家里老婆离婚的地步了？

他说："老哥，你不知道！这小妹一开始说的的确只是玩玩，可谁想到玩了几次之后，她就开始三天两头缠着我了。你说她让我陪她逛街，我能不同意吗？我只好在她跟自己老婆之间周旋，没想到有一天，还是被我老婆给发现了。"

"她发现我搞婚外情，怎么也不肯罢休。'一句话，离婚！'这是她的原话。我说孩子才三岁，你给我个机会，我会改的！她死都不同意，说我跟这个女人有了一次，就会有第二次，就是没有跟她第二次，也会跟别的女人有第二次，你说这女人怎么就这么死脑筋呢！这不，我这才来找你嘛。"

男人因为下半身出了问题，连带着上半身也开始出问题，最后搞得全身上下都出了问题，搞得全家里外都出了问题。对于这样的男人，我只想说："没脑子。"

不过，那些有脑子的女人也别太得意，那些自以为有脑子的女人，一开始下半身虽然不会出问题，但往往上半身先出了问题，搞得下半身不得不出问题。总之搞到最后，也是全身上下都出了问题，全家里外都出了问题。对于这样的女人，我仍然只想说："没脑子！"

我的另一个委托人，长得也不错，虽然没有像前面那位委托人的小妹一样，跟林志玲似的，但说她长着一张明星脸，绝不为过。工作好、家庭好，什么都好，丈夫整天宠着她，大大小小的事情都帮她料理干净，所以她到现在还保持着一颗少女心。

　　有一天她和同事跟一位客户谈完生意，那客户心情好，就私下请她们吃了饭。本来她以为饭吃完了，大家就没什么关系了，没想到那客户晚上给她发了一条短信，说跟你合作非常高兴，希望以后多多联系之类的话，她以为只是客套的话，礼貌地回了两句，也就没再理他。没想到过了一阵子，那位客户又单独约她吃饭，话里头好像是说有另外一笔生意，她就答应了。去了才发现是一笔小单子，菜还没上，她就说没问题，约了个时间签单子就好，心里还在想，这样的单子一个电话不就搞定了，还费事吃什么饭呐？

　　但是，吃饭的时候两个人就聊开了，她发现对方是个很浪漫的人，对于生活有着她完全没有体验过的激情。她特别爱听他说旅行时所发生的故事，以至于下一次他又提出一起吃饭，她想都没想就答应了。之前的几顿饭都是对方请客，她心里过意不去，就提出自己请，可是对方说什么也不让她付钱，她只好让他抢做绅士了。

　　其实讲到请客吃饭这样的事，我一直觉得，一个女人要是不想跟别人发展太深的关系的话，吃个两顿饭就可以了。三顿、四顿，聪明的早点找个理由拒绝掉。中国人有句话：吃人家嘴软，拿人家手短。你老是吃人家的饭，就欠人家的情，下次他要送你个小礼物，你也不好意思拒绝，要请你看个电影，你也不好意思拒绝，要你帮个忙，你就更不好意思拒绝，这一来二去的，暧昧暧昧，到后来就暧昧到床上去了。一上了床，这手与手的距离、身体与身体的距离、心与心的距离，一下子就发生了变化。

　　我的这位委托人就是这样，一个花言巧语，一个耳根子软心更软，几次之后，她就睡到人家的床上去了。

　　当男人想办法去了解一个女人心思的时候，女人往往会轻易地对他的温情缴械投降。一开始大家都觉得，自己能够把握好友情和爱情的界限、朋友和情人的界限，但随着关系的深入，一旦有一方被对方攻破，下半身连着上半身，上半身连着下半身，就会一点一点被拖入对方为你挖好的陷阱里面。你是很难掌握这个界限的。

　　有一个社会现象，不知道大家有没有注意过。走在大街上，迎面走来一对对情侣，往往不是美女配丑男，就是帅哥配丑女，为什么？长得好看的人习惯被人夸，夸得脑子都简单了。丑男今天送美女一份小礼物，明天给美女一个小惊喜，时间一久,美女就爱了,就爱上床了,就结婚了;帅哥跟丑女久了,心里也开始有点依赖了,要是再碰到个有心机的,就被套住了呗。

所以很多婚外情,都是从不注意开始的。无论是因爱而性,还是因性而爱,其实并没有什么不同。管得好上半身就管得好下半身,管得好下半身就管得好上半身。如何主动预防婚外情?就是要在看到陷阱、看到地雷的时候,绕道而走。不要总觉得你再向前走一步,再走近一点,最后可以一步跨过它,要是你一个不小心,说不定就一脚踩了进去。

新鲜的肉体

今时不同往昔。今天，人们作为独立的个体，本身的自由得到极度解放，对于婚姻，对于家庭，对于性的观念也有了极大的改变。

曾有一个委托人，当时他就站在我的身边，他当庭说了一句："我就是喜欢新鲜的肉体。"把我吓了一大跳，整整一分钟，我一句话也没有说出来。后来仔细想想，却能理解他的想法，我敬佩他的勇气和直白，毕竟人都是血肉之躯，谁敢站出来打包票，说自己绝对清心寡欲、不好女色？就我自己而言，在这个物欲横流的世界上成长了几十年，必须承认自己同样也对"新鲜的肉体"心向往之，这毕竟是人作为生物的一种本能嘛，并不是什么见不得人的事。精神分析学家弗洛伊德曾说："我们所做的每一件事情，其动机都来自性欲和虚荣心。"要是人没有了性欲，更严重一点，连一点欲望都没有了，人活着还有什么意义呢！

人之所以区别于其他生物，人之所以为人，就是因为人会对自己的行为形成约束，人身上负有责任。再以我自己为例子，作为一个理性的成年人，尤其作为一个律师，我虽然承认自己同样喜欢"新鲜的肉体"，但我也知道，喜欢新鲜的肉体是要付出很大的代价。我的委托人刚说完这句话的时候，现场一片哗然，稍微安静一点后，他问在场的每一个人，难道你们不喜欢新鲜的肉体吗？现场一下子鸦雀无声。

婚姻的确是一把枷锁，它限制了新鲜，限制了一个有欲望的人的诸多自由。一个人要进入婚姻，就是自己选择给自己套上这把枷锁，他必须考虑清楚自己想要的，究竟是新鲜的肉体，还是持久的婚姻。人必将随着时间慢慢老去，一切东西都不可能保持永恒的新鲜。喜欢新鲜的肉体就等于背叛婚姻，甚至与婚姻决裂。

我有一个委托人，名叫陈妮，是个在陆家嘴上班的高级白领。她在决定离婚之前，与我有过许多次交谈，曾给我写过一次邮件，现附在下面：

周律师：

  见邮如晤。

  从上次与你交谈，至今已一月有余。一个多月以来，我一直遵从你的建议，调整自己的心态，尽量不去想眼前所见的生活之外的事情。每一天早晨醒来，我身旁的床上已经空空如也，我告诉自己要开心起来，因为丈夫正在厨房里准备早饭。我再闭一会儿眼睛，调整我的呼吸，隔着被窝和窗玻璃感受春风的暖熏。我感到阳光和煦地洒在我的身上，将我像孩子一样包裹着，温暖着；小鸟欢快的鸣叫钻进我的耳朵，一切开始跃动，我像驰骋在无边无际的草原上的骏马，眼里映着流水的碧蓝，满口含着青草的芬芳。我告诉自己，我是如此地幸福。孩子在身旁呼唤我，我一睁开眼睛，他像是躲猫猫被捉到了一般大笑，他的笑容如此灿烂，像是满天的流云聚合在一起，又忽然散开。我坐起身来，笑着看着他，丈夫走进房间——他手上仍握着锅铲——他微笑地看着我，用另一只空着的手挠挠儿子的肚子。儿子被突然"袭击"，两只手高举着，双脚叭嗒叭嗒地跳着。丈夫一只手将他抱起，又突然放下，他像一只自由的小鸟一般无拘无束地飞翔着。我无比幸福地看着他们嬉闹，丈夫说，起床吃早餐吧，我点点头。

  我看见镜子里32岁的自己，长发披肩，双眉如翼，我知道自己仍美丽无比。儿子长大以后必然像我，美貌而年轻，我有这个自信。我懒意梳妆，以清水濯牙拂面，丈夫和儿子已经在餐厅里等我进餐了。我告诉自己，一切都是那么美好，我轻拂儿子的头发，他向我投来期待的眼神。为什么不开心呢？没有不开心的理由。一切都那么美好，万事万物各行其是，所有的东西都在它应该在的轨道上，丈夫爱我，儿子爱我，我还有什么不开心的呢？

  丈夫先送儿子去上学，我换上衣服，开车去上班。车追逐着车影，稳稳地行驶在浦东宽阔的柏油路面上。阳光穿过清新的空气洒进车里，两旁的高楼纷纷后退，晨练完毕的人们挺着胸提着剑走着。陆家嘴是如此的干净而纯粹，没有垃圾，没有一丝杂质。我告诉自己，我的办公室在全中国的经济中心，签下一单就可以买下太平洋上的任何一艘游轮，全世界都为我侧目，黄浦江上的沙鸥为我振翅欢呼。

  早到的同事们微笑着向我打招呼。室内的温度恒定在25℃，扫地机器人在我前进的道路上让开位置，办公室的灯光在开门之前缓缓亮起，语音提示在我挂好外套、坐上靠椅的一刹那开始播报。太完美了！我告诉自己。还有比我的生活更惬意的生活吗？

  然而我不能一直欺骗自己。有时候我被自己的谎言所蒙蔽，被浮夸的假象所感动，但当周围的一切都寂静下去，当我一个人独自面对璀璨的星空时，我深深地意识到：文明，就像一座坚固无比的牢笼将我紧紧束缚其中。而我的原欲，我的渴望，我的整个生命，就像一头困兽，口中吐着烈火，徒劳地用身体撼动栏杆。我对一切，所有的一切都感到绝望。

这一个多月来，我每一天都想要骑上烈马，做一个无畏的花木兰，永远向前奔跑，而不是停留在这里。玛格丽特·杜拉斯在她的小说《情人》里说，她想要"和不认识的男人出去，甚至看不见他们，毫不知情，永远不会看见他们的脸"。我要的就是这样的男人，我要的就是他们的肉体。昨天晚上我借口加班没有回家，一个人坐在黄浦江边的木头平台上，人们来来去去，对面外滩的灯光辉煌得像是白昼一般，而我竟看不清楚我到底在哪里。有那么一刻，我想要路上的任何一个男人，任何一个肉体，和他们疯狂地、不见天日地做爱，那一刻我明白，我不能永远停留在这个家，这个办公室，看着同样的朝阳和落日，走在永不拐弯的道路上，睡在一个固定的人身旁，数着滔滔而来的明日将自己埋葬。我知道自己再也无法这样下去了。

周律师，我之所以给你写这封邮件，是因为我知道自己非离婚不可，这段婚姻无法被挽救。我并不是不爱他了，我爱他，我也爱别人，我爱他的身体，我也爱新鲜的肉体。生活的死寂将会耗尽我的生命。

我下定了决心要离婚，但我也不想伤害深爱着我的丈夫。至今我从未向我的丈夫表示过什么不悦，如果我直接提出离婚的要求，我想他是不会答应的。

……

陈妮
2013 年 5 月 22 日

我一开始读到这封邮件的时候，心中咯噔响了一下，心想一个如此文静的女孩子，怎么会有如此直接而赤裸裸的欲望？后来我静下心来细细想了想，其实每个人心底都有一种对自由的渴望。自由固然是美好的，但它也带来许多不确定性，因为自由意味着无拘无束，意味着漫无边际。自由到了极点，无拘无束到了极点，在生活、在前进的路上就会感觉到无可借力，就像一个被扔在浩瀚无垠的太空中的人，没有办法使自己朝某一个方向前进哪怕一步。大部分人在经历生活的风风雨雨，充分认识到了自由的代价之后，往往会选择牺牲部分自由，去主动承担责任，选择进入婚姻，选择一个更为安定的生活。

后来我与陈妮交谈，我问她明不明白离婚意味着什么，她说她非常冷静，她现在清楚地知道自己的选择意味着以后的生活再也安定不下来,起床后再也没有丈夫准备的早餐,没有孩子的嬉闹,没有舒适的办公室,没有稳定的收入,还有很重要的一点是,为法律和道德所唾弃。

  我曾在心底里问我自己,如果有一天我面临像她一样的困境,我有没有胆量去做这样的对抗,我久久无法给出答案。人生一世,每个人有每个人的选择,但每一种选择都意味着对生活的某一部分做出牺牲。至少在今天,我爱我的老婆,爱自己的孩子,我也爱我的生活,因此我没有必要选择与生活对抗。

你的婚姻"感冒"了

如果非要把婚外情比作什么东西,"感冒"最贴切不过了。人们吃的是五谷杂粮,身体免不了得个伤风感冒的;经历的是阳光雨露,精神状态必定会受到影响。婚姻就好比是人的身体,一对夫妻每天要面临种种生活状况,一旦有一个小地方经营管理得不好,伤风感冒自然而然就发生了。"婚外情"就是这样的一种感冒,而且是一种外源性生物进入体内而引起的"病毒性感冒"。婚外情的发生,就是通过一种方式来提醒你,你的婚姻"感冒"了。

对于感冒,大家都不陌生。谁都得过感冒,由此可见,感冒不是什么稀罕事,一碗中药,或是几颗胶囊,有时候甚至什么药也不吃,几天之内,它自己就好了。

婚外情也是这样,婚外情不是癌症,一不小心就会把你整个家庭、整个生命都搞得天翻地覆。婚外情更像一个简简单单的感冒,稍作休息和调整,便可以恢复。

小晴正是因为没有搞清楚这一点,对有了婚外情的丈夫不依不饶,最后终于把丈夫逼走,把他推到了小三那里去,闹得一个草草离婚的下场。

小晴跟她的丈夫,本来可是人人都羡慕的一对儿。两个人不仅门当户对,而且从高中到大学都是同学。他们的恋爱从高中开始,到结婚之前整整谈了十年,正所谓"有情人终成眷属",他们便是这样一对典范。

结婚第七年的时候,大概是"七年之痒"开始犯了,小晴觉得丈夫形迹可疑,整天拿着手机发消息,不时嘿嘿笑起来。小晴问他什么那么好笑,他说:"我们建了个初中同学群,大家在群里聊过去的事呢!"小晴就问他,初中有什么事情那么好笑,说来听听,结果他脸一沉,不说话了。

小晴还发现,丈夫突然变得爱打扮了,而且还是背着她打扮。平时有些邋里邋遢的丈夫,居然偷偷换了个发型,胡子也刮得干干净净,有时候出门前还要洗个澡。倘若自己在阳台上或者在房间里看不到他,丈夫还会往身上喷香水,带着一身香味走出家门。

　　小晴觉得事情不太正常,有一天,丈夫说同学聚会,晚上晚点回来。小晴就偷偷打开了丈夫的电脑,没想到十年来,电脑换了两台、开机密码一次都没换过的丈夫,竟然把密码给换了。小晴窝了一肚子火,坐在电脑前忙活了半个多小时,把自己能想到的所有可能的密码都试了一遍,也没有打开电脑。小晴觉得丈夫肯定有事情瞒着她。

　　机会终于来了,一次小晴趁丈夫洗澡的时候偷看了他的手机。虽然手机密码也换了,但是丈夫忘记了小晴可以指纹解锁。小晴把丈夫最近所有的通话记录、短消息、微信等都翻了个遍。一开始翻到通话记录的时候,看到丈夫打得最多的除了"老婆"以外,没有什么特别的号码,小晴的心稍稍稳定了一下。但她转念一想,丈夫好像没给我打过那么多电话啊?她急忙打开短消息,点开"老婆",一下子傻了眼:里面至少有几百条短信,每一条都肉麻得让自己觉得恶心。

　　看到丈夫走进房间,虽然他刚洗完澡,可小晴却觉得他实在是脏,再也不想碰他,甚至连话也不想和他说。但小晴一时又下不了决心做些什么,只好说自己不太舒服,先睡觉了,她一转身,面向着床外,把后背留给丈夫。其实小晴的丈夫仍是很爱她的,也同往日一般疼惜她,只是结婚时间久了,日子回归到平平淡淡的琐碎生活中,他有些耐不住寂寞,想找些刺激的事情。一听小晴说自己不舒服,马上来检查她的身体。但他的手刚碰到小晴的额头,小晴就像触电一样惊醒,头向后一缩,大喊一声:"走开!"

　　丈夫愣了一下,他问:"怎么不舒服?"

　　小晴转了个身,背朝着他,声音短促:"没事。"

　　丈夫把手放在她的肩膀上,俯身下去轻声说:"我去给你……"

　　话音才落到"你"字上,小晴一掌拍掉丈夫放在她肩膀上的手,还在自己肩膀上拍了几下,像是它刚刚被什么脏东西玷污了一样。

　　这样一来,丈夫多多少少猜到小晴已经知道他跟那个女人的事情,他没有继续做什么,只是静静地坐在桌子前面。到了很晚,丈夫终于上床,但他刚坐在床沿上,小晴就又像触电似的,把身子往另一边挪了挪,生怕丈夫碰到自己的身体。

　　几天后,小晴的丈夫痛定思痛,诚恳地向小晴承认错误,向她说明自己已经跟那个女人撇清了关系,并保证自己再也不会犯这样的错误。"要是再犯,你就打我!"最后,丈夫开玩笑似地跟小晴嬉皮笑脸,想逗小晴一笑。

　　可是没想到小晴依然板着脸。她嘴上一句话也没说,心里却在做着激烈斗争:原谅他吧,总觉得他跟别的女人发生过一些事情,身上再也不干净、不纯洁了;不原谅他吧,但他毕竟是自己七年的爱人,自己实在是太爱他了!小晴委屈地哭了起来。

丈夫见小晴哭了,以为她原谅自己了。他伸手把小晴抱在怀里,想安慰安慰她,没想到小晴一下子挣脱,一直退到墙根,双手捂着脸,眼睛直勾勾地盯着自己,像是盯着一只巨大的怪兽。丈夫走上前去,小晴大喊着:"走开,你给我走开!"

接下来几天,小晴依旧是一句话也不说,她搬到客房里,跟丈夫分开睡,甚至吃晚饭时,她把菜盛在两个盘子里,自己跟丈夫一人一个。丈夫对她说了无数个道歉、请求原谅,小晴一句句听在耳朵里,就是无法扫除心里的那个障碍。

其实,小晴受了中国传统的"忠贞"观念和西方女权主义的双重荼毒,至少是双重夹击。改革开放已经 30 年了,小晴在生理和心理上仍然有非常严重的洁癖,她觉得,丈夫是我的,永远是我一个人的,他一旦被其他女人碰过,就已经不干净。但在中国传统观念里,"忠贞"是对女人的要求,男人三妻四妾无可厚非。小晴受过高等教育,接受了西方的女权主义思想,觉得男女平等,你要求女人忠贞,我就要求男人也要忠贞。总之,一句话总结小晴的思想,丈夫就是不干净了!

小晴每天只给丈夫吃水煮青菜,要他清汤寡水斋戒一个月,这可把丈夫害苦了,每天回家都磨磨蹭蹭,实在不得不回家了,才磨磨蹭蹭地回到家里。一进门,小晴就凑上来闻闻他有没有偷吃什么东西。没闻出什么,才抛下一句:"这么晚才回来,哼!又跟谁在一起?"

小晴洗澡之前,丈夫不准洗澡;丈夫用完卫生间,她非逼着他把墙上的瓷砖擦得跟玻璃似的;自己再用卫生间的时候,再前前后后仔仔细细地擦一遍,一边擦一边流眼泪,手擦得通红还不肯停下来。

小晴折磨自己,也折磨丈夫。几天下来,自己憋了一肚子火,丈夫也终于忍受不了了,朝着小晴吼道:"你够了没!还要闹到什么时候!"

小晴一听到丈夫发火,久积的怨气也一下子爆发出来:"要不是你,哪来这么多破事!"

两个人大吵一架,谁也不肯让步。时间一长,互相都不说话了。丈夫气得家也不回,小晴一个人待在床上,左等右等等不到丈夫,点亮手机,又锁掉屏幕;又点亮手机,又锁掉屏幕,流着眼泪干坐着,就是不肯给丈夫打个电话。

几天后,丈夫终于回到家里,他跟小晴认错,说都是自己不好,希望小晴不计前嫌,大家重新开始。但小晴死活不给面子,两个人当下闹掰,再也没有和好过。

人非圣贤,谁能无过?郭靖给杨康之子取名"杨过",字"改之",就是说"过而改之,善莫大焉"。婚外情不过是婚姻中的一方犯了错,只要对方改正,并再也不犯,也没必要太过计较。你既然原谅了人家,却又不给人家改正的机会,你还让不让人家做人?

从心理学的角度来说,就算对方愿意改正,也不肯给他改正的机会,实际上是占有欲太强的表现。

小晴把丈夫看成了自己的私人财产,不允许他被别人沾手,不允许他有背叛自己的想法,但其实丈夫是自由的,是一个独立于小晴的自由的个体。结婚七年,小晴一直享受着丈夫的疼惜,自己却很少考虑丈夫的心事。时间一长,丈夫肯定会觉得小晴不关心自己,他走出家门几乎是一件必然的事情。而一旦丈夫发生了婚外情,小晴并没有把它当作一件正常的事情去处理,而是认为自己对丈夫的占有已经遭到了破坏,觉得自己的丈夫被别人给玷污了。

婚外情不可怕,可怕的是把婚外情当作癌症一样无法挽回的事情。天没有塌下来,一切都能够挽回,一切都还来得及,婚外情只不过是给你一个信号,告诉你,你们的家庭有"恙",你们的婚姻"感冒"了。如果你及时治疗,用正确的方法调理好夫妻关系,那感冒自然就会痊愈,婚外情自然就没有了。倘若出现了"婚外情",你没有去寻找原因,不愿意对夫妻感情进行化验、拍片、验血,一味地过分夸大婚外情的危险,又任由其发展,终于成为"不治之症"。那么,最后的结局只有一个——离婚。

对付婚外情最好的方式,就是把它看成一次婚姻的"感冒",认真而平静地对待它,解决它,给犯错的一方一次改正的机会。

如何预防婚外情

寂寞，一直是幸福者的专利。当幸福到了极限，寂寞就会出现：该有的东西都有了，偏偏少了一味调料——激情，日子就像一桶怎么也喝不完的纯净水，纯的天真，静的死寂。锅碗瓢盆的现实，将心中仅存的一点点梦幻打得七零八落，让人疲惫、让人难堪、让人对细雨摩挲般的温柔变得无感，让人只能感觉到真实的疼痛。

Anne 就是这样一个被幸福折磨的女人。Anne 家是典型的官商家庭，父母一个经商，一个在区政府当个小领导。Anne 用四次跳槽的经历换来了在张江一家外企做 HR 的五位数月薪。Anne 的老公在银行做主管，对她言听计从，"含在嘴里怕化了"就是 Anne 的老公对她的态度的真实写照。倒不是因为老公怂，而是 Anne 的确风韵迷人，天使的面容，魔鬼的身材。单纯中带着野性，老公不敢玩的蹦极，她就蹦了三次。

Anne 在女儿出生以前，就和家里人说好了，只管生、不管养。孩子出生后，奶奶和外婆为了抢着带孩子，虽然场面上没有吵起来，私底下，双方也面红耳赤了好几回。

结婚第五年，Anne 的生活还是平平静静。一个闺蜜离了婚另觅高枝，另一个闺蜜带着一个"暧昧"对象来参加聚会，Anne 就像早已看破红尘的老尼姑一样波澜不惊。倒不是 Anne 真的看破了红尘，而是因为她接触的那一个个"张江男"，实在没有比老公强的，Anne 的心思一点没被勾起来。只不过，两个人房子买了好几套，夫妻之间的话却越来越少。老公跟她说话都像例行公事：今天回来吃晚饭；明天要赶早开会，早点睡觉；明天晚上一起跟妈妈吃个饭……除此之外就没别的话了，更不用说做别的事情时，指望他有什么趣味了。

外面没有男人，跟老公又话不投机，Anne 慢慢开始羡慕起闺蜜起来。打一个电话，各色各样的帅哥马上就到，多扎台型！以前和她们在一起，也就只是女人们的聚会而已。这两年风头一变,她们在一边和帅哥玩暧昧,自己身边空空荡荡的,像个没人要的老处女一样,简直丢死人了。每到这个时候,Anne 就会想起老公,可是老公不仅绝不会来,也不会允许她来,一叫他,不等于暴露了嘛!

这一天开会时,闺蜜给她发了一条信息,约她晚上泡吧,还说要她帮忙考察一个男人。看个头啊!带都带出来了,我还能说什么? Anne 心想。

晚上刚聊了几句,Anne 就发现,这个男人还蛮有腔调的。浪漫,懂情调,不像家里那头死猪,每天只知道盯着电脑。

Anne 一整晚都沉浸在自己的思绪里,总觉得自己的感情缺少了什么东西。一想到这里,她整个人恍恍惚惚的,直到她的 mini cooper 熄了火,停在路口的斑马线上,她才反应过来。"嘟嘟嘟",一辆摩托车闪着警灯就过来了。敬礼,把驾驶证、行驶证乖乖地交出来。警察脱了头盔,Anne 瞪大了眼睛:这个警察怎么不去演偶像剧啊!人品也不错,二话不说,先帮忙把车推到路边,Anne 打电话给特约维修站,等抢修车来。

"你喝酒了吧?"警察一脸严肃。

"没有啊!再说我也没有开车啊!"Anne 嬉皮笑脸,酒后驾车已经被判了好几个,风声很紧,谁碰上谁倒霉。泡吧的时候确实也喝了几杯,看样子不套近乎是过不了关了。

"哼!"警察一声冷笑。

"我有个同学张斌,也在你们区做警察。"做 HR 就是有特权,张副总的人事档案里写着,儿子张斌在这个区做警察,听说还是个小队长。公司里面,凡是和交通事故沾边的事情,都是张副总搞定的。Anne 临时想起来,就随便报一下,套套近乎。

"张斌?哪个张斌?我们队里有好几个。"

"他爸在张江做副总的。"就知道这么多,Anne 全说了出来。

"你和他是同学?"警察笑了,看了看她的驾驶证,又看看她。"我好像没有你这么个同学啊!"

"这么巧啊!"六耳猕猴碰到齐天大圣,Anne 脸都红了。"你爸爸是我顶头上司,这么晚,你们还值班啊?"

"临时有个任务。有个领导要出行,紧急保卫。"熟人就是熟人,喝酒的事情提都不提了。

Anne 和张斌就这么认识了,两人互相对对方都有点意思,有时候闺蜜找人聊天,她鬼使神差地叫上张斌。后来,两人就好上了。过了两年,Anne 的老公和张斌的老婆才隐隐约约知道了,婚姻这所本来只住两个人的房子,愣是多挤进来一个,大家都会感觉到不舒服。又不是傻瓜,怎么会没有感觉?

Anne不想离婚。老公虽然无趣,倒是规规矩矩,对她又呵护有加,挑不出什么毛病,何况他们还有一个可爱的孩子。起初,Anne只是在无聊的时候想找个人陪陪,但时间一长,就发现和张斌在一起,自己就是个十八岁的女孩,重新有了恋爱的感觉。

但是,用银子方面,张斌实在是太小气了。Anne可以理解,小警察一个,一个月能有多少钱啊,但心里总归有些不太舒服。

而对张斌来说,Anne人确实不错,和她在一起,感觉自己高大无比,男子气概冲天。Anne比老婆大气,逛商场,一万多块一套的西服,老婆只是给他试试,就是不敢买,Anne眼睛都不眨一下,刷卡!

美中不足的是,Anne有时候实在太黏人,吃不准晚上什么时候就要紧急约见。有一次凌晨两点,一个电话把他从梦中叫醒,要去酒吧。老婆问起来,张斌老是说加班,Anne在张斌手机里的来电显示永远是"局长"。

张斌老婆找到我的律师楼,她受不了了,想离婚。我一个《律师函》发给张斌,张斌很快就来了。

张斌非常聪明,什么道理都明白,知道若是不答应老婆"净身出户"的条件,他这个交警"芝麻官"是做不成了。好在他并不是太在乎这一点。但是,自己的孩子今年才六岁,离婚了,孩子怎么办?

其实,经营管理自己的婚姻和家庭,就和开车一样。乍一看没有什么风险,可每年还是得吃上几张罚单;笔直的道路看似没有危险,不注意的时候也会闯点祸。张斌觉得,如果把过日子比作开车的话,他是闯红灯了,老婆开个"罚单"嫌太轻,只好吊销他的驾驶证了。

从心理学上来说,任何一个人都有爱情需求和归宿需求。现实社会中,有些女性过分追求爱情,和一个有妇之夫在一起,却始终得不到归宿,最后无法自拔、听天由命,成了小三;有些女人,为了归宿而结婚,或者说为了结婚而结婚,好不容易把自己嫁出去了,婚后死水微澜,终于发现没有爱情的婚姻比自杀好不了多少,于是经过种种机缘巧合,慢慢爱上了另一个男人,半推半就、有意无意地就发生了婚外情。

理想的婚姻,爱情需求和归宿需求能和谐地结合在一起;然而不幸的是,大部分婚姻都不可能完美,或多或少缺一点爱的激情或者归宿感,这就需要夫妻双方共同努力,靠责任心抵制那个躁动的自我,来维护家庭。所以说,恋爱是冲动和躁动,而婚姻则是节制。

一个人的爱情需求和归宿需求若不能在婚姻家庭中得到满足，自然而然会到婚姻之外去寻找。Anne 的婚姻给了她归宿，却没有给她爱情，寂寞的时候自然需要人来陪。每个人的婚姻都是这样。

在我的律师从业经历中，几乎每一对因为婚外情而离婚的夫妻，配偶的性格和小三的性格都是互补的：妻子蛮横霸道，小三必然温柔娇小；老公不懂风趣，小三必然善于幽默；妻子有时候太过斤斤计较，老公往往会找一个花钱大手大脚的情人；老公做事井井有条、有时候却太过死板机械，妻子往往会找一个圆滑体贴、善解人意的情人……如果 Anne 的老公在给了 Anne 归宿感之外并不总是应付了事，在生活中对 Anne 多表达一些"爱的语言"，往白开水里主动加一点盐、加一点醋、加一点芝麻油，那 Anne 和张斌的故事或许就能够得以避免。

婚姻家庭平淡如水，婚姻埋葬了爱情，婚姻让人感到空虚、寂寞、无聊，婚姻是爱情的坟墓。夫妻双方缺少亲昵感，彼此没有足够的生活情趣。施瓦辛格演过一部戏名叫《真实的谎言》，说的是做特工的他，为了不让妻子担心，一直骗妻子自己是一个枯燥的推销商。他身为特工需要经常出差，妻子觉得婚姻很枯燥，直到有一天，一个人冒充特工趁虚而入，让妻子倍感刺激，于是一切都变了……

婚姻枯燥的时候，"往白开水里加蜂蜜"的"红颜""蓝颜"就有机可乘了。尤其是长期分居两地的夫妻，虽有了夫妻的名分，让他们找到了自己的归宿，但看到别人家的夫妻都成双成对、恩爱甜蜜，自己却总是形单影只，心里难免会因为爱情的需求落空而失落和不平衡。婚姻中缺少爱情，就容易去婚姻之外寻找爱情；没有爱人的体贴，就只能用婚外情的体贴来弥补。

不过，现代都市白领是一群躁动而现实的人，多数人的婚外情，只不过是婚姻家庭生活中的一个小插曲、调味品，是对婚姻家庭生活的一种补充剂。经过了种种无主题变奏之后，这些出轨的丈夫或妻子，最终多半又回到了"结发"配偶的身边。在本案中，张斌和 Anne 也是如此。

如何预防这样的婚外情？说到底，还是要去认真分析，你的婚姻家庭生活里到底缺少什么？婚姻中最缺少的东西，往往是婚外情发生时，一个人最想从情人身上得到的东西。只有真正弄清楚你的婚姻家庭生活到底缺少什么，从而对症下药，缺啥补啥，才能让你的婚姻健健康康，美美满满。

婚外情的春夏秋冬

作为老婆,怕的不是一夜情,而是婚外情。它毕竟有个"情"字,有一定的特征,也有一定的发展规律。案子办得多了,我发现了一个规律,男人出轨其实不可怕,因为男人往往是下半身动物,发生了婚外情,很多人仍然能回归家庭。可是女人不同,很多女人,本来玩的是一夜情,结果成就了一段婚外情,最后成了不了情。女人是由爱而性的动物。我觉得正常的女人的身体,只能容纳一个男人,不能同时容纳两个男人。她的心,只能喜欢一个男人,喜欢上了张三,就肯定不会喜欢李四,哪怕李四是她的丈夫。

婚外情,是由两个人一天天的美好时间堆积而成。想要解决婚外情,就要对它所处的发展阶段做出一个精确的判断,在不同的阶段采取不同的解决方案。我一直强调,婚外情就是婚姻"感冒"了,早预防、早发现、早治疗,才能早解决。

那么,婚外情到底是如何产生的?婚外情又有哪些发展规律呢?我处理过一些涉及婚外情的官司,有了一些经验。不管是哪种婚外情,都会有一个个阶段性的标志。如果把婚外情的几个阶段比作一年之中的四个季节,即婚外情也有春夏秋冬,我觉得也未尝不可。理论上,如果要给婚外情划分阶段的话,一般划分为四个阶段:

  春天:大地回暖,草长莺飞,正是婚外情的甜蜜期;
  夏天:气温升高,内心躁动,正是婚外情的转型期;
  秋天:秋风瑟瑟,各怀心思,正是婚外情的维持期;
  冬天:天寒地冻,沉着理性,正是婚外情的结束期。

需要即存在,存在即合理,婚外情刚刚发芽的时候,往往是两个人最暧昧、最甜蜜的时候。他们可能因为种种机缘巧合,彼此看对了眼,又因为工作等原因,经常共同参加活动。这时候,男女双方还没有产生长相厮守的期望,注意力只集中在此时此地的欢娱和快乐。双方都要确保相会的隐密性,尽可能地忘记道德考虑及内心的罪恶感。思春偷情的心态,从古到今都一样。两个人开始患上了"短信病",把手机藏着掖着,精神状态忽高忽低,一些"症状"都初露端倪。这个时间段,感觉又在谈恋爱了,找到个机会就不想回家,躲进情人柔软的怀里,乐不思蜀。

牡丹花下死,做鬼也风流。随着时间的推移,婚外情慢慢步入夏季,一日不见如隔三秋,胆子也慢慢大了起来。这个时候,往往是婚外情最为热烈、莽撞的时候。在这段热火朝天的日子里,随着双方互相增进了解,他们需共同处理相处时间、如何活动、如何联络等问题。此时他们在对方生命中的地位是仅次于配偶的"第二号人物",友情可以分享,爱情必须独占,于是,不少人希望能成为对方的"第一号人物",能与对方结婚。和"第二号人物"在一起,乐不思蜀。有些男人开始固定不回家,理由有很多:出差、加班、应酬……

"秋来黄叶落",到了这段时间,双方慢慢地走出了婚外情一开始的激情阶段,新鲜感已经过去,人逐渐变得实际起来。他们不仅要考虑亲人、朋友、同事的看法,也要处理钱财、权力、礼物等问题,更要面对年龄、宗教、兴趣爱好、社会背景等差异,也会有嫉妒、仇恨等各种各样的心理出现,怀孕更是一块巨大的绊脚石。如果离婚,如何面对孩子的眼泪?艰辛创业挣到手的财产要一分为二,如何舍得?各种难题接踵而至,双方能不能顶住压力扛过去,决定了他们最后的走向。

冬天"千里冰封,万里雪飘",就连人的激情也逐渐冷却下来。这时候人们理性地分析离婚与不离婚的利弊,最后慎重地做出决定。婚外情里的两个人,如果没有走向同一个方向,那么往往就从此分道扬镳,再也不联系了。

婚外情,一般逃不出这个周期论。一般持续两年,挺不过三年,三年后要么如愿以偿地结婚,要么撕心裂肺地离开!

天磊和小敏的感情就是这四个阶段的典型。天磊和小敏两个人都有各自的家庭,还都挺美满的。换句话说:天磊的朋友都羡慕天磊有个美满的家,小敏的朋友也都羡慕小敏有个美满的家,谁要是说他俩有婚外情,天磊的朋友会把门牙笑掉,小敏的朋友会把脸笑抽筋。但就是这样的两个人,因为一个美好的意外而相识,慢慢地就走到了一起。

一开始两个人只是在微信上聊天,聊天的内容不外乎各自的工作和家庭。聊得多了,他们意外发现,两个人都喜欢音乐。除了在微信上大聊特聊各自喜欢的音乐,还一起去听了两场演唱会。

大家想,演唱会是个什么样的地方,歌迷们为了舞台上的歌手拼了命地喊,喊破了喉咙也不管,把荧光棒左摆右挥,气氛不要太好!第一次的演唱会结束,天磊送小敏回家,两个人搂搂抱抱、亲亲吻吻,磨蹭到凌晨三四点才各自回到家;第二次演唱会一结束,天磊没送小敏回家,两个人直接去开了房。

经历了这次开房,两个人的感情迅速升温,婚外情的阶段从春天到了夏天。天磊和小敏连工作的时候也不忘了给对方发一句"亲爱的"。天磊突然就多了好多"会",总是跟老婆说单位要开会,要晚点回家,甚至要说要值班、加班,从而彻夜不归,再后来干脆固定在周五晚上说要"加班",其实都是为了跟小敏多待一段时间。

而小敏也突然改变了多年的习惯,以前,小敏为了防止错过重要的电话,从不关机。这时候突然开始常常关机,小敏的老公还发现,小敏关机的时候永远不在家,在家的时候永远不关机;以前的小敏厌恶油污,绝不做饭,最近竟也开始学习如何烧菜了……在家里,小敏有时候会突然发呆,有时候又会莫名其妙地开心;有时候会关起门来对老公和儿子不闻不问,有时候却特别殷勤,忙前忙后,服务周到地就像酒店里的服务员。

天磊在家的时候,对来电、短信特别敏感,原来接电话时从不避老婆,现在却经常到卫生间、阳台等较远的地方接电话,说起话来还轻声细语,就像在做什么见不得人的事。整天拿着手机发短信、发微信,一个人对着手机傻笑……

又过了一段时间,婚外情就从夏天到了秋天,天磊整天一副严肃的样子,心里在考虑是否要继续维持跟小敏的关系。家里的老婆很爱自己,对自己也很好,天磊找各种借口晚归甚至不归,老婆也只是体贴地嘘寒问暖,从不怀疑。天磊不愿意跟老婆离婚,并且,他跟小敏在一起时间越长,越觉得两个人只是有共同的爱好,并不适合一起过日子,因此天磊觉得自己费尽力气,背着家人和朋友维持跟小敏的关系,实在是太不明智。

而对于小敏来说,她不敢带天磊到自己的社交圈子里,怕被朋友、亲戚看到了说三道四,一天到晚总是担心自己跟天磊的事情被别人发现,甚至连吃饭都吃不安稳。一开始的激情渐渐退去,小敏发现比起自己老公来,天磊并没有好到哪里去。

秋天已经来了,冬天还会远吗?天磊和小敏都理性地面对了这个问题,有一段时间,他们还在聊以后该怎么办,两人都流下了真挚的眼泪。无形之中,见面的时候两人都有负罪感。接着,两人见面的时间间隔越来越长。最后,索性就不见面了。

通常来说,婚外情都会经历这几个阶段。自然情况下,婚外情最好的结果就是无言的结局。遗憾的是,反而是没有发生婚外情的那一方不知从何下手来解决问题,一哭二闹三上吊,反过来促成离婚的发生。所以,想要解决婚外情,就必须找准婚外情所处的时间段,然后对症下药,早发现、早治疗,从而早解决。

那么,我们要如何判断对方已经产生婚外情呢?

任何事情的发生,都会有一些现象。就像身体如果生病了,一定会表现出一些症状一样。对方是不是有婚外情,婚外情处在哪一个阶段,根据我上面所说的每一个阶段的特点,只要留心观察,都能够发现。如果有一些现象一直存在,那么,你就需要警惕了。

根据婚外情不同阶段的特点,发现婚外情的迹象时,你首先应当反思自己是否对配偶不够关心。因为一旦这些现象出现了,就意味着你的婚姻"感冒"了,而你居然毫无感觉,那一定是你忽视了配偶的感受。其次,你要开始寻找专家,看看你的婚姻"感冒"病了,不要浑浑噩噩,无所作为,也不要乱作为。只有制定好方案,对症下药,才能打好婚姻保卫战。

朋友圈

有句话是这么说的:"看一个人的气血,看他的头发;看一个人的心术,看他的眼神;看一个人的身价,看他的对手;看一个人的底牌,看他的朋友。"

要讨论一个人所结交的朋友对他的影响有多大,那可真是"前人之述备矣",几十年前,钱钟书一篇《谈交友》冠绝古今,道出了"朋友之交"的真谛。朋友不仅影响一个人的前途,更影响他生活的方方面面,自然也会影响到他的婚姻。

在我几十年来处理的因为婚外情而离婚的案件里,许许多多的过错方都不是主动去接触小三从而引起婚外情的。而是因为他们身处某一个特定的朋友圈,圈子里的朋友有的吃喝嫖赌,有的拈花惹草,"常在河边走,哪能不湿鞋",最后自己也被他们带入歧途。

方烨就是其中一例。还没结婚的时候,方烨就以人品好闻名。他出生在一个传统家庭,爸爸是高中语文老师,妈妈是小学语文老师,家里家教很严。从小到大,方烨从没干过坏事,楼道里的每一个叔叔阿姨、爷爷奶奶都夸他懂事、有礼貌。

方烨大学毕业后就考了公务员,后来经别人介绍跟现在的老婆认识,两个人谈了两年恋爱,嘴都没亲过。两年后,他们结了婚,每天他早上8点出门上班,晚上6点回到家,过着轻轻松松的小日子。

方烨的老婆有个表弟,方烨随老婆,也叫他表弟。这个表弟却不是个东西,用他爸的话来说,就是个"小赤佬"。他高中读了一半就辍学,整天在外面混,家里本就是工薪阶层,却总在别人面前装大款。

有一次,他偷走了他妈的银行卡,当他爸跑到邮局挂失的时候,他刚好把钱取走。他爸一回家,他妈知道了是他偷的钱,叫他把钱交出来,他还凶着脸,说没钱!他妈问他钱在哪,他说朋友有难,江湖救急。这事后来就不了了之,他妈每次问他什么时候还钱，他都说再等等。后来他爸狠狠揍了他一顿才知道，根本不是什么江湖救急，而是有天晚上他请朋友喝酒，找了几个小姐，挥霍光了。

就是这样一个表弟，因为找不到工作，他妈靠关系帮他搞了个公务员的职位，正好在方烨的下属部门工作。他妈相信方烨人品好，要方烨盯着他，别再让他搞出什么乱子来。

表弟转到方烨下属的单位后，见到方烨的时候，动作都收敛了许多，烟头也掐掉，连笑起来都正常了很多，就怕方烨给他爸打小报告，自己又得挨揍。可见不到方烨的时候，他依然我行我素，该喝醉喝醉，该找小姐找小姐，就像整个天下都是他的似的，完全没把单位的纪律放在眼里。

表弟觉得，总被方烨管着也不是办法，得想个主意把方烨拖下水才行。有一天机会来了，那天单位组织远足，回来之后，大家都累得走不动了。表弟就跟方烨说，带他去做个足浴再回家。方烨从没去过那种地方，不同意，表弟就跟他说，这些是正规足浴店，对脚的各个穴位进行按摩，有益身体健康，还能缓解疲劳，道理说了一大堆，完了还补充一句："20分钟就结束！"

方烨实在是有点累，一想也就20分钟，自己注意点，去放松放松也行，于是就同意了，表弟就带他去做了趟足浴。做完足浴，方烨果然神清气爽，再加上这个地方确实挺正规，没有什么特殊服务。之后，方烨只要一劳累，就来这家足浴店做个按摩。

因为工作原因，方烨跟表弟两个人经常一起出去应酬。有一次，一个老板捐钱，他们跟老板一起吃饭。五瓶五粮液，六瓶竹叶青，两个人都喝得东倒西歪才出来，表弟又带他去做足浴。这次因为顺路，就去了一家休闲中心。表弟主动付了全身按摩的钱，方烨稀里糊涂地就做了全身。出来之后，方烨怪表弟，说好只做足浴的，怎么回事？表弟说："你就说舒服不舒服吧？"方烨只好说："舒服是舒服，尤其是按过了背之后，感觉全身气血都通了。"

除了应酬、洗脚，表弟还带方烨去了次酒吧。表弟说："场面上喝酒，大家喝的是个'义'字，但咱自己小酌，酌的就是个'情'字了。"方烨问他什么叫"酌个'情'字"，表弟让他等着，自己出去转了一圈，回来的时候身后就多了两个女人。两个女人毫不拘束，屁股还没碰着椅子呢，一只手先勾住方烨的脖子，另一只手举起酒杯就往方烨嘴边送。

就这样，几个月后，方烨终于被表弟拖下水。家里人什么都不知道，都觉得有方烨在，表弟不会做出什么太出格的事情来。直到有一天，方烨终于醒悟，向老婆坦白了一切，老婆才恍然大悟。

所以说，一个人交往的圈子对他的影响是非常大的。所谓"近朱者赤，近墨者黑",讲的就是这个道理。方烨是一个较为幸运的例子,至少他最后幡然醒悟,主动跟老婆交代了一切。老婆马上跟表弟一家划清界限,没出什么大乱子。

　　一个人不仅要理清自己的朋友圈,而且,作为配偶,还要帮助对方理清他的朋友圈。要是夫妻二人的生活圈子完全没有重合,互相毫不了解,那这样的婚姻就是在刀尖上行走,说不清哪天就掉到了深渊。作为老婆,必须对自己老公的朋友圈子有所了解,要知道他交的是些什么样的朋友。有的朋友逢聚必赌酒,有的却是清茶一缕香,孰高孰低,一眼就能分出来。双方的朋友圈都被理清楚,这样的婚姻才不容易受到外物的拖累。

同桌的你

有句话说得好:"同学千里来聚会,搞成一对是一对。"有的人一碰到同学聚会就兴奋无比:"当年那个美貌如花的张淑女今日如何了?""那个新潮时尚的王美人如今安在?""还有那个霸气狂野的假小子威风依旧吗?"而留在家里的那个人却仿佛四面楚歌,彻夜辗转难眠,每一个老公当年的女同学都有可能是一个潜在的情敌,她们与老公数年同窗,一起学习、一起玩耍、一起成长,同学会上一旦旧情复燃,或是激情迸发,都可能威胁到自家屋檐的安危。

小夏就遇到了这样的难题。小夏跟老公结婚第二年,一天,老公问小夏有没有时间,再过几个礼拜,他们高中同学要举办10周年同学会,让小夏尽量挤出时间来一起去。小夏向单位领导请示,结果那一阵正好有一个培训,她脱不开身,不能去参加老公的同学聚会。

小夏心想,不过是个同学聚会嘛,能参加就参加,不能参加就不参加呗。老公虽然因此有点失落,但她安慰几句就过去了,没太在意。

没想到,同学聚会刚刚过去没一阵,老公就有些不太正常:平时,他下班后总是准时回家,但最近,他三天两头打电话回来说不回家吃饭,就算回家吃饭,似乎也比平时晚了许多;不爱玩手机的他,在家里就是"溜"手机——一只手举着,另一只手在上面点点按按,跟他说话经常听不见,还时不时发出嘿嘿的笑声来。有一次,小夏问他,手机上有啥宝,怎么现在开始玩手机了?他"嗯嗯啊啊"愣是没说话,一连问了五遍,才抬起头来:"啊?哦,这不是同学们建了个微信群嘛!"

虽然老公总拿"同学们"来搪塞,小夏还是发现了真相:最近老公跟一个叫江美芹的老同学的联系频繁得有些不正常。江美芹是当年他们班里的班花,男生们送了她一个外号叫"江花"。同学会上一碰面,大家发现,当年的"江花"已经成了今天的"江总"。江总还是"江花"的时候,不仅人长得漂亮,学习成绩也好,追她的男生不计其数,但她高贵冷艳,对男生们的追求一概置之不理,甚至连正眼都不瞧一眼,却总跟她的同桌——小夏的老公说话;而现在的江总不再高贵冷艳,比当年圆滑世故得多,脸上的笑容风华依旧,举起酒杯和一个个男同学干杯。最终,她还是不胜酒力,一把搭在小夏老公的肩上说:"帮帮我。"

　　小夏的老公当年就跟江总很聊得来,这时候临危受命,自然义不容辞。酒过三巡,大家各自散去,小夏的老公打车把江总送回了她家才回家。第二天,江总发短信给小夏的老公,说起前一天晚上他帮自己挡酒,还把自己送回家,要请他喝杯茶作为感谢。小夏的老公一时不知道怎么回答,因为前一天晚上在出租车上的时候,江总倒在他的怀里,说了一大堆迷迷糊糊的话,大部分他都没听懂,但有一句他听出来了,大致意思是责怪他,怎么不等她就自己先结婚了。犹豫了老半天,小夏的老公还是打算去赴这个约。本来不去不要紧,这一去,就弄出个大问题来。

　　两个人在茶室里,一开始各怀心思,放不下架子开口说话。但聊着聊着,就聊到这几年的变化上来,两个人聊兴大发,一聊就聊了整整一个下午。小夏的老公感觉出江总对自己念念不忘,也发现自己对她仍有着复杂的情愫:两个人从高中起一直是同桌,自己是江总高中时唯一的男性朋友,上课时互相讲解没听明白的知识点,下了课一起讨论问题;江总忘带课本时,小夏的老公就把课本给她,自己甘愿挨骂;小夏的老公弄丢了笔,江总就把自己的笔借给他……他们两个人就像曾在激流中同挤一叶小舟的逃荒者,又像为了同一个目标共同努力的亲密队友,更像互相扶持着、遮风挡雨的亲兄妹。往日的时光本就让他们感觉亲密,这次的同学会,就像一个明亮的火星,一下子点着了他们之间温暖的旧情,大火熊熊,势不可挡。

　　小夏原本对自己的婚姻充满了信心,因为两年下来,日子和和满满,令人羡慕。没想到一个毫不起眼的同学会,就把她对婚姻的所有愿望灭得一团乌黑,连一丝青烟都没有冒出来。

　　"明天你是否会想起,昨天你写的日记;明天你是否还惦记,曾经最爱哭的你……你从前总是很小心,问我借半块橡皮;你也曾无意中说起,喜欢跟我在一起……"老狼的一首《同桌的你》唱出了很多人的心声:校园里的日子是人生当中最为纯洁的一段日子,留下的回忆也最为美好。许多人就算已经结了婚,甚至孩子已经念书了,仍对过往的感情念念不忘。理性的人为了婚姻克制了自己的感情,而有的人却怎么也无法抑制自己的冲动,把婚姻、家庭、责任等一概抛之脑后,因此就产生了婚外情。

　　人之所以区别于其他生物,人之所以为人,就是因为人会对自己的行为形成约束,人身上负有责任。往日的感情再美好,也是属于往日的东西,今日的自己已经处于今日的生活之中,应当对今日的生活负责。

第五篇

挽　　回

　　挽回婚姻相当于一场异常艰苦的战争。要想打好这场婚姻保卫战,光靠一哭二闹三上吊,"敌人"是不会投降的。只有先"知己",即对自己的婚姻质量做一个完整的分析,再"知彼",即对"小三"了解透彻,取长补短、磨刀霍霍,最后制定一个婚姻挽回方案,才能够一举打败"小三"。

惠琴的故事

我的一对老朋友，老公叫唐毅，老婆叫惠琴。有一次，家里出了点问题，老公被夜总会的一个美女套住了。做老婆的打电话给我，撂下一句话："只要能搞定，多少律师费乘以二！"

本来我只是个律师，不离婚我也接不了。但毕竟是老朋友，惠琴一把鼻涕一把眼泪，弄得我实在过意不去，终于答应帮她想个办法，不收钱。

惠琴和唐毅是大学同班同学。毕业后，唐毅去了新加坡，惠琴就跟了过去。一晃，背井离乡十几年过去，唐毅还只是个部门经理，惠琴也没往上升多少，每次想到当年的同学们，有的开着保时捷到处乱跑，有的满世界旅游，心里不禁阵阵唏嘘。

毕业15周年的同学会是在新加坡开的，惠琴和唐毅想逃也逃不了。临近同学会的前几天，一个先到的同学在牛车水请他们吃饭。饭间，除了旧情回叙，大都是在听同学大谈其创业时的种种有趣故事，机会一个接着一个，每逢艰险、资金链要断裂的时候都有奇遇发生，终于起死回生，最后在一个风投的帮助下上了市，慢慢稳定起来。一顿饭吃下来，让惠琴觉得回国创业就像捡金子一样。晚上回到家里，两个人躺在床上一句话没说，各自想着事情，一夜没睡着。同学会上，曾经的小屌丝们如今都成了大款，席间觥筹交错，酒影灯光，两夫妻心里颇不是滋味。等同学会一结束，老公对老婆开口说起回国的事，没想到老婆也正有此意，夫妻俩开了一个家庭会议，最终决定：唐毅先回上海发展，惠琴带着儿子留在新加坡，万一不好还有一个退路。

唐毅回来以后，四处奔走了一阵子，最后开了家贸易公司。正赶上好时候，一年半国际贸易做下来，在静安区爸妈家附近买了一套公寓。惠琴幸福得跟朵花儿似的，当下辞了工作卖了房子，买了两张机票，带着儿子飞回了上海。

一进上海的新家，儿子一下子就扑进了爸爸的怀里，惠琴还没打开行李，马

183

上就嗅出了异常的味道：家里干干净净，整整齐齐，房间里还带着香水的味道，不是她最喜欢的那款香水。不过这也难怪，一个连结婚纪念日都能忘记、从来找不到袜子的老公，怎么能奢求他记得自己最喜欢的香水是哪一款呢？但是，一个连结婚纪念日都能忘记、从来找不到袜子的老公，又怎么会把家里整理得这么干干净净、整整齐齐呢？惠琴心想坏了，但表面上不露声色，抱下老公手里的儿子，小鸟依人地撒娇道："我也要抱嘛！"

之后的一个礼拜，惠琴给儿子找了幼儿园，自己暂时没有去找工作，而是整理起家务来。奇怪的是，原来一直跟惠琴抱怨工作太忙、太缺人手的唐毅，也从没有跟她提过要她去公司帮忙的事情。过了一阵子，惠琴发现，每到周三和周六的下午，就找不到唐毅了。而每周三、周六回家后，唐毅的衬衣上、头发间总是留下淡淡的、跟惠琴刚回到家在房间里闻到的一样的香水味道。惠琴知道唐毅一定是在外面找了小三，依着老公的脾气，惠琴觉得一定是那小三勾引了他。

惠琴偷偷哭了几次，痛定思痛，决定自己来解决这件事情。她趁唐毅熟睡的时候，查了他的手机清单，有一个手机号码总是固定出现，耗时超出正常业务范围，拨打的时间段都是唐毅不在家的时候，但周三和周六的下午却从来没有出现过。手机短信清单上，这个号码倒是销声匿迹，一条也没有。惠琴用公用电话打给这个号码，传来一个外地女孩嗲嗲的声音。

唐毅的刷卡记录上，有几笔文峰美容店的开支。还有大笔的拉卡消费，但是却没有买什么东西回家。惠琴确认，唐毅一定是在外面包养了小三。惠琴十分委屈，自己当年不嫌弃唐毅这个臭小子穷酸，一直追着他去了新加坡。两个人白天工作，晚上回家后自己包了全部家务活，把他养得神仙般地悠闲。唐毅这才刚回来一年半，就已经把自己这个结发妻子抛在了脑后。惠琴哭得跟个泪人儿似的，又不敢直接揭穿唐毅，怕一切再也回不去了。过了好久，她终于想起我这个老朋友。她一个电话打过来，撂下一句话："只要能搞定，多少律师费乘以二！"

我因难以推脱而勉强接下这个活，答应帮惠琴想办法搞定那个小三。惠琴谈话的时候，我隐隐约约地觉得，这个固定号码的主人应该是一个风尘女子。

大凡风尘女子，吃的都是青春饭。而青春这个东西，随着脖子上"回头纹"的增多，即使用的化妆品再好，也能看出年岁。一旦风尘女子的花容月貌"青山遮不住"，则"毕竟东流去"。因此从古到今，风尘女子的第一选择，便是"嫁做豪门妇"。从良，就是风尘女子的永恒主题。只不过"从良"这件事，不是每个风尘女子都可以实现的愿望。想从良便从良，那天下本分家庭哪还有安宁之日！不管怎么说，风尘女子要想从良，得分四步走：

第一步，淘沙。利用风月场所的"地利"创造"人和"，认识一个家境殷实的富二代、本地人或者土老财。最好他是个纯情种,不论是寂寞还是要刺激,只要他沉浸在痛苦中,需要"心有灵犀一点通"的慰藉,美女我羞答答的可以给他一点。

第二步,筛金。通过筛选,留下几个吃定我貌美如花、年轻可爱、疯狂刺激而欲罢不能的大老爷们,成为固定性伴侣。从批发到零售。

第三步,下套。运气好一点,男人就想不用"占士邦"了,脱掉了有形的套,就进入了无形的套。多说几句"本小姐只爱你一个人"的话,不留痕迹地暗示他把自己包下来,干净安全。

第四步:收网。运气再好一点,男人离不开自己,说好了一辈子不分手。此时努力一下,金盆洗手,耳鬓厮磨让他跟老婆离了婚,过上城市妇人有钱有房的生活!

看天下风尘女子,概莫能外。我不仅觉得那个固定号码的主人应该是个风尘女子,从惠琴的叙述中还能大概判断出那是个已经走到第三步的风尘女子。

李娟,来自中南山区的一个小城市,清山秀水给了她白皙的皮肤、苗条的身材;淳朴民风养成她单纯的性格。而在上海一年复杂的经历,使她沦落风尘,又让她体悟现实的残酷。

她在日记本里记载了认识唐毅的每一天,包括和她说的每一句甜言蜜语。唐毅是她半年来遇见的对她最好的男人,她对唐毅除了崇拜,还是崇拜。她在日记里写道:"如果能和他生活一辈子,我李娟愿意粉身碎骨……"日记里面,唐毅似乎遥隔河汉,又似乎唾手可得。遥隔河汉的原因,是因为唐毅有一个温暖的家庭,有一个深爱他的太太和一个可爱的儿子。唾手可得的理由,是因为唐毅目视她时,似水一般的眼神。

唐毅第一次来KTV和她喝酒时,她主动献身。他看她才20岁上下,问了多次才得知她被骗至此,却因为妈妈生病缺钱又不得不继续做这个工作。唐毅当下给了2 000块小费,让她好好珍爱自己,找个正当的工作。

唐毅打小良心就好,我初到上海无亲无故的时候,就是他陪我吊了好几天的盐水,一直照顾我的起居。就是这个哥们,和李娟交往几次,就下了决定,要拯救这个女孩子。但他所谓"拯救"的第一步,就是在新华路给她租了一套房子。拯救的第二步,就是陷入了对她的迷恋之中。

我先稳住惠琴,说不定还有救。

李娟住在新华路的房子里,无聊,听说唐毅的太太回来了,和唐毅幽会得处处小心。她上午睡睡懒觉,下午去文峰做做美容,晚上KTV妈妈桑芳姐时不时打电话过来说有老客户点名要她。这些男人，去了就这些事，这次不出台的话，下次也不来了。而一旦出台了，她又觉得好像有点对不起唐毅。毕竟，唐毅真的就像大哥哥一样。

这天下午一点，芳姐打电话过来说，收到一束白玫瑰，留了名给她的，有空去取一下。芳姐比她岁数大不了几岁，还是老乡。

"谁送的？"李娟问芳姐。

"没有留名字，快递公司送来的，送好就走了，说是一家公司的老板送的。"芳姐见得也多，没有当回事。

"那就送给芳姐你吧！"

"谢了啊！你现在怎么样？"

"他老婆回来了，管得比较紧，不能经常出来。"

"男人都是假的，银子最靠得住。回来上班吧！"芳姐见得多了，她也是从李娟这个过程走过来的，有几个真心的，可是都没有结果。

李娟不做了，芳姐原来还为她高兴，以为李娟跳龙门了。但现在，跳得上跳不上也难说，更为她丢了提成可惜。

"刘总说好久没有看到你了，想你了，晚上你来不来？"

"再说吧。"李娟回答。

从这天开始，白玫瑰一连来了八天。送了就走，快递单也没有留是谁寄的。第九天，终于留了一个手机，芳姐抄下来，给了李娟。李娟等不到唐毅，无聊之中就拨了个电话过去。

"娟子吧？"那边说道。一口京话，声音很沉稳。

"花是您送的吧？"李娟很客气。前途未卜，别得罪太多爷们。唐毅几天前过来，走之前问他"何日君再来"，他支支吾吾，一走之后连个声音也听不到。

"是，收到了是吗？娟子，月前咱一起喝酒的，刘哥，还记得吗？最近来了几次，你都不在，回家了吗？"

"哦，是刘哥您啊！"娟子的客户多，记不得了。

"啥时候来，我过来找你。"北京爷们难得客气。

"后天，我可能会来，您来吗？"这是芳姐教她的，男人要吊吊胃口，才套得住。娟子用了几次，很管用，就经常用了。

"那就晚九点吧，我带个哥们过来！"对方不啰嗦，电话挂了。

娟子见到刘哥时，确实记不起来了。应该说认识的帅哥没有几个，怎么会没有印象呢？刘哥边上的哥们儿也不错，彬彬有礼。

这个"彬彬有礼"是专门写出来臭美一下我自己的，因为这个哥们儿就是我。

刘哥确实是北京人,是惠琴通过网络在北京一家"侦探公司"找的"专业人士"。经过我的面试,符合"相貌堂堂、能说会道、雅俗共赏"的"二奶杀手"标准,今天正式开始上岗了。

KTV就是KTV,气氛十分钟升温,比我们律师事务所热闹多了。我像"刘姥姥"到了大观园一样,彬彬有礼地在看西洋镜的时候,刘哥已经抱着李娟在吼《选择》了。

一个礼拜后,唐毅给李娟打电话,这回轮到李娟支支吾吾了。一个月后,唐毅打电话给李娟,李娟在蓝天白云下的沙滩上接的电话,她和刘哥正在海南晒太阳呢。

这段时间惠琴也没闲着,公司里的琐事三下五除二帮唐毅搞定,家里雇了个保姆打扫卫生,晚上哄儿子睡觉后再哄得唐毅乐不可支……两个月后的一天,惠琴和唐毅趁着假期逛街,逛了一会儿,惠琴有些累了,二人就找了一家咖啡店休息。两个人正聊着天,唐毅一不留神,看到了一个貌似李娟的人和另一个男人在角落窃窃私语、打情骂俏。那个男人就是刘哥,他总是在适当的时候,轻吻李娟的秀发和脸庞,而李娟的脸上洋溢着幸福的笑容。

惠琴后来和我说,当时唐毅脸都青了。惠琴装着关心的表情问唐毅是不是不舒服,心里却乐得跟打翻了蜜罐似的。

后来,惠琴说老公的心静了下来,家里欢声笑语一片;后来,唐毅也慢慢知道,此事多亏自己有个好老婆,才得以如此解决。当他问起惠琴,她到底是怎么解决这件事情的时候,惠琴总结了自己的四步之法:

第一步:不为所动,稳如泰山。惠琴一回到上海,马上就发现了唐毅的婚外情。但她很快就稳定下来自己的情绪,没有不顾脸面地和唐毅吵闹,理智地去面对这件事情。这也是这段夫妻感情没有破裂的很重要的前提。

第二步:静观其变,后发制人。在稳定下自己的情绪之后,惠琴不动声色地摸清楚了丈夫的所作所为、丈夫和李娟的心理情况,她明白丈夫并不是对自己及这个家庭失去了信心,而只是在外受到了诱惑。

第三步:调虎离山,釜底抽薪。惠琴最终求助于我,我们设计用刘哥将李娟引开,彻底断了唐毅的诱惑之源,而惠琴在此时却尽显其"贤内助"的本色,提醒唐毅自己比李娟重要得多。

第四步:趁热打铁,巩固边防。等唐毅冷静下来之后,惠琴晓之以理,动之以情,最终使蒙在鼓中的唐毅幡然悔悟。这就像给唐毅打了一针疫苗,从而防止此类情况再次发生。

惠琴用这四步之法解决唐毅的小三之困,可谓干净利落,再无后患。

婚姻质量分析

大刘和芊芊两个人都是大学教授,一个在化学系,一个在生物系。因为家里住得离学校近,常常一起走路上班。到了午饭、晚饭的时候,同事、同学也常常在食堂里看见他们俩同进同出。偶尔有几天实验结束得早,两个人就一同回家,不是芊芊在化学楼等大刘换好衣服,就是大刘在生物楼等芊芊洗手消毒,然后一起去菜场买菜,买完菜回家做晚饭。

两个人结婚20多年,从博士读到博士后,再从讲师做到副教授,最后终于评上教授。他们一步一步地看着孩子从出生到叫出第一声"妈妈",从搬出婴儿床到开始一个人睡觉,从刚学会走路到拿了校运会60米跑步比赛的第一名,从一个毛发未生的小孩长大成了比自己还要高的大学毕业生。20多年来,两个人几乎每一天都过着这样的日子。

他俩的同事都羡慕得不得了,回家去免不了和自己的老公老婆拌几句嘴,说你怎么就不能做个饭?天天晚上那么晚,到底去哪了?但大刘跟芊芊却永远平平静静,默默地来、默默地走;还有的同事羡慕他们能朝夕相处,因为自己的老公频频出差;而更多的同事却羡慕他们俩恩爱如初,结婚20年,不仅一次架也没有吵过,而且只要一个人下班晚了,另一个人总是在安静地等着他。

有时候,就连他们自己也感到奇怪,怎么20年来,就一次架都没有吵过?是因为的确"恩爱如初",还是因为互相心里都不够在意对方?有时候大刘一个人心烦,虽然两个人并肩走在上班、下班的路上,怎么就找不出一句话来跟芊芊说呢?回到家里,两个人也是各自做着各自的事情——他们把家务做了很好的分工:做饭、拖地是大刘的工作,而洗碗、洗衣是芊芊的活儿——事情做完了,就一人一台电脑,坐在书房办公桌的两侧,找文献做学术也好,上网打发时间也好,总之两个人面对面,就是没有话说。11点一到,熄灯,一起上床睡觉。

大刘一开始还很纳闷,这样过日子跟自己一个人过有什么区别呢?但时间一长，他就打消了这个念头，日子虽然简简单单，但这样也就省去了很多心思考虑别的事情。

直到有一天，这样简单的日子终于被打破。芊芊连着几次找借口没有跟大刘一起去食堂吃饭，大刘觉得不太对劲。有一天，他绕道去生物楼，一路上碰到许多老师，原来只见过一两面的老师用一种别样的眼光看他，而说过几句话的老师则用一种怪怪的语气跟他打招呼。大刘丈二和尚摸不着头脑，推门走进芊芊的办公室，却看见芊芊跟另一位没见过面的男人坐在办公桌前吃饭。

原来这位没见过的男人是芊芊的系里新招的一位教授，他从伯克利回国，研究的方向跟芊芊有些关系。也是因为这个原因，两个人平时交流不少，就连他的实验室也是芊芊帮忙搭建的。一来二去，芊芊不知不觉就遭遇了婚姻的暴风雪。

大刘顿时慌了神，他搞不懂，平时好端端地、处处被人羡慕的两个人，怎么就突然被一个小三插了一脚进来？

其实很多人都是这样，平时老公老婆看上去好好的，就连自己也没有感觉出有什么问题，甚至还被别人当作夫妻恩爱的榜样。但其实他们很可能就处于一种亚健康的状态。这种亚健康的状态在平时不要紧，一旦在一些"病毒"的诱导下，就很容易导致生病，导致婚姻产生问题。

四年前，我工作的时候老是头晕，但是自己也没有当回事。我父亲是个退休的医生，一次闲聊的时候我随口问了父亲一句："老是头晕是怎么回事？"父亲当时没说什么，结果第二天，他就同我母亲来到我办公室，也不管我工作不工作的，一起拖着我去医院检查。结果一出来，甘油三酯超高，超了多少？正常值1.4，我的检测值是15.6，高了十几倍！头部CT扫描，斑点密密麻麻。我问医生这个什么意思？医生说："再过几天就要得脑梗塞啦！"最后医生总结说，我是37岁的年龄，73岁的血液，建议我立即停止工作，绝对禁止吃肉。

但那时候我身体舒舒服服的，心想肯定是医生危言耸听，于是不停地埋怨父母亲，怪他们硬要把我拉来体检，打扰我工作。结果父亲搜索一个礼拜内的新闻，发现包括均瑶集团的老板在内，至少有3个人，和我一样的年纪、一样的问题，前一天还在电视上意气风发地说话，第二天人就没有了。为啥？脑溢血。

听到这些消息，我才突然醒悟过来。我停止工作一年，保持天天运动，还成功挑战了爱吃肉的嗜好。一年下来，人瘦了整整十公斤，再去体检，指标样样合格，再也没有看见肉就要一干为尽的欲望了。

婚姻也是这样，婚姻里常常有许多问题会被我们忽视，处于一种亚健康的状态。有时候，夫妻俩对于一些"症状"视而不见，但说不定就是这样一种症状，指示出你们的婚姻已经埋下病危的种子。因此，夫妻两个人在婚姻之中，必须时不时地对自己的婚姻做一个质量分析。婚姻的好坏并不是凭感觉来决定的,而是像体检一样,对于不同的症状,需要有一个量化的指数来对它进行判断,从而再得出婚姻质量高低的结果。

那么,哪些症状能够指示出你们的夫妻关系出了问题,指示出你们的婚姻正处于这样一种亚健康的状态呢?经过广泛研究,我归纳出一张夫妻生活质量分析表格,婚姻里的种种症状尽在其中。大家在"寻诊问医"之前,不妨先自己给自己评估分析一下,算算自己的婚姻质量究竟如何?

这张表格共包含评估项目25项,满分是100分。

如果得分在90分以上,那么,恭喜你,你的婚姻质量非常高,夫妻之间不仅各项观念十分吻合,而且互相都懂得体谅对方,为对方考虑,两个人共同为幸福美满的婚姻而努力着,希望你继续保持,再接再厉;

如果得分在75~90分之间,那么,你就要仔细注意了!你的婚姻质量正处于一种亚健康的状态,有可能是夫妻之间观念的冲突、文化的冲突没有得到很好的解决,也有可能是互相不够理解,不够体谅对方。这个时候你就要看看,到底是哪一项,或者哪几项拉低了你的得分,反思一下自己和对方的不足,然后有针对性地做出改变,从而提高你的婚姻质量;

如果得分在60~75分之间,这时候就要警醒了!你的婚姻很危险!它已经从亚健康的状态滑落到"得了大病"的地步,这个时候单靠你自己的力量,已经很难对婚姻做出建设性的补救,而如果再不进行补救,则日后亡羊补牢、悔之晚矣!

如果得分低于60分,那你的婚姻很有可能已经病入膏肓,无药可医。这个时候你应当好好反思自己,到底是果断解决婚姻问题,还是为了某些原因能拖一天是一天,这个问题应该认真考虑一下。

序号	评估项目	A(4分)	B(3分)	C(2分)	D(1分)	E(0分)
1	语言的沟通	经常会为工作和生活上的一些看法,和配偶一起兴奋地探讨很久	每天能放下手上的事情,固定一个时间,双方做简单地交流	为子女教育、家庭重大决策才作具体商量	基本不沟通,有事短信交流或者饭桌上说说	上次有质量的沟通什么时候记不得了,或者和配偶说了也白说
2	语言的肯定与欣赏	能适时地体谅到配偶的困难,说一些鼓励的话语		偶尔能做到表扬配偶几句话		实在想不出配偶有什么值得表扬和欣赏的

续表

序号	评估项目	A(4分)	B(3分)	C(2分)	D(1分)	E(0分)
3	相处时间	每周至少有一天时间在家里和家人共享	每月至少有一天时间，大家开心地度过	工作性质，需要经常加班出差，无法调整	聚少离多，平时相处时间不多	长期分居
4	重要时刻	能记得生日、结婚纪念日和一些特别的日子，并一起度过		只有偶尔才能想起来一些特别的日子		从来不过什么纪念日
5	性生活匹配	对配偶有良好的性趣，能创造气氛，能很开心地一起度过	性生活比较规律，常常能有愉快的气氛，但也有例行公事的时候	偶尔能愉快地进行性生活，但多数时候没多大性趣	确实没有感觉，只是为了义务，配合一下	上次做爱是什么时候，真记不得了
6	礼物	自己会寻找一些日期，经常精心购买礼物给配偶	重要纪念日总是有礼物的	想到就准备礼物，忘掉就算了	有时候会忘记掉，需要提醒后才能记起来	老夫老妻了，搞这些没用
7	工作观念	双方都有自己的事业，在家庭和事业有冲突的时候，能以家庭为重	都有各自的工作，时常加班、出差等，但能尽量多回家陪陪对方和孩子	主要以工作为主，常常顾不上家庭，为此有些歉疚	工作第一，家庭第二，没有钱哪有家啊	反正钱也够用，有一个人工作就可以了，或者都不工作
8	收入观念	双方都可以依靠自己的薪资自立自强	双方工资有差距，但总的来说能较好地协调	双方工资差距较大，谈话时尽量避免这个话题	一方工资是对方的数倍，且一方有自卑感或者觉得家就是我撑着的	一方完全靠配偶的施舍来生活
9	疾病照顾	当配偶生病的时候，和自己生病一样，会督促提醒陪同看病治疗	知道后，会放下工作赶去陪同守护	工作太忙，打个电话或者委托家人帮忙看护	事情太多，小病慰问，大病到场	每个人都有自己的事情，自己的事情自己解决

续表

序号	评估项目	A(4分)	B(3分)	C(2分)	D(1分)	E(0分)
10	和配偶的家庭相处	能依靠自己的能力和真诚获得配偶家庭的认可	相处还算融洽,生活中有时也能为他们考虑一下	有事的时候联系,没事了就不联系	能不交往尽量不交往,交往也只是敷衍	和配偶家里人格格不入,因为他们不值得交往或者鄙视自己
11	子女及教育观念认同度	配合默契,有共同点也有不同点,因材施教,尊重配偶的正确观念	教育观念有出入,但基本能够通过沟通较好地解决	按照自己的方式,导致经常做一些和配偶教育观念相反的举动	配偶对小孩子的教育观点就是错误的,我的观点就是正确的	丁克或者因身体原因无子女
12	家务分担	做家务也是一种乐趣,分工明确,相互补充	一方为主,但需要帮忙时另一方从不推脱	主要是一方在操持,需要另一方帮忙时偶尔会推脱	基本是一方在操持,另一方经常找各种借口推脱	一方衣来伸手,饭来张口。毫不顾忌配偶的感受
13	形象注意度	能注意到配偶的感受,即使在家里也会展示自己的魅力	比较注意配偶的感受,但有时也会不注意细节	和配偶外出时候比较注意自己的形象,在家里比较随意	只有在配偶的强烈要求下才会注意一下自己的形象	别浪费钱在这种无聊的事情上了
14	性格匹配	性格互补,积极开朗,相处融洽	性格较为合适,相处较融洽	一般情况下性格较好,偶尔会吵架	性格冲突较大,经常吵架	性格不合,冲突明显
15	矛盾处理	有预见性的发现双方的问题,通过适当地沟通提前消除,达成理解或者一致	发生矛盾时,能做到不回避,共同面对,妥善解决	发生矛盾时,至少有一方有时会选择逃避,不配合对方解决问题	发生矛盾时,双方沟通比较费劲,解决问题比较困难	谁怕谁啊,谁也不让谁,大不了不过了
16	吵架	就事论事,强烈地表达自己的观点,事后也会吸收对方的正确观点	能够相对理性地表达自己的观点,但有时候情绪失控也会有出格的行为	有时候情绪比较难以控制,表达观点不清晰	话不投机半句多,经常几句话不和就会吵起来	总能找到对方的最痛处,恶狠狠地攻击,这样才会很爽

192

续表

序号	评估项目	A(4分)	B(3分)	C(2分)	D(1分)	E(0分)
17	肢体冲突	没有发生过	偶尔发生过,就算发生自己也会知道分寸,事后也会后悔或者道歉	常常伴随着吵架而发生	发生次数比较频繁	家庭暴力严重,110随便打
18	理财观念	能挑选适合理财顾问,共同参与理财	夫妻协商后,选择适合理财的一方来理财	把理财的权利交给可信任的外人	有钱就花,经常家庭入不敷出	不知道配偶的收入和奖金到底有多少
19	恶习	性格健康,双方都没有什么恶习	有个人嗜好,但是,能注意到配偶的感受,予以控制,不影响到夫妻生活	热衷于各类社会活动,配偶常常会感到被冷落	热衷于泡吧、网友聚会,经常通宵达旦打牌,或者有家庭暴力	一方有赌博、吸毒等恶习,而另一方特别反感
20	个人隐私保护	正常的情况下,不会特意地翻看对方的手机和邮件,给对方适当的个人空间	通常不会翻看,在自己有强烈怀疑的情况下,会偷偷翻看	自己对对方产生怀疑了,就要翻看对方的手机、邮件	我爱你,所以经常翻看对方的信息,发现疑点逐一盘查,哪怕对方反感	夫妻之间不应该有什么隐私,一切都应该公开透明
21	家庭角色定位	鼓励男人去征服世界,因为我有能力征服男人	男主外,女主内,但有时候女人也要管一下男人的事情	男女完全相同,做事各自独立,互不相干	女人较为强势,丈夫是个妻管严	家里一个人说了算,错了也要执行,不必要商量
22	配偶思想的注意度	很快就能知道配偶的想法,有良好的默契,思想能够互补	有时候不能准确地获知配偶的想法,需要配偶点破一下	当配偶准确地表达自己的想法时,才能够了解	配偶费尽力气解释,自己才能明白对方在考虑什么问题	完全吃不准对方每天想什么,交流也没有结果
23	身体状况	身体状况均良好	有时候会生病,但比较容易治好	偶尔会得大病,但总能积极配合治疗	体弱多病,且消极对待,造成常常需要吃药调养	一方患恶疾许久

193

续表

序号	评估项目	A(4分)	B(3分)	C(2分)	D(1分)	E(0分)
24	朋友圈	有良好的交际圈,能介绍配偶认识,能很快融入	各自都有自己的圈子,能分场合看情况参加,配偶没去,也能说清活动内容	各自的交际圈重合较少,且对配偶的交际圈了解不多	各自的交际圈基本没有重合,对配偶的交际圈基本不了解	结交不良的朋友圈,赌球、打牌、喝酒、灌输一些享乐主义
25	信仰与道德	均有自己的信仰,并按照信仰的约定生活	有家庭责任心、认可社会道德规范。遵守法律	信仰有矛盾,但交流后能够互相体谅	没有人生目标,没有理想,也没有事业的目标	享乐人生,快感第一

制定挽回方案

  对你们的婚姻质量有了透彻的了解之后,接下来一步就是要制定好一个完备的婚姻挽回方案。如果你还想要挽回家庭,那么你就不能硬来,所谓"一哭二闹三上吊",只会加快你离婚的速度。只有对症下药,才能治病救人;有的放矢,才能挽回婚姻。什么叫有的放矢?就是根据你们的婚姻质量分析结果,针对较差的指标加以改善,使之达到正常的状态,这就叫有的放矢。婚姻挽回方案有的是和风细雨型的,也有的是暴风骤雨型的,无论哪一种方案,关键点是要挽回对方的心,而不是束缚住对方的身体。谋定而后动,才能稳扎稳打,临危不乱。

  我帮助过很多人制定不同的夫妻婚姻挽回方案,惠琴就是其中一个很典型的例子。婚姻挽回就像上阵打仗,行军布阵之前,要做到知己知彼,才能百战不殆。所谓知己,就是要知道自己跟爱人的夫妻关系到底哪里出了问题,婚姻质量到底如何。所谓知彼,则是要了解对手的实力,你的爱人为什么想和他(她)在一起?他们图什么?处于什么阶段了?他们的死穴在哪里?对方是白领还是风尘女子?有家庭还是没有家庭?等等。

  从总体上来说,"知己知彼"只是打一场胜仗的必要条件。要打一场漂亮的婚姻保卫战,首先,从态度上来说,要旗帜鲜明地反对小三,绝不能得过且过;其次,就是要知己知彼,保留自己的优势、向小三学习,从而师夷长技以制夷,并且把握住对方的弱点,使其能够主动去权衡离婚的利与弊,做到"不战而屈人之兵";再次,要让对方对"婚外情"这个东西有更深刻的认识,常用的方法有"走进暴风雪"和"换位实验";最后,如果形势大好,则要"且行且珍惜"。一旦对方破罐子破摔非离婚不可,则可以与"试结婚"一样,先选择"试离婚",到了实在迫不得已的时候,不如就选择大度地放手,给对方也给自己一个解脱。

  有一次,我的一个朋友向我炫耀她漂亮地赶走小三的故事:她叫亚婷,这一天,亚婷正在家里搞卫生,门铃突然响了起来。亚婷打开门,一位打扮时髦的年轻女子说:"你就是王朋的老婆吧?哼!我告诉你,他现在爱我爱得死去活来,你们赶快离婚吧!"

亚婷听到这句话怔了一下。平时因为工作关系,她经常和我讨论有关"婚外情"的问题,没想到,今天这本来只作为谈资的桥段居然上演在自己家门口。幸亏经常跟我讨论,她马上恢复了冷静,心里想起"婚姻挽回方案"的第一步:旗帜鲜明地反对小三。但是怎么个反对法呢?肯定不能在家门口和这个女人脸红脖子粗地大吵一架,不光邻居听到看见了不好,对自己来说,费力之余还效果泛泛;也肯定不能在老公回家之后大闹特闹,不然老公不仅觉得没面子,还会觉得自己特烦。亚婷脸上泛起一丝浅浅的笑,就像妈妈看到孩子活捉了只螃蟹,跟自己邀功请赏来了。她说:"哟,是您啊!上门皆是客,里边请吧!"这下轮到这位年轻女子怔住了,不速之客就这样被亚婷恭恭敬敬地请进了屋。

两个女人面对面地坐在沙发上,透过茶几上两杯新茶冒起的雾气,亚婷仔仔细细地打量着这个自称是自己情敌的女人。亚婷的脑子里一连闪过三个念头:一、老公没有告诉我这个女人的存在,证明他还在乎我这个妻子和这个家,他并不想对我们的婚姻怎么样;二、这个女人未经允许来家里闹,她打乱了老公的步骤,肯定会招致老公的反感;三、这个女人这样贸贸然地闯过来,说明她心里着急,她的思绪是乱的,这就进一步验证了第一点的猜测。

于是亚婷发话了,脸上始终挂着那丝浅浅的笑容:"说句话您别失望,像您这样来我家的,我已经见过不少了。您不是第一个,也不会是最后一个。但是,据我观察,王朋的品味最近下降了。"这位年轻女子刚刚在门口听了亚婷的话被怔了一下,现在听到亚婷的话更是怔得嘴巴都合不上,刚才那股盛气凌人的劲儿顿时烟消云散。亚婷话中有话:王朋有过这么多情妇,哪个不是过眼云烟,你跟她们都是一路货色,唯有我,一直稳坐在王朋妻子这个位置上,不可撼动。等她反应过来,提起包起身扭头就走。亚婷急忙拦住了她:"别走啊,来都来了,王朋马上就回,见个面再走吧。""第三者"哪还有心情再闹下去,很快消失在房子外。听到大门"砰"地一声关上,亚婷瘫坐在沙发里,心中百感交集……

等王朋下班回来,亚婷装作什么都没发生,依旧为他准备了一桌丰盛的晚餐。饭后,亚婷淡定地把白天发生的事都告诉了王朋,并说:"我知道她有她的好,我有我的缺点。但我也有一个很大的优点,就是我性子好,遇事不急躁。你觉得我有哪点不如她,你就提出来,我愿意改变自己。"还从柜子里拿出两人的结婚证以及房产证等共有财产证明,接着说:"这里面有你的一半,也有我的一半。如果你觉得她值这么多的话,咱明天就离婚去;如果你觉得不值,就尽快把她的事情处理完,咱们今后日子照过,且行且珍惜,这件事再也不提。"王朋听了亚婷的这段话,虽然对小三找上门来非常惊讶,但更惊讶于亚婷对待自己的态度。就从这点来说,自己的老婆亚婷显然比小三更成熟,更适合自己。但那个小三才跟他待在一起三个月,新鲜劲儿还没过,要王朋直接放弃,不跟她联系,他又有些舍不得。不过亚婷厉害就厉害在她一下子拿出了所有的财产证明。王朋要想离婚,这共同财产他眨眼间就得丢失一半,加上他是过错方,还得给亚婷赔一大笔钱,王朋一时愣在桌前不知道该说些什么。

亚婷看王朋没有说话,就再加了一句:"要是你还没有想明白,我可以给你一个月的时间,让你好好想一想,我和她,到底谁对你来说更重要。这一个月你可以选择跟她一起过,毕竟你们在一起没有多长时间,趁这一个月你正好可以看一看她到底是不是像你想象中的那样好;当然你也可以正常过日子,自己留心留心,看一看在这个家里你到底需要什么,而我到底能给你什么?"王朋听到这里,叹了一大口气,默默地把一本本证件放回原处,拥抱着亚婷说不出话来。

在这个故事里,聪明的亚婷用她的智慧挽回了老公的心。在这场婚姻保卫战中,没有无休无止的争吵,没有咄咄逼人的质问,也没有呼天抢地的抱怨。亚婷采用了我之前制定的"婚姻挽回方案",不仅给足了老公的面子,而且让老公理智地看清楚了这个家庭共同面临的危机。亚婷给老公深刻地分析了"选择她"和"选择小三"的不同结果,让老公明白两种结果各自的利弊,再从财产分配角度将了老公一军,使老公不得不"弃卒保车",主动地回归家庭。

婚外情问题源远流长,根深蒂固。其实,婚姻保卫战,面对的不是具体的第三者,面对的也不是你口中所谓的"狐狸精""贱货"。我们面对的,是上下五千年的封建残余,它还在阴魂不散地荼毒我们的思想。

当今,婚外情形势严峻,不需要本律师来危言耸听。谁否认,谁就是欺骗自己。谁藐视第三者,就是对家庭的亵渎、对孩子的侵犯、对自己感情和爱情的不负责任。

遵从以上几个步骤,从夫妻关系、配偶和小三的关系两方面双管齐下,必定能有奇效。如果最后仍没有成功挽回,也不要太过自责。也许对方真的遇上一个比你更适合他的人,亦或他不是最适合你的人,世界偌大无比,何愁没有安身之所!

三个人的房间

张爱玲在小说《红玫瑰与白玫瑰》中有一段经典的比喻：也许每一个男子全都有过这样的两个女人，至少两个。娶了红玫瑰，久而久之，红的变了墙上的一抹蚊子血，白的还是"床前明月光"；娶了白玫瑰，白的便是衣服上的一粒饭粘子，红的却是心口上的一颗朱砂痣。也就是说，无论娶了怎样的女人做妻子，久处之后，总难免心生厌倦。两个人的屋檐下，他总是想方设法要让另一个人挤进来。

怎奈三个人住在一个房间里，感觉有点挤。

起初，房间里只住了两个人，恩恩爱爱，举案齐眉。不知何时，你开始觉得这房间里的气氛变得怪怪的，但真要你说到底哪儿怪了，还真说不出个所以然来。后来，你终于发现，原来两个人的房间里多了一个人，老公将她藏在身后，本不想让你看见。这一天终于露了马脚，被你一把揪住——你眼睁睁地看着自己的老公跟别的女人打情骂俏，在自己面前却是一副死人模样。是可忍，孰不可忍！顿时气就往头上冒，血就往头上涌，恨不得把这两个东西狠揍一顿，扔出去算了！

对于这样的行为，本律师认为：士气可嘉，万勿冲动！但是，你可能就要问了：难道我就只能忍不成？

不！第三者，绝不能容忍！中国人讲究礼让、和谐，坐个地铁，五个人的位置可以六个人挤一挤；但是，婚姻绝不能"挤一挤"。你若不把她挤出去，最后她就要把你挤出去。不鲜明地表达你对小三的反对态度，就等于告诉老公一个信号——你可以接受他有小三。你越是容忍丈夫的胡作非为，他就越敢为非作歹，就像温水里煮着的青蛙，到了最后他说一是一、说二是二，你永远没有反抗的余地。所以，必须旗帜鲜明地反对小三！

小兰是我的一个委托人，她知道自己老公有婚外情的时候，老公跟小三在一起已经大半年了。她很奇怪，怎么这么久了自己什么都没感觉到呢？

直到有一天晚上,闺蜜给她发了张照片,说下午在五角场看到她老公跟一个女人暧昧。她本来心里正奇怪呢,怎么老公最近总是这么忙?忽然间才意识到,老公可能有了婚外情。那天晚上,老公回来的时候小兰已经睡了。她迷迷糊糊感觉到老公在她身边躺下,身上带着一股陌生的香味,小兰随口问了一句:"晚上去哪了?这么晚才回来。"

"加班。"老公说。

"怎么又加班呀?"小兰又问。

"公司最近新签了个大单子,事情多。"老公说完就躺下了,一动不动地像个死猪一样,很快就打起了呼噜。

第二天正好是周末,吃完了早饭老公立马就要出去。小兰跟老公说:"你坐下,我有事跟你说。"

"啥事啊?回来再说,我去一趟公司,要晚了。"老公有些不耐烦。

"公司,公司,每次问你去哪,你都说公司,每次问你干什么,你都说加班!工作时间不知道在干嘛,下班倒要干活了!"

"我工作时间怎么啦?你去我公司问问,哪个没看到我天天忙的!"老公的脾气上来了。

"哼!我问你,你昨天下午干嘛去了?"

老公顿时愣了一下,但他马上说:"下午我在公司干活啊。"不过语气已经比之前软了很多。小兰默不作声。老公趁此机会,赶紧逃了出去。

小兰窝在床上哭了一上午,下午一个人坐在电视机前,遥控器按来按去,迷迷糊糊地看一阵,睡一阵。好不容易捱过了白天,她没有做饭,也没有开灯,一个人躺在床上。

毕竟小兰没有证据。老公自己没说,小兰也不好当面说什么。小兰只好三天两头地查岗:"今天去哪了?去干什么?跟谁去的?……"明知道老公是骗她的,小兰也拿他没办法,日子就一天一天这样过下去。

其实小兰忍得心里难受,老公也不好过。在小兰面前老公要说谎:"我今天是跟兄弟喝的酒!""她只不过是一个朋友啊!""我早就跟她撇清关系了!"在小三面前也要说谎:"我爱的是你,我早就跟她没有感情了!""离婚!我这就去准备跟她离婚!""还要再等等,这边贷款问题还得一阵子。"要是一句谎话漏了底,得用一万句谎话去打圆场,这边得装,那边得躲,活得人不像人、鬼不像鬼!

而小三也没好到哪里去:他怎么还不离婚?哎呀,我在他心里的地位不会还是没有他老婆高吧?他老婆烦死了,就是不肯离婚啊!怎么搞的!

三个人的房间里,谁过的都不舒服。到了最后,有的男人坚持要离婚,就是觉得自己太痛苦了。整天偷偷摸摸地瞒这瞒那，谁愿意做鬼？都要做人！"地下党"的日子不愿意过下去了，干脆光明正大地过。

而小兰却慢慢地习惯了，儿子才4岁，她是不可能跟老公离婚的。跟老公冷战了几个月，有一天小兰终于投降，她哭着跟老公说："你以后别在外面了，早点回来好不好？"老公本来被小兰管了几个月，管得浑身不舒服，她突然这么一服软，还真被打动了。老公知道婚外情本身就有问题，感动之下就什么都告诉了小兰。但他跟小兰说，要给他一段时间，让他"妥善处理这件事情"。

小兰一看老公回心转意，激动得要从椅子上跳到天花板上了，老公说的话她想都没想就答应了。她得意洋洋，想着："你那个狐狸精终于可以给我滚出去了！"可是她从没想过，自己太傻太天真了。老公刚跟小三见面，小三就感觉出有些不太对劲，娇滴滴地对他诉了一阵子衷肠，立马把老公搞得妥妥的。小兰在家里痴心等待，老公却跟小三日渐升温。一段时间过后，小兰突然意识到事情一点都没有变好，老公反而天天往外跑了。

小兰一下子傻了眼，现在已经不奢求老公回到自己身边了，只期望自己和孩子在老公心里比小三更重要一些。所以老公一回来，小兰就一把鼻涕、一把眼泪地缠着他，说你看我们孤儿寡母怎么怎么的。这还能好？老公好不容易回来一次，每次回来都看到小兰像个黄脸婆一样哭哭啼啼的，越来越心烦。终于有一天，他受不了了，吃饭的时候大碗一挥，说："我们离婚吧。"

这个案例告诉我们，一旦发现婚外情的存在，必须要旗帜鲜明地反对小三！只有让对方意识到他正在面临一个选择："小三和家庭之间，他只能选择一个。"才能不拖泥带水，使状况越来越恶化。

但是，光表达态度是不够的。表达了态度之后，你就得对自己做些改变，哭哭啼啼是没有用的，只会增加对方的厌恶感。在对自己的婚姻有了充分的分析，对小三的背景有了足够的了解之后，你就得知道，你们夫妻关系的问题到底出在哪里，小三到底哪里吸引对方，从而有针对性地对自己作出改变，去修补你们的夫妻关系。

有所为有所不为

万里晴空一声雷,突然发现老公有了婚外情。大部分人脑袋里的第一个抉择是:这个老公我还要不要?女人往往嘴上说不要了,潜意识里还是要的。等到真跟他离婚的时候,又往往狠不下心来。

心里想想老公还是旧的好,一旦做了抉择,那就要考虑怎么把老公抢回来了。怎么把老公抢回来?很简单:要"拉",不要"推";做正确的事,不要糊里糊涂帮了小三一把。很多人可能会觉得这是句废话,但其实很多案件,就是因为当事人自己没有正确面对小三问题,导致最后真的离了婚,并促成老公跟小三的结合,让人啼笑皆非!

那么,什么叫作"正确的事"呢?

首先,我们要明确一点:老公不是你的!

很多女人可能又要说了:"老公不是我的,难道老公是小三的啊?"你之所以会说出这样的话,是因为你看待这件事情的态度、观念本身出了问题。很多情况下,你选择何种态度、何种观念,就会决定你有什么样的感受、会做什么样的事情。更长远地看,将会导致你们的婚姻朝哪一个方向发展。

比如,一个女人把老公的婚外情理解为"背叛",她在潜意识里就隐含了一种观念:老公就是属于她的!他的身体是属于她的,他的生命是属于他的,老公的性爱当然也是属于她的。老公不属于她,那还叫"她的"老公吗?老公不属于她,那他们结个大头婚啊!总而言之,老公有了婚外情,就是老公把属于她的东西偷出去给了另外一个不要脸的女人,老公就是一个彻彻底底的叛徒!

事实上,很多心理学家认为,婚姻只是获得彼此心灵分享的权力,而非彼此身体所属的权力。《中华人民共和国宪法》第37条规定:公民的人身自由神圣不可侵犯!

每一个公民都是自由的,男人的身体,并不是女人的占有物;女人的身体,也同样不是男人的占有物。男人身体出轨的时候,心灵也肯定出轨了。你约束不了他的身体,但你可以约束他的心灵。

如果你认识到这一点,那么问题就解决了一半。婚外情引发的婚姻危机,主要看被动方采取了何种联想。如果把婚外情看成"老公不爱我了",那么女人的失落感就会很强。因为,这里隐含着"老公只能爱一个人"的假定。事实上,老公很有可能同时爱着你和她,把原来整个交给你的心灵,偷偷给了别人一点。我们要面对的就是:如何把他交给别人的那部分心灵给要回来,再好好保管,不让它再次丢失。

那么,怎样才能把他交给别人的那部分心灵再给要回来呢?婚姻,是有生命的,不能说放弃就放弃。关键是要让女性激发男人内心的善。不是要谴责他,甚至逼迫他,把他的心灵"推"得远远的。而是要从心理学的角度扰动他的心灵,把他的心灵给"拉"回来,这才算得上是"正确的事"。

我们以女人为例,一旦女人发现老公有了外遇,主要分为两大步:

第一步,有几个思想禁区绝不能进。一旦进入了这种禁区,你的所作所为就会被你的错误思想所控制,不仅不能将老公顺顺利利地拉回来,反而夫妻俩越走越远,最后只有离婚。

一、老公是自由的,老公不是你的。

二、女人不要认为老公发生婚外情就是不爱她了。

这两点前面已经说过,此处不再提了。

三、不要认为这么多年来的生活全是欺骗。

没错,老公的确曾经跟你海誓山盟:"让这枚戒指的纯度,来见证我们的天长地久!""爱到海枯石烂,地老天荒!""山无棱,天地合,乃敢与君绝!"老公的确答应你"永不变心","绝不会爱第二个人"等。所以老公一旦不忠,你就认为他就是在欺骗你!他从一开始就在欺骗你,这么多年的爱情都是假的!这个想法一旦演绎下去,会产生怎么样的结果呢?"天呐,这个禽兽他骗了我这么多年啊!他怎么不去死啊!我一巴掌把他扇到埃及去啊……"后果不堪设想。

但其实,这个男人当时说的话,我敢保证他说的时候百分之百是真心实意的,他在跟你发誓的时候百分之百是爱你的。但是,就算你完美无缺,喜新厌旧也是男人的本性。时过境迁,男人常常把他之前许下的诺言都抛到九霄云外,而女人却因为当初感动而久久铭记。

男人恋爱时,挂在嘴边的话是"我爱你,真的"。女人结婚后,最常问的话是"你还爱我吗?说真话!"为什么会这样呢?难道男人真的一个都靠不住吗?其实并非如此。

男人是视觉动物,而女人却是听觉动物。所以女人特别喜欢听男人说好话,男人在追求女人的时候,为了讨女人欢心,自然不能用他自己的一套来表达他的真心实意,而是会刻意地加入一些甜言蜜语,如此才会感动到你。但是结婚以后,男人就开始懒惰了,好话开始不说了,毕竟用一种不是他天生就会的方式来讨好你,是一件很累的事情。于是有一天女人终于"醒悟",大声感慨:"天是蓝的,海是深的,男人的话没一句是真的;爱是永恒的,血是鲜红的,男人不管是不行的;男人如果是有钱的,和谁都是有缘的;男人的话靠得住,母猪都会爬上树!"

说穿了,女人之所以觉得男人靠不住,就是因为女人太喜欢听男人说好话。其实,他曾经说了什么,并不重要,重要的是他对于这个家庭和对你究竟付出了多少。平时如此,婚外情发生的时候更是如此。他曾经说的那些话,就算婚外情没有发生,其实也未必做得到——他就是不爱别的女人,他也会爱别的东西:爱事业、爱游戏、爱摄影、爱画画……很多东西都可以把他吸引过去。他曾经的许诺,只代表过去这么多年他的确是爱你的,他并没有骗你!现在他有了婚外情,只不过是用一种比事业、游戏、摄影、画画更吸引你眼球的形式来告诉你:你的老公跟你之间出了问题,也许他现在不像以前那么爱你了。

四、不要认为自己很悲惨。

有的女人觉得自己为这个男人生儿育女十几年,付出了这么多,牺牲了这么多,结果老公有了婚外情,自己真是悲惨透了。怎么办?她就开始愤怒、开始抗争,要跳起来把老公打一顿、把小三打一顿,"我过不好你们也别想好好过!"等等。

我想有一件事情大家很明白:所有人都喜欢优雅、大度的女人,没有人喜欢泼妇。你越是闹,就越讨人厌,老公就越不可能回到你身边来;相反,若是你优雅处之,大度地给老公一个私人空间,让他自己解决,却也不让他一手遮天、瞒天过海,反而更容易让老公领略到你的魅力,最后浪子回头。

婚外情,的确是一个伤害。如果婚外情没有处理好——也许她身在其中,本人观察不到——婚外情带来的后续伤害将是无穷无尽的。有时候在整个过程中,女人之所以那么痛苦,都是她自己思维的责任,是自己对自己的伤害,自己折磨自己。如果她换一种态度、换一种观念来看待这个问题,就会简单得多。

解决了思维问题之后,就是第二步:行动,也就是"怎么做"。怎么做?简单地说,"三要五不要"。首先来看"五不要"。

第一,不要纠缠在这件事情上。

怀疑老公有婚外情,女人一般都想找到更可靠的证据,忍不住要去证实。这样的关注一旦发生，你就会发现老公的确有很多可疑的地方，本来不是因为婚外情而产生的动作也变成了婚外情的证据。从而自己心灰意冷，觉得这个婚姻再也难以挽回了。爱情就像一壶白开水，不经常煮一下，它就会变凉；经常煮吧，它又会渐渐蒸发，最后空空如也。

如果，真的察觉到老公有婚外情，不妨先搁置一下。最好坦诚地把你内心的担忧告诉他，观察一下他的反应，看看对方现在到底是个什么想法，而不是大吵大闹。不管对方说什么，都要说服自己相信他。不要追查他的行踪，不要乱翻他的东西，不要查看他的手机。一旦里面有些暧昧的话，这都等于是自虐。

我在《婚外情的春夏秋冬》里曾写道："想要解决婚外情，就要对它所处的发展阶段做出一个精确的判断，在不同的阶段采取不同的解决方案。"婚外情的"夏季"是最为热烈的时候，这时候他是宁死不屈，天王老子都不怕，你很难在这个时候打断它。如果你非要强攻，只怕会适得其反。如果老公的婚外情正处于这个阶段，最好的对策是静观其变，不要纠缠。往往半年之后，男人的婚外情到了秋天，他们会更多考虑自己婚姻的利益、家庭的利益，这个时候才是你出击的好时机。男人的家庭观念，有时候不比女人少。

老婆一发火，男人就得躲；老婆一发飙，男人就悄悄；老婆一发福，男人就失足；老婆一发财，男人就下台。好多老板有了婚外情后不敢回家，为什么？就是怕太太哭和闹，结果只能开着车在街上溜达。溜达到半夜一两点钟才回家，那时再激动的老婆也睡着了。如果两点回家，老婆还要闹，那么，小三的家就是该去的地方了。

第二，不要去找这个小三，尤其不要攻击这个小三。

对于小三，不找难受，找了更难受！本来两个人非亲非故的，没必要见面。一旦见了，老公就开始紧张了。老婆说了什么？小三说了什么？他全都想知道。

有的老婆会骂老公："你怎么跟档次这么低的人在一起！"等等，这不仅是在攻击小三，也是对老公口味的贬低、人格的贬低。就算他原来是更爱老婆的，或者对妻子是内疚的，而老婆这一吵一闹，就激起了他的愤怒，消解了他的爱，抵消了他的内疚感。冷暴力，就此开始出现。

第三，不要到处宣扬。

男人永远是个社会动物，对自己的社会形象比较在意，对于有损他社会形象的行为，他都有较强的自我保护意识。一旦女人将老公有婚外情的事搞得众人皆知，为避免别人说他道德败坏，他反而会编故事，说自己早不爱自己的老婆，他跟老婆的结合是为形势所迫，并举出种种不是例子的例子，证明跟这个女人的婚姻是痛苦的，并主动提出离婚，以证明自己才是受害者。

何况，我们的文化也说"没有爱情的婚姻是不道德的"。为了得到单位领导的同情，为了保证自己的仕途，他们往往会扮演一个不得已而为之的可怜人。尤其是国家干部，一旦发生婚外情，为了保持官声清白，往往假戏真做，最后选择离婚。

第四，外人不能告诉，熟人也少说为好。

熟人也要少说为好，尤其是自己的爸妈绝不能告诉。否则老公一旦日后悔改，你爸妈知道了他有过婚外情，还怎么去你家？

婚外情毕竟是夫妻隐私，亲人不能说，更不要传播到单位。有的人到老公单位去闹，向他的领导举报，要领导管管自己的老公，或者让他出出丑、丢丢脸，给他一个教训。这些行为不仅不能挽回老公，是无效行为，更会把老公推向小三那边。更何况，老公当众丢了脸，事情传出去，给孩子也会带去更大的伤害。我们的所作所为，关键是要分清楚自己目的和自己行为之间的关系，明确自己究竟想要什么。

第五，不要对老公低声下气、委曲求全。

有的老婆，老公有了婚外情，就哭哭啼啼，按照小三的样子来打扮自己。这样东施效颦，只会让男人更看不顺眼。一个没有能力照顾好自己的女人，必定要被"重新洗牌"，绝不会跟老公"比翼双飞"。你只有表现出独立生活的能力，先把自己照顾好了，有了自己的追求，老公才会觉得跟你一起生活是愉快的。

再来看"三要"。

第一，要反思自己、了解小三。

没错！老公有了小三，你也得反思！反思什么？

你的老公和你离心离德了，为什么直到老公有了小三，你才注意到？

为什么他会去找小三？是不是自己身上缺少什么？是不是自己忽视他的感受了？是不是自己的个性太强没有注意？

……

还有什么东西能让你这样关注婚姻？一味地占领道德制高点、指责对方，对解决小三问题没有任何帮助。还不如冷静地了解小三、分析小三，做到知己知彼；再把小三真正的能耐借学过来，"师夷长技以制夷"。

老公为什么想和她在一起？他们图什么？我之前说到"婚外情，是对家庭的补充"，老公之所以有婚外情，就是婚外情里有他在婚姻里找不到的东西。既然婚姻里没有，你可以想办法让婚姻里有。找出老公跟小三在一起究竟图个什么，然后再加到婚姻里，婚姻自然就得到了弥补。

老公和她现在处在什么阶段了？他们的死穴在哪里？只有找准他们所处的阶段，才能够找好时机去拆散他们；只有找准他们的死穴，才能一击命中。

对方是白领还是风尘女子？有家庭还是没有家庭？对于小三的背景，必须做好功课。小三是风尘女子，那老公有可能只是想玩玩；如果是白领，还是一个有家庭的白领，不好，这个问题可能比较麻烦，要谨慎处之。了解小三的背景不仅仅可以发现小三的弱点，更能让你搞清楚老公的想法，知道他到底为什么会发生婚外情。

第二，要和老公两个人一起面对。

这一点在下篇《走进暴风雪》详细解释。

第三，要利用好脾气。

知道老公有了小三，女人都会发脾气。对老公有脾气，对小三也有脾气。有脾气是好事，但是，绝不能让脾气主导了自己的思维方式。

没错，道德是站在女人这边的，但是，不是绝对站在女人这边的。存在就是合理，要是你非要用一己之力来挑战"婚外情"这一存在，道德感到害怕，自己就先逃了。

怎么利用好你的脾气，如何利用好道德制高点的优势？首先，场面上不能发脾气，要在别人面前表现出自己对老公的理解，这样才能让老公感到自己是被尊重的，跟你在一起是有面子的；其次，脾气有发也要有收，不能长时间发脾气。男人都是调皮的孩子，孩子调皮了，怎么办？打！打一下，他认识到错误就够了，然后晓之以理，动之以情，唤醒他的善恶观。要是你不停地打，不停地发脾气，那就成了虐待，成了无理取闹！最后，夫妻之间，还是贵在理解，脾气要控制在理性的范围之内。也就是说：只有当你觉得此刻他被你骂了，他不仅不生气还会觉得非常解气，此时你才能骂他。要是你骂了他，他反而更生气了，两个人更加不能好好沟通了，你还何必要多此一骂呢？

发脾气，如果是为了解决自己的情绪问题，那就是被脾气控制了自己；如果是为了解决对方的情绪问题，那就是自己控制了脾气。当脾气控制了自己的时候，女人就是一个歇斯底里的笨女人，男人就是一个气急败坏的野怪兽，这两个东西碰到一起，难怪要离婚！

避开了三个思维误区，再加上这"三要五不要"的法宝，相信你一定能成为一个优雅、大度的女人。能不能把老公"拉"回来，可能还需要别的方法，但绝不会把老公"推"到小三那里去。那么，还有什么方法可以把老公"拉"回来呢？请看下篇《改变自己》。

改变自己

结了婚的人常有感慨:"对方教会了我很多事情。"婚姻让人在磨合中学习,在磨合中成长。事实上,每一个结了婚的人,都会成为另外一个自己。

两个走到一起的人,并不像上天事先分开的亚当和夏娃一样,能够毫无缝隙地贴合在一起。正相反,每个人由于生活环境、教育文化的差异,认识观念、行为方式也会有极大的差异。解决夫妻之间的文化冲突很有必要。要解决文化冲突,最为首要的就是整合文化。

什么叫作整合文化呢?整合文化就是要统一夫妻看待事物的观念,统一夫妻做事情的方式。简单地说,就是要求夫妻二人改变自己,把一个人生活的习惯改变成两个人生活的习惯,把和别人生活的习惯改变成和对方生活的习惯。用最简单的话来概括,就是:改变自己。

夫妻二人在正常的婚姻生活中需要改变自己。那么,当婚姻关系出了问题的时候,夫妻二人就更需要改变自己了。我多次提出:"婚姻有时候会通过婚外情来提示夫妻二人,他们的婚姻出现了问题。"婚姻中有了婚外情,就说明自己的认识观念、行为方式已经不再被对方认可了。几乎每一对因为婚外情而离婚的夫妻,配偶的性格和小三的性格都是互补的:妻子蛮横霸道,小三则必然温柔娇小;老公不懂风趣,小三则必然善于幽默;妻子长于持家,有时候却太过斤斤计较,老公往往找一个花钱不束手束脚的情人;老公做事井井有条,有时候却太过死板机械,妻子往往找一个圆滑体贴、善解人意的情人……因此,一旦婚外情已经发生,作为空守家门的那个人,就一定要弄明白自己的配偶到底喜欢小三什么特质。而这个特质正是自己身上所缺少的,然后再去改变自己,让自己变得更对配偶的胃口,这样才能为自己打赢这场婚姻保卫战增添筹码。

王萱从小在上海长大,父母亲是典型的工薪阶层,一个月万把块钱的收入,使得王萱从小就学会如何规划自己的零花钱，如何节约用钱以使效用最大化。因此结婚以后，王萱很自然地就接管了家里的财政规划大权。每个月到发工资的那一天，除去水电、煤气、房贷等一系列必扣款项，王萱就把自己跟老公赵杰剩下的工资分为4块：生活开支、意外存款以及两个人的零花钱。她严格按照规定，节约用钱，尽量把每一块的开支都缩减到最小，绝不超出预算哪怕一点点。

但赵杰却不是个紧巴巴的人。王萱每次给赵杰的零花钱都比给自己的多出一大截，但每到月底，王萱总是要从自己的零花钱里挪出一部分来补赵杰的缺口。生活上也是这样，当初刚买了房子，赵杰本想给家里来一个巴洛克式的装修，但在王萱的一再坚持下，才采用了极简主义的风格；餐厅里的冰箱是结婚时王萱淘来的二手货，几年用下来，已经罢工了四五次，冷冻室结霜现象也极为严重。赵杰几次嚷嚷说干脆去换个冰箱，但王萱总是以它还能用为由，没有买新的；工作之余，赵杰本来喜欢四处走走，而王萱却说出门在外必定要花许多钱，因此几乎从不出门……

赵杰有时候对王萱的这种"节约"非常反感，总觉得她已经节约到抠门，甚至吝啬的地步。但细细一琢磨，王萱又的确是在为这个家着想。赵杰每次质问王萱，为什么花起钱来就跟花了她的命根子一样？王萱就以余华《活着》里的那句经典台词作为回答："从前，我们徐家的老祖宗不过是养了一只鸡，鸡养大后就变成了鹅，鹅养大了就变成了羊，再把羊养大，羊就变成了牛。我们徐家就是这样发起来的。"王萱总说，节约才能致富！对于这样的回答，赵杰一时也想不出什么好的理由反驳，只能由着王萱做主。

直到有一天，赵杰的公司来了一个叫张兰的女人。张兰的性子大大咧咧，一杯48度的白酒说干就干。两个人本来没什么联系，但几次业务关系下来，不禁都有了好感。在赵杰看来，张兰在生活上没有王萱那么多小心眼儿。这里大手一挥，想买就买，那里多花了笔冤枉钱，亏就由它亏。三五点小钱张兰从不放在心上。但在大事上张兰却从不含糊，该花的钱无论多少都得花，而且好钢用在刀刃上，每一笔钱都能花出它的价值来。不像王萱，有时候贪小便宜省钱，却买了个冤枉货。从这一点来说，赵杰平时就喜欢跟张兰待在一起，哪怕走在路上，也不觉得自己是弯下腰来做人了。

之前几次业务中，赵杰受到王萱的影响，请客户吃饭都舍不得多花点钱挑个方便说话的地方。都是张兰的主意，才使得最近几批客户的订单成交率拔高了一大截。而且张兰善用"感情投资"。为了拉拢客户，常常约他们一起做做健身、喝喝茶、聊聊天，使得本来成交一次的客户时不时地回头来找张兰下订单。也是在张兰身上，赵杰学到了许多绝招。

有一次，两个人签了笔大订单，张兰就约赵杰晚上一起逛街。本来是赵杰陪张兰买衣服，但逛着逛着，张兰就被一套男式西装给吸引了。张兰要赵杰试一试，看看合不合身。赵杰拿起标签牌一看，就吓得直咋舌，连忙摆手说："不试了，不试了。"张兰一再要求说，只不过试一试，看看他穿起来好不好看，不花一分钱，又不是非买不可。赵杰这才勉强进了试衣间。赵杰换了衣服，从试衣间走出来的时候，张兰的眼睛瞪得简直像灯笼一般大，止不住地夸赞。张兰在狠狠地夸了一阵后，眼见赵杰仍然没有想要买下的意思，就让赵杰把衣服换下来，再去别处逛逛。就在赵杰在试衣间脱下这身西装的时候，张兰三下五除二地刷了卡，买下这款崭新的西装。赵杰刚走出试衣间，张兰就把一个装着这套2万多块西装的袋子递到了他的手上。赵杰一下子就傻了眼。想想自己跟王萱结婚将近10年，王萱给自己送的最贵重的礼物不过是一个100块钱出头的保温杯；而从自己所拥有的第一套西装开始算起，最贵的一套西装也不超过1500块，还不到张兰送给自己的这套的一个零头。赵杰的心里顿时感到一股酸涩，觉得跟王萱一起生活实在是太沉闷了。

也就是从这套西装开始，王萱知道赵杰跟张兰的关系非同一般。好在王萱还没有糊涂到家，一发现赵杰可能有了婚外情，自己又没有办法独立解决，就找到了我，让我给她出出主意。这样的夫妻我见得多了，自然也知道在这种情况下，王萱如果不改变自己"抠门"的性格，这段感情就算是走到头了。

勤俭节约的确是我国的传统美德，但勤俭节约过了头，就变成了"抠门"。这门要是抠多了，不仅自家安全不保，路人见到了也不好看。在我的开导下，王萱渐渐明白了节约不等于抠门这个道理。从换掉家里的电冰箱开始，时不时地给赵杰送些小礼物，工作之余陪他四处走走，一点一点地改掉了"抠门"这个坏习惯。一年下来，赵杰再也不觉得跟王萱一起生活沉闷了。

常言道："当局者迷，旁观者清。"有时候自己婚姻出了问题，往往不知道病因何在，无从下手，这时候就要寻找外界的帮助。王萱也是一个聪明人，我在跟她交流了几次之后，她立刻明白了自己的问题所在。她深刻地反思了自己生活方式的优缺点，并在家里请赵杰的几位要好同事（当然包括张兰）吃了一顿饭。王萱聪明就聪明在她请客吃饭吃的压根儿就不是饭。席间，她仔细地观察了张兰，从她跟别人的言谈举止中发现了许多她比自己优秀的地方。为了让赵杰回心转意，王萱痛下决心，不仅改掉了自己"抠门"的坏习惯，还学会了如何把该花的钱花出去，获得事半功倍的效果。

当然，一对夫妻感情有了裂痕，问题不一定出在生活习惯上。老公讨厌你从不梳妆打扮、衣服土气难看,你就要从外形上改变自己;老婆厌恶你暴饮暴食、不知运动,你就要从身体上改变自己;老公气愤你晚睡晚起、吃饭随心所欲不按时间,你就要从作息上改变自己;老婆觉得你保守顽固、没有冒险精神,你就要从思想上改变自己;老公反感你动不动就生气、脾气暴戾乖张,你就要从性格上改变自己;老婆悲痛你整天只知喝酒唱歌打麻将、只知享乐而不思进取,你就要从灵魂上改变自己……只有"改变自己",才能使一对夫妻已经开始分离的认识观念、行为方式重新回到统一战线上来,只有"改变自己",才能弥补夫妻感情的裂痕。

你,愿意为了你的老公或老婆,而改变自己吗?

走进暴风雪

婚外情是场漫天飞舞的暴风雪:来的时候飘飘洒洒、美丽炫目;走的时候狼藉残红、飞絮濛濛,遍天下残枝败叶、狼狈不堪。

有的人对婚外情恐惧不已,婚外情还没有到来,就千提防、万提防,生怕老公出了事。顽皮而不懂事的孩子,看到美丽的暴风雪来了,会拼命地往里冲;而后面看着他的母亲,却总是为他瞎担心,自己什么也不会做,却怕他在里面受伤,甚至被狂风卷走。

许多人第一次发生婚外情,就像那个顽皮而不懂事的孩子一样,也不看清楚人家到底是孔雀公主还是白骨精,只见到一张漂亮的脸蛋,就觉得爱得不得了。结果人家轻轻松松把你骗进洞里,摇身一变成了个大蜘蛛,你才知道自己误入圈套。

我有个委托人,莫名其妙喜欢上一个"三陪女"。但凡"三陪女","从良"是她们永恒的主题。那个"三陪女"为了他,把工作也辞了。白天他出去工作的时候,她就睡睡懒觉,做做美容。晚上就在家里陪着他,给他做饭、按摩,陪他聊天,陪他玩。这个委托人年纪轻轻,工作倒是很不错,两个人的生活他完全负担得起。这个"三陪女"确实很漂亮,他很喜欢这个女人,又觉得这个女人既不贪他钱,也不贪他别的,就是死心塌地地爱他,于是脑袋一热,就想跟老婆离婚了。

他跟我说:"我真的非常非常地爱她,为了她,我工作都可以不要。"我就问他:"你工作不要了谁养你们?难不成要她来养?"他低下头,手指在裤子上抠来抠去。

我让他把他的老婆也找来,当着他们两个人的面跟她老婆说:"你们的婚姻碰到暴风雪了,不过也不是什么大不了的事。但是现在他想要离婚,你想离婚吗?"

她老婆表示不想。于是我就跟老公说:"作为男人,你为了一场风花雪月的事情,敢于冲破一切阻碍,有冒险精神,这个我可以理解。但是作为老公,你也有家庭的责任,孩子才两岁,他们母子俩怎么办,你想过没有?"他又低下头,开始抠裤子。

　　他不说话,并不代表他愿意放弃那个小三。我跟他老婆商量了一下,说她老公只是第一次经历婚外情,谁第一次经历,都会跟他一样茫然不知所措。然后我就给她出了个主意,她听完之后吓了一跳,我跟她说:"舍不得孩子,套不着狼!"过了老半天,她才问:"行不行啊这样?"

　　行!怎么不行!我跟那个委托人说:"你现在正在兴头上,我也懒得说你,不过你千万别急着下定主意。你先去玩吧,后面的事情我帮你解决。"他老婆坐在一边忐忑不安地看着我,我朝她笑了一下,跟她说没事的。那个委托人也睁大了眼睛,一会儿看我,一会儿看他老婆。他老婆安慰他说,她理解他现在的心情,无论发生任何事情,她都愿意给他一次机会,跟他一起去面对。

　　反正他们怎么说都说不过我,就先回去了,不过老公跟老婆没回一个家。老公一回到那个女人那里,就像一个好几年没见过女人、刚刚放出来的犯人一样,抱着那个女人亲了又亲。老婆那里他一个月没去过,所有的社交活动全都取消,下班时间一到,野马一样地从单位冲出来,急不可耐地冲回那个女人那里,一直到晚上2点,才把房间里的灯关掉。

　　过了一阵子,我给他打电话。我没问他跟那个女人在一起开心不开心,刚开始搞婚外情,还在热恋嘛,当然开心。我问他:"你敢把她带出去吗?"他说:"家里附近没什么问题。"

　　我又问他:"你敢带她跟朋友一起玩吗?"他那边没有声音了。

　　我再问他:"人家要是问起点什么,你能说吗?"他还是没有声音。

　　又过了一阵子,他给我打电话。我问他:"玩得开心吗?"他说:"开心。"

　　我又问他:"真的开心吗?"他说:"其实也就那样。"

　　我再问他:"玩了以后,你觉得她跟其他女人有什么区别?"他那边没有声音了。

　　我接着问他:"要不要再换一个玩玩试一试?"他还是没有声音。

　　最后,他跟我说,他觉得他还是不离婚的好。没过几天,他老婆给我打来电话,我刚把电话放到耳边,里面好大一声:"周律师!"把我耳朵都要震聋了!

　　哼,这个女人,我帮她把老公给"拉"回来,她说我"老谋深算"也就算了,末了还加了句"老奸巨猾"。我也懒得跟她计较,我跟她说,你们不过是第一次遇到婚外情,第一次走进暴风雪罢了。

第一次见到暴风雪的时候，人们往往把它想得很美丽，但其实时间一长，他们就会知道，再美丽的东西也有它的缺点，暴风雪再美丽，其实也不过如此。人也是这样，几个月天天跟一个人黏在一起，时间一长，这个人哪里有缺点很容易就看出来了。

这个"三陪女"的确小鸟依人，三句一崇拜，五句一跪舔，我的这个委托人自然成就感爆棚了。但是他也不想想她为什么小鸟依人？她一没家，二没钱，第三连个亲人都没有，浮萍一样地抓到你，肯定把你抱得死死的！

越是小鸟依人的女人，对男人的依赖感就越强。她自己又不会工作，整天待在家里等你下班，这样的爱情就算熬成了婚姻也不会长久。等到这个委托人自己意识到这一点，自然就愿意离开小三，回到妻子身边了。

暴风雪不可怕，可怕的是第一次见到暴风雪，一个不小心，把持不住，就会身陷其中。遇到暴风雪，夫妻双方一定要头脑冷静，双方互相理解，共同面对。其实当事人也没有必要非要逃避，有时候甚至可以系好安全绳，走进暴风雪中去看一看究竟。亲眼看清里面：花还是花，草还是草，只有泥沙满天刮的时候，走进暴风雪的人自然就退了出来。见过一次暴风雪的人，等到下一次暴风雪再出现的时候，也能作出很好的预防。

所以，提醒广大婚姻中的同胞们，遇到暴风雪，千万不要迷恋它华丽的外表，要记得：花还是花，草还是草，只有泥沙满天刮！

换位的实验

老公天天不回家,回家就吵架?
老公孩子也不管,人也找不到?
老公被迷昏了头,独自在家眼泪流?
既然他这么不照顾你的感受,不如就强行让他也来体会一下你的感受吧!

秋莲的老公在外面找了一个小三。一开始还忌讳老婆,偷偷摸摸地跟人幽会,每次出门都要请示,说:"今天几个朋友一起聚一下,我晚点回来好不好?"后来胆子越来越大,直接撂下一句:"我今天晚上不回来了!"门一摔就走,把秋莲一个人扔在家里。

其实没过几次,秋莲就隐隐约约猜到,老公肯定是在外面有了该死的小三。她还知道,老公肯定知道她知道他有小三。秋莲心急火燎:自己已经辞了工作,要是老公再玩火上了瘾,有一天突然要闹离婚,那自己的生活岂不是像浮萍一样飘摇不定?但是担心归担心,要她一下子跟老公把这件事情放到台面上好好谈谈,把这层其实两个人都心知肚明的窗户纸捅穿,她也没那个胆量。别说一哭二闹三上吊,她怕自己刚一开口,就把老公激怒了,不仅没有把老公抢回来,反而促使他下定决心不跟自己过了。

秋莲跟老公结婚五年,第三年的时候,秋莲生下两个人的孩子。为了更好地照顾他,秋莲和老公一商量,干脆辞了职,自己做了家庭主妇。她每天一大早就起床,帮丈夫准备好衣服、做好早饭,然后喂孩子吃饭。等到丈夫出门去上班,她除去做完一天家务的时间,剩下的时间就在阅读各种幼儿教育类的书籍。满足于相夫教子,秋莲真堪称一个典型的贤妻良母!但结果却没想到——自己本来是一心为这个家好,牺牲了工作,牺牲了交际,而老公却把自己当成了黄脸婆,背着自己在外面找小三。秋莲委屈地哭了好几次,要说离婚嘛,自己心里是一万个不敢。不要说还爱着老公,就是不爱了,以自己现在的情况,离了婚也没法生活下去啊!但要是不离婚,每次秋莲小心翼翼、费尽心思地把话题引过来,手指刚刚碰到窗户纸表面,老公倏地就站起来:"有点累了,咱洗洗睡吧。"这时候,要是秋莲再坚持聊,老公二话不说,自己洗洗先睡了。秋莲想,就这样下去也不是办法,赶忙找我帮她出出主意。

  这种事情,我碰到的多了!说穿了,就是秋莲在家里不会出什么事,让老公太放心——家里红旗翩翩不倒,他自然想要外面彩旗飘飘。要让秋莲的老公安分守己,不用从"彩旗"上下手,只要这"红旗"给他摇上一摇,保证他乖乖回家。为啥?他也是个明白人,知道小猴子"芝麻西瓜两边丢"的道理。我马上跟她讲,今天晚上自己在外面找个安全的地方待着,别回去了,手机别关,但是老公打电话来,绝对不能接。我让她明天早上再回去,但是回家之前,千万先找好借口。

  但没想到这秋莲实在是太老实,她说她不敢这么做。我说你要是想把你老公抢回来,就得依我这么做!又不是真的去犯错,只是让他心里也难受一个晚上,换他来体会体会秋莲作为老婆的痛苦。但秋莲说她怕自己这一晚不回家,老公会立刻发火。她说老公发起火来,不要说跟自己离婚了,天都能捅得破!一听到这个话,差点把我给搞发火了!我好说歹说好不容易跟她讲清楚这个道理,跟她讲就算天被捅破了也还有我来补,她才犹犹豫豫地答应去尝试一下。

  这一天,秋莲就在家附近找了个宾馆住下来。一个人躺在床上,手里拿着手机,一边等电话一边看电视。结果等到凌晨一点钟,她眼泪都已经流了三轮了,手机屏幕都没亮一下。秋莲干脆退了房回家去睡觉。到了差不多两点钟,秋莲迷迷糊糊刚要睡着的时候,老公才开门回来。老公没发现秋莲在外过夜的事,于是第一天就白等了。

  第二天,秋莲说要请我吃晚饭,我答应了,但是说可能要稍微晚一点。等我们在餐馆里坐下来的时候,时针正好指向七点。菜还没上,秋莲跟我讲了昨天的情况,问我怎么办。那还能怎么办?再找个时候在外面过一宿!她点点头。她让我给她讲讲之前碰到这样的事,我都是怎么帮别人解决的。我正要开口,她老公一个电话打过来了。

  秋莲拿着手机的手抖个不停,她抬头看我一眼,问我接还是不接?当然不接。我跟她说你别接,他就是打 10 个、20 个你也别接。他打得越多说明他越在乎你,他的感受就越深。我告诉她,现在的根本大事是他们俩的夫妻关系,为了挽回夫妻关系,她就得不拘小节。

  秋莲没接,但心里忐忑不安,就像一个犯了错、怕爸妈不要她的小姑娘一样。结果一顿饭下来,她老公一共打了 36 个电话。要是换作别人,可得把她乐得嘴巴都合不上！但秋莲偏偏怕得要死，老公找不到她，不知道会在家里做出什么事情来。她手上的两只筷子似乎怎么也摆不到一起去，一点菜也夹不起来。

饭一吃完，我跟她讲，你呢，现在约几个闺蜜，出去逛个街。电话调到静音，天塌下来也别接。完了，最好喝点酒，最后一定要喝得有点醉态再回去。秋莲一下子愣在那里，说自己为了照顾这个家，以前的那些闺蜜都很少来往了，现在一时要找人出去逛街，还真不知道该找谁好。而且以前在家里，她偶尔会陪老公喝点酒，但只要一出门，别说酒吧歌厅这种地方她没去过，就是在饭店，她也是滴酒不沾的。听了这些话，我只好一个个打电话给我们律所的女同志，最后找到一个有时间的陪她逛街。

又过了一天，秋莲打电话给我，自己一句话还没说完，已经笑得喘不过气来。秋莲说，他老公后来又给她打了10多个电话，她回去的时候，老公都急得差点报警了。她一开门进去，老公马上从床上跑下来，把她堵在门口破口大骂。秋莲这个鬼灵精，胆小是胆小，但真到关键时刻也不糊涂。她装得自己醉成了一滩烂泥，任老公怎么骂她都不理，脸也没洗，牙也没刷，一觉睡到大天亮，直到老公把她摇醒。老公是一个晚上都没睡好，肿着眼睛大声问她，昨天晚上去哪了？干了什么？电话怎么不接？有没有别的男人？谁送她回来的？她装成一副还没酒醒的样子，迷迷糊糊地说："反正你又不回来，几个闺蜜聚了一下嘛。"

"谁说我不回来！"老公马上就火了，结果刚说出这句话，就意识到有点不对，后半句声音变轻了许多，"我昨天下班就回来了，饭都没地方吃！"

老公又问她哪几个闺蜜，她以为老公只是随便问问，就把我们所那位女律师的名字报了过去。没想到老公拿起她的电话，"嘭"地一声敲在她面前，说："你给我打过去！"

不过一切仍然都在秋莲的掌控之中，电话"嘟嘟"了两声，刚一接通，两边都还没反应过来，老公一把抢过手机，一句骂人的话已经脱口而出了。

初战告捷。但秋莲的老公依旧不愿意跟秋莲好好交谈，常常半夜才回来。这说明第一次的教训还不够深刻，秋莲问我怎么办，我想了想，就又给她出了个主意。

秋莲又有几次夜不归宿被她老公"撞见"之后，有一次，秋莲跟老公两个人都在家里。秋莲给我打了个电话，响铃三声就挂掉，我心里有数。接着秋莲就去洗澡了，老公自己躺在床上看视频，秋莲的手机就在他身边的床头。过了五分钟，我给她发了个消息："累了一天了吧，早点休息！"

果然，秋莲的老公中了计。他犹豫了半天，终于拿起秋莲的手机来看，他按亮屏幕,锁屏上就预览着我发的短信。秋莲的老公立刻就气炸了,听秋莲说,连电脑都被他摔到了地上。他不管三七二十一,点开信息就看,看到我从好几天前就开始给她发的卧底短信。一开始我发:"老同学,好多年没见,你还是那么年轻漂亮,我脑袋里的美好印象一点都没有改变!有空出来坐坐吧。"往后,我就发:"上次约你吃饭你没回复我,今天总有时间了吧?"再后来,我发了一条:"今天晚上有个电影挺不错的,要不要一起去看?"

秋莲老公那个生气啊,俗话说得好:"不怕贼偷,就怕贼惦记。"秋莲虽然一条消息都没有回复,但时间一长,难保自己不绿帽上头。平时,他总觉得秋莲在家里安全得不得了,即使自己在外面做点出格的事情,家里后院也不会着起火来。但他万万没想到,自己在外面偶尔采采野花,家里的这株红杏也被别人给惦记着!

秋莲刚从浴室走回房间,前脚还没踏上木地板,她丈夫一个枕头就飞到她脸上。两个人当晚大吵一架,秋莲最后气冲冲地一转身,自己一个人跑去客房睡了。老公在门外踢了半天门,声音吼得窗户都在震,秋莲就是不开门。

两个人进入"准冷战"状态,几天来从没好好说过一句话。不过老公也不出门了,一下班就急冲冲地往家里赶,有时候还会偷偷请个假提早回家,想趁秋莲不备对她来个突击检查。就是上班的时候,他也时不时给她打个电话,问她在哪,在干嘛?老公处处盯着她,就像怕丢了祖传宝贝一样地怕丢了她。秋莲表面上反感得很,装出一副冷冰冰的样子,时不时还要跟老公拌几句嘴,心里却跟喝了蜜糖一样甜,如果此时举办一个"上海最幸福女人"大奖赛,她准能拿一个冠军!

就这样跟老公"准冷战"了几天,我看时机成熟,就让秋莲好好跟老公谈一谈。一天,坐下来吃晚饭的时候,秋莲说:"我跟那个人说清楚了,再也不跟他来往了。至于你,要么那边尽快解决一下,要么就我们尽快解决一下。我们两个都有错,只要能都改过来,我们就既往不咎,往后,这两件事就提也别提了。"秋莲原来担心老公心一横就要跟自己离婚,但经历了这几次的事情之后,秋莲自信满满,相信老公绝不会离开自己,因此才有胆量说出这一句"至于你,要么那边尽快解决一下,要么就我们尽快解决一下"。

果然,老公一听这话,就愣住了。几天来,他一直在反思,自己确实做得很过分,完全没有考虑到老婆的感受。原来他还不觉得怎么样,自从看到老婆跟别人的暧昧短信,他才真正意识到自己爱的人到底是谁。现在老婆说"我们两个都有错",给足了台阶让自己下,他才终于敞开心扉来跟老婆谈这件事。

其实,这样的事情,只要夫妻两个能够坐下来好好交谈,一般都能够解决。

217

但有婚外情的一方往往会因为愧疚或罪恶感等原因,拒绝交谈。而秋莲的这个方法,就很顺利地给了老公一个将心比心的机会。让老公体会到,自己这么做,老婆到底是一个什么样的感受。老公之所以会在外面彩旗飘飘,就跟打仗一样,战斗前线才是火力集中的地方,而被解放的地方却总是安定的。家里太过于安定,老公的注意力就很容易被别的东西给吸引过去。

我们"换位的试验"这一招,利用的就是人们的这一心理,有时候,家里太过于安定,我们就要让生活起一点波澜。让对方吃一点醋,才能让他明白,到底自己对他有多重要。

遇到婚外情,受害者千万不要慌了神,一定要冷静地分析眼前的情况,再作出适当的反应。必要的时候,还可以施展出换位实验这样的欲擒故纵之法,为你们挽回婚姻送上一个完美的助攻。

且行且珍惜

明星事件，总是风风火火。文章出轨事件在网络上闹得沸沸扬扬，文章妻子马伊俐的一句"恋爱虽易，婚姻不易，且行且珍惜"，原谅了文章，尽显其大肚能容之本色。

然而，并不是所有人都能像马伊俐这样大度。有的女人，她就怎么也不能原谅犯了错的老公，小三离开以后，两个人后面的日子还是过不下去。为什么？"他有了这一次，就不会有第二次、第三次？"没完没了地纠缠下去。好了，小三是走了，但是老公也走了，弄到最后，两夫妻还是离婚。

我们说："人非圣贤，孰能无过？"说的就是这一点。有错改了就好嘛。他一不小心犯个错你接受不了，他就是改回来了你还是接受不了，那他可以不用活了。

雯雯就是这样一个人。

雯雯跟老公结婚五年的时候，老公在外面找了个小三。其实老公也不是主动找小三，而是自己的朋友圈出了问题：有一次，他们银行行长带他们几个小伙子出去玩，说好"酒过三杯，各自返回！"的，结果三杯一下肚，脑袋成浆糊！喝着喝着，几个人就把酒喝到夜总会里去了。行长是见过世面的人，但雯雯的老公却还是个纯洁的小伙子。他稀里糊涂地被一个小姐哄上了床，两个人在房间里干完了事不说，雯雯的老公还把她当成了自己老婆，搂着她大吐心声。那个小姐也是刚刚入行，听了他的故事竟感动地缩着身子抽抽嗒嗒，一不小心就对他动了感情。

后来，两个人一来二去，雯雯的老公就被小姐给勾引上了。其实，事后他想起这段感情，心里也觉得无比荒唐，但是当时他身陷其中，怎么可能认识到这一点呢？

雯雯是个精明的人,老公刚刚有点不对劲,雯雯就感觉出来了。雯雯说:"你最近怎么老是那么晚回来?""哟,接个电话连老婆也要躲了!""我看你最近玩手机玩得有点频繁嘛!"老公其实是很爱雯雯的,他知道自己理亏,雯雯讥讽他几句,查一查他的行踪,他一点也没有觉得老婆做得不对。终于有一天,雯雯忍不住了,说:"你给我老实交待,你是不是在外面有女人了?"

雯雯的老公一开始还想逃避这个问题,说起话来闪烁其辞,可是雯雯不依不饶,揪着他就是不肯松手,最后甚至放话说要去婆家评评理,雯雯的老公只好一五一十如实交待。雯雯当场拿起枕头把老公狠狠地揍了一顿,最后一个人蒙起被子大哭起来,嘴巴里喊着"要回娘家去""日子不过了"之类的话,吓得老公站在她身边一个劲儿地认错道歉,直到他赌了120个誓,说再也不敢了,雯雯才停住眼泪。

从此以后,老公一下班就老老实实地赶回家做家务。雯雯说:"拖地去。"他就洗了拖把,把整个家里的地都拖上一遍;雯雯说:"帮我洗菜。"他就系上围裙,站在水池前面一棵一棵地洗好菜。一旦他回来晚了,雯雯立刻把他堵在门口,不说出个子丑寅卯来不让他进门。任何时候他看手机超过1分钟,老婆都要抢过他的手机,仔仔细细地前后翻看一遍,看看他到底在看什么,在跟谁聊天?老公每接一个电话,只要电话里传出一点女人的声音,雯雯就瞪大着眼睛看着他。最后,老公只要一有女同事给他打电话,就想要站起来离雯雯远一点,可是他刚站起来,雯雯马上飞过来一句话:"坐着!"他就只好把屁股又盖回热气还没散掉的椅子上。

就这样过了1个月,雯雯的老公跟雯雯提出:"我保证自己不再犯错,你就不要把我看得那么紧了吧?说出去被别人知道了,自己多没面子。"雯雯说:"你搞过一次小三了,谁能保证你不会再背叛我?"她还直接抢过老公的手机,从他1个月前的通话记录里找出小三的手机号,打过去大声嚷嚷:"该死的狐狸精,你离我老公远一点,他喜欢的只有我一个人!"不仅如此,她又隔三差五地拿老公的手机给小三发短信:"这下我老公不理你了吧!不要脸的东西,看你还敢不敢缠着我老公不放!"等等。老公一句话也说不出来,气得眼睛直勾勾的。

快到中秋节了,银行决定给大家发一批中秋节慰问品,统一由雯雯的老公负责购买颁发。这一天工作结束之后,他支取了1万块现金,装好信封放在自己的公文包里,准备第二天一大早即去购买。也因为这件事,他稍稍晚回家20分钟,雯雯又把他堵在门口,正想开口盘问,他一把推开雯雯,径自走进屋里。雯雯在他身后大喊大叫说:"你个小瘪三学出息了啊!"一连骂了好几句,直到对门的阿姨打开门往这边瞅了一眼,雯雯才"砰"地一声把门给关上。

第二天早上,两个人吃完早饭,各自换衣服,准备去上班。突然,雯雯的老公急得摸起了口袋,原来,包里的1万块钱突然不见了。他把西装的每一个口袋、床头桌面的每一个角落都翻了个遍,原本整整齐齐的房间一下子犹如被洗劫过一样。他又拿起公文包,不知道第几次里里外外前前后后地翻来找去,一边找一边回想自己取了钱之后做过的事情。

那个装了现金的信封怎么也找不到。不过,雯雯老公清楚地记得,自己晚上进了家门,把钥匙放进包里的时候,还看到那个信封好好地躺在夹层里面,之后,他就把公文包放到桌子上现在这个位置。昨天晚上家里没有人进出,那么这笔现金的消失只有两个可能:第一,有小偷神不知鬼不觉地潜到房间里,只拿走了公文包里的1万块钱现金,却对公文包边上的镶金屏风摆件无动于衷;第二,雯雯拿了那笔钱。

雯雯正在整理自己的衣服,老公脸朝着雯雯的背,声音低沉地问她:"我的钱去哪了?"

雯雯若无其事地说:"不知道。"

正当雯雯话音落下的时候,雯雯的老公一把举起电视柜上的花瓶,猛地扔在地上,随着"咣当"一声,花瓶摔了个粉碎,一个衣架也突然从雯雯手中滑落,在地上弹了几下,最后压在一块碎片上。雯雯转过身,愣在那里。

老公的怒火像是要从嘴巴里喷出来:"我的钱去哪儿啦?"雯雯还没从刚才的恍惚中反应过来,依然保持着愣住的姿态。

老公狠狠地扯下墙上挂着的那张画,两只手将它高高举起,正要往地上砸的时候,雯雯终于醒悟过来。她冲上前去用自己的双手托住老公的手,眼泪哗啦啦地从脸上流下,嘴里颤抖地说:"在!在的,在的!我马上拿来给你!"

雯雯刚见到这1万块钱的时候,脑袋里的第一个反应是:老公肯定要拿这钱去给小三买东西。其实,老公自从上次被老婆揍了一顿后就再也没有跟小三联系过,一心一意地想要回到这个家,跟雯雯好好过日子。但雯雯心里的结却一直没有解开,总觉得老公的一切行为都是以小三为出发点,稍有风吹草动,便疑神疑鬼。所以,当她一看到老公包里有这1万块钱现金的时候,便果断决定将这笔钱偷偷藏起。直到老公摔了花瓶,又要接着砸画的时候,她才把钱拿了出来。

还有一次,雯雯的老公因为工作原因,需要出差三天。临出发前的那个晚上,老公正赶时间往行李箱里叠放衣服,雯雯径直走到他的面前,一把将他推倒在床上,手压在他胸前,说:"你跟我做爱!你明天就要走了,现在跟我做爱!"

老公丈二和尚摸不着头脑,正想说:"我这儿正收拾衣服呢!"雯雯已不管三七二十一开始解他的衣服扣子。老公几次想扯开她的手,却被她硬生生地推开,于是只好勉强配合一下雯雯。雯雯要了还要,老公却越想越气,狠狠地推开雯雯,雯雯翻了个滚差点落到地上。老公飞快地穿上衣裤,一个人走到客厅,重重地坐在沙发里。雯雯一动不动地躺着,眼泪像是决了堤的洪水一样从眼角流下来。一直哭到凌晨1点钟,雯雯裹上衣服也走进客厅,却看见老公一个人坐在黑漆漆的夜色里,茶几上的烟灰缸里摆着横七竖八的烟头。

像雯雯这样的人不在少数。不少来委托我办理离婚的人都有这样的问题:男人从婚外情中走出来回到家庭,但女人却无法用一种正确的方式来对待他。女人想尽一切办法,试图去证明自己的老公只爱自己一个人,试图去证明自己的老公已经跟小三完全脱离了关系。但往往她们用来证明这几点的方法,不仅对男人和自己来说是一种折磨,而且还不断地考验着老公和自己的耐心。

有时候,原谅对方、包容对方才更是一种勇气。谁都会犯错,而这种犯错更是一种考验:两个人刚刚在一起,激情还没有褪去的时候,谁都能好好地跟对方走下去。而一旦一方有了婚外情,这时候你才能发现自己对对方的爱是不是真正的爱。

你愿意在对方犯了错之后原谅他、包容他、既往不咎地跟他一起相扶着走下去吗?你愿意在对方犯了错之后相信他、支持他、一如既往地跟他成为亲密无间的好爱人吗?婚外情给你提供了这样一个机会,让你去认真地考虑自己对对方究竟是怎样一种感情。如果你清楚地认识到那并不是爱情,那么你们还是分开更好;如果你发现自己依然深深地爱着对方,甚至比以往爱得还要深沉,那么,我恭喜你,这才是真爱。

百世修来同船渡,千世修来共枕眠。在茫茫人海之中,遇见自己的真爱,一定要且行且珍惜!

试离婚

张爱玲说:"于千万人之中遇见你所要遇见的人,于千万年之中,在时间的无涯的荒野里,没有早一步,也没有晚一步,刚巧碰上了,那也没有什么别的话要说,只轻轻地问一句:哦,你也在这里啊?"美好的相遇并不一定轰轰烈烈,更多的时候,一句"哦,你也在这里啊?"就可以表达一切。

你和他于千千万万的人中相遇,就像《传奇》里唱的那样:"再没忘记你容颜。"也许是谁说了一句:"哦,你也在这里啊?"你们开始了交谈。你们相识、相知、相爱,又一直相依相伴到了今天。今天,阳光正好,万里无云,这本来可以是一个慵懒的午后,你可以睁开你蒙眬的双眼,再喝上一杯浓浓的下午茶,惬意地坐在摇摆的藤椅里,看着他浅浅地微笑。然而,这一切都被时间打破了。

10年的共同生活,你们一个走得快,一个走得慢。路上人来人往,当你们发现互相走散的时候,已经再也找不到对方了。时光继续行走,你偶然在一个角落里看见了他的身影,可是,他身边已经有了另外一个女人。

看来,离婚不可避免。

你大可跟他说一句:"哦,你已经不在这里了。"然而,整整10年的记忆,就在这里画上一个句号吗?你不甘心。于是,你跟他说:"再等一等,我们试离婚一次吧?"

试离婚,也就是协议分居。本律师认为,在各种劝说、努力已经无效的时候,给对方、给自己一个空间,先分别去体会一下真正离婚的后果,再做最后的决定。这不失为一个更为明智的选择。

那么,试离婚究竟可以让你们体会到怎样的后果呢?

周煜发生婚外情的时候,他老婆就采取了我的建议。两个人先不急着办理离婚,他老婆跟他说:"先缓两个月,你就假装我们离婚了,跟她(指小三)住到一起去。你自己体会体会,两个月后再告诉我到底要跟谁过!"

于是周煜就从家里搬了出去。之前,他给小三租了一套公寓,现在自己也搬到了里面。然而,光明正大地跟小三待在一起,原先那种背着别人偷情的刺激感一下子都跑光了;而且,原先还没有从家里搬出去的时候,从早到晚一直期待跟小三见一面,好不容易见上一面了,也是匆匆作别,时间就像落地即化的雪花一样宝贵。现在两个人终于同居在一间屋子,按理说应当异常兴奋才是,但还没过一个礼拜,新鲜劲儿就褪得一干二净了。在《走进暴风雪》一文,我讲到的那个委托人,他跟小三朝夕相处了一个多月以后,觉得小三也不过如此。"暴风雪"往往在来的时候美丽炫目,让人对它向往不已,但其实当你真走进暴风雪了,你就会发现,"小三"和别的女人也并没有多大差别,甚至,比家里的那位差的不是一点两点。周煜也是这样,才跟小三住了一个礼拜,他就深刻地体会到,在很多方面,老婆比小三更适合自己。婚外情毕竟是因为人的激情而产生的,在这样的激情里,周煜忽视了小三的所有缺点,而在同居一个礼拜之后,周煜不禁开始思考:她真的适合我吗?她真的认同我所认同的东西吗?她真的可以接纳我的朋友吗?她真的能够体察我的心情吗?我真的可以长期忍受她黏人的性格吗?我真的可以接受她不出去工作?……许许多多的问题都向周煜涌过来,周煜的心情一天比一天烦闷。

从另一方面讲,家里的儿子才4岁,周煜无时无刻不在想孩子现在怎么样了。都说"孩子是爸妈的心头肉",周煜吃饭的时候想,儿子现在是不是又调皮不好好吃饭了?孩子他妈是不是又喂他喂得焦头烂额?周煜看电视的时候想,儿子是不是又在抢遥控器?作业做完了吗?之前,想要跟老婆离婚的时候,周煜横眉倒竖,口中叫嚣着"离婚!离婚!"此刻一转念想到了儿子——他也许已经躺在自己的小床上做着香甜的梦,也许因为见不到爸爸正躲在某个角落里瑟瑟发抖——周煜安静了下来。

还有自己的老婆,为了抚养孩子,她牺牲了不少工作时间,为此还多次被领导批评。家里的家务也几乎都是她一人做,周煜很少帮她忙,而她却一句抱怨的话都没讲过。而且老婆跟自己志趣相投,两人周末总要一起去剧院看一场话剧,不像现在枕头边上的这个女人,周煜跟她讲起话剧来,她不仅啥都不懂,而且丝毫不感兴趣。"我真是身在福中不知福,跟老婆生活久了,就把老婆的种种好都忘得一干二净,眼睛里只看到她脸上多了的两条皱纹,心里只想到她烧的菜怎么没有小三烧的好吃……一时头脑发热,就跑出去跟小三过日子。"事后,周煜这样说。

还有一件事,周煜也一直有所顾虑。尽管如今这个时代,"婚姻自由"的口号已经响遍天下，但"婚外情"毕竟没有被大家接受、认可。因为婚外情而离婚，且不管别人怎么看，就是周煜自己，也认为不是一件可以光明正大宣扬的事情。周煜还没跟爸妈讲自己想要跟老婆离婚、跟小三结婚的事，因为老爸老妈要是知道这件事，准会冲到上海把自己揍一顿，然后拎着自己的耳朵去见老婆；前两年过年带了老婆回去，今年过年要是带了另一个老婆——现在的小三——回去，街坊邻居会怎么看？自己的亲戚朋友，也许会因为他的婚外情而跟他疏远；同事、单位领导可能会对他"另眼相看"；要是在工作上偶遇前妻，在马路上偶遇前丈人，周煜也许得低头而过；即使在他新妻子的家人面前，若别人问起他们的爱情往事，他也会羞于开口……各种各样的人都会让他觉得难堪。而这些，只有在与小三同居的"试离婚"阶段才会去考虑。在周煜和小三热恋的那段时期，他又怎么会想得到呢？

想了这么多，周煜开始犹豫了。他不再像最初那样坚定地叫嚣着要"离婚！离婚！"而是整天紧锁眉头，工作的时候也在考虑，吃饭的时候也在考虑，睡觉的时候也在考虑。最后，他终于下定决心，决定跟小三撇清关系，跟老婆复合。

"也许并不是你们不合适，又或者你们最终还是要分手。但试离婚作为一段冷静期，能让夫妻双方都仔细地考虑未来：自己会成为什么样子，对方会成为什么样子，孩子会不会受到伤害？"周煜说。

我并不是支持大家离婚，只是当双方真的缘分已尽的时候，我希望大家能够冷静地考虑这个问题，和平地解决，并能送上彼此最诚挚的祝福。祝愿大家最终都能够找到一个好归宿！

放弃,是最后的选择

山河永在,绿水长流。

如果前文所说的这些都没有帮你挽回老公,千万不要过于难过。并不是你魅力不够,而是也许你们真的不合适。真金不怕火炼,要知道,经历了这次离婚,你对婚姻的认识就更进一步。真的不适合的时候,不如轻轻放手,自有真爱在远方呼唤你。

我的一个委托人,在她冷静的考虑下,先后给老公写了两封信,写到第二封信的时候,她已经下定决心放手,跟老公离婚。她称这封信是"难以承受之痛的第二封信":

亲爱的老公:

当你看到这封信的时候,我正面临一个艰难的选择。由于三小姐和你的关系,破坏了我们"友情可以分享,爱情必须独占"的游戏规则。在三小姐已经通过一系列"离婚保镖"外挂软件开始干预我们家庭的和睦状况,并对本小姐进行恶意诋毁(比如说我"黄脸婆")的时候,我决定停止和你的一切关系——我不愿意闻到你身上终有一天会出现的三小姐的味道。我深知这样会给你造成一定的不便,在此我诚恳地向你致歉。同时,也把我做出这一决定的原因写在下面,盼望得到你的理解和支持。

一、保障家庭安全

近期,三小姐强制推广并胁迫你安装非法外挂"离婚保镖"软件。该软件劫持了本小姐的安全模块,导致我们双方失去相关功能。在三小姐存在的环境下,我们无法保障家庭的、身体的安全。三小姐控制了我们聊天的所有交流通道入口;我们家庭的所有数据,包括家庭银行账户、好友圈子、聊天信息等,都在没有得到我允许的情况下,被三小姐强行下载、搜查、检索。我认为这是一个"流氓软件",相当于自家门口不请自来的"保镖"。名义上是保镖,其实是在软禁。每次你都要经过她的强制搜身才能进自己家门。我被逼无奈,只能以强行卸载的方式来保护我们的婚姻,使它不被恶意劫持。

二、对没有道德底线的行为说"不"

三小姐屡屡制造"旧的不去,新的不来"的谣言,对本人进行恶意污蔑。事实上,本小姐的身体机制模块中绝没有除你以外的其他用户上传过数据,目前我是清白的,没有任何病毒,我的所有功能全都正常运行。

更甚的是,三小姐作为一位女性,竟推出外挂"嗲骚贱三合一软件",公然站到了"安全"的对立面,对你的性软件进行劫持、霸占和控制。不许你回家,这些都是没有道德底线的行为。

三、抵制违法行为

无论出于何种目的,任何夫妻行为都应该在国家法律法规的框架下进行。三小姐采用的"嗲骚贱三合一""离婚保镖"这些非法外挂软件,不仅违反了国家的法律法规,破坏了家庭的正常运营,而且,你作为家庭的一分子,居然无动于衷、包庇同伙,这令我感到非常失望。

三小姐的外挂软件,在你的大脑里已经对家庭关系的和睦起了劫持和破坏作用。我本可以选择技术对抗,但考虑再三,我决定还是不让我们的家庭成为"战场"。我选择退出系统,而把使用的权利单独交给你。

12年来,本人有幸能陪伴你成长;未来日子,希望你扬帆远航!

谨启

Q女士

2010年11月3日

这位委托人冷静地决定退出,给老公和小三一个自由的空间。

的确,放下,需要很大的勇气。有一个人因为婚姻的困扰问一个禅师:"到底怎么样才能放下?"禅师跟他说:"你深深地吸一口气,当你觉得你自己的身体充盈无比的时候,你就放下了。"

那个人深深地吸了一口气,又吐了出来。他说:"我还是无法放下。"

禅师把自己常用的三彩瓷杯递给他,让他拿在手上。他紧紧地握着,生怕打碎了禅师的法宝。禅师打了一壶开水,一点一点地往里倒,水渐渐满了上来,热量透过杯壁传到他的手上,烫得他歪了嘴。但是禅师一点停下的意思都没有,直到水装满了杯子溢了出来!当开水接触到他皮肤的时候,他终于受不了了。手一松开,那个三彩瓷杯"哐当"一声,掉在地上摔成了五瓣。

那个人惊惶失措地向禅师道歉,解释说自己真的难以承受水的温度。禅师却气定神闲地跟他说:"你看,你不是放下了吗?"

"可是我摔碎了你的三彩瓷杯!"

禅师说:"杯子乃是身外之物,没有它,我一样可以活得好好的。"

那个人恍然大悟。禅师用一只杯子来换得他的放下。他顿时觉得自己身上充满了力量,就算没有了这段感情,他一样能够勇敢地面对人生。他终于放下了。

忧虑来自内心,一切的烦恼都来源于自身。我们不快乐的原因,就在于我们追求着一些对我们并没有那么重要的东西,就在于我们不知如何放下。

给别人自由,有时候也是给自己自由。

第六篇

法　律

离不离？孩子给谁？财产如何分？法律给出一个中线。法律是枯燥的,周志强律师告诉你的法律不枯燥。

"过期"的离婚协议书

2006年10月,张平(化名)和胡玫(化名)办理了离婚登记,当时胡玫选择的是净身出户,孩子由张平抚养,《离婚协议书》中写明:"将仅有的一套房子过户到女儿的名下。"但因为过户要交一笔房产税费,事后,两人一直没有去办理产权变更手续。

2007年春节,因房屋漏水严重,张平想换购一套房子,给女儿一个更好的生活环境。不想,前妻胡玫反悔了,不但不配合卖房,也不肯将房子过户到女儿名下。僵持不下,2010年6月,张平一纸诉状将胡玫告到了法院,要求前妻履行离婚协议中的房产过户约定。

看似合情合理的事情,张平自认为法院肯定会支持,可是,庭审后,法官却要求张平撤诉,否则有败诉的风险。张平怎么也不明白:离婚协议书中,白纸黑字写好的将房子给小孩,为什么法院会不支持呢?

【律师意见】

张平和胡玫的这种离婚方式非常普遍,感情没有了,离婚时,将财产都送给孩子,无可厚非,双方同意,法律也不会去干涉。只是,本案将房子给孩子,在一些程序上出了问题,导致法院不支持。

本案中,将房产给孩子,在法律上是一种赠与法律关系,而赠与房产,依《合同法》187条的规定,"赠与的财产依法需要办理登记等手续的,应当办理有关手续"。没有办理手续前,《合同法》186条规定,赠与人可以行使任意撤销权。也就是说,没有真正过户到女儿名下之前,房子还是胡玫的,是可以反悔的。

当然，张平当时还是有一定机会的，《民法通则意见》128条规定，"未办理过户手续，但赠与人根据书面赠与合同已经将产权证书交与受赠人，受赠人根据赠与合同已占有、使用该房屋的，可以认定赠与有效，但应令其补办过户手续"。

但是，上海市高级人民法院《关于审理婚姻家庭纠纷若干问题的意见》规定："当事人协议离婚后，因履行财产分割协议发生纠纷……如请求继续履行协议的，应该自纠纷发生之日起两年内提起诉讼。"所以，张平已经丧失了要求胡玫履行离婚协议的胜诉权利。如果要履行这个赠与约定，也只能等女儿成年后，自己来请求母亲履行赠与约定了。

这类离婚后财产分割案件比较普遍。我认为，《离婚协议书》这类比较重要的法律文书，当事人自己不是很清楚的话，一般需要去咨询一下专业律师或者将《离婚协议书》交由专业律师来书写。同时，在离婚后及时要求对方履行协议，以避免类似情况发生。

《新民晚报》2010年11月7日B11版面　市井法案

不翼而飞的财产

张女士和刘先生结婚20年，双方一起创业，后来张女士功成身退，在家里照顾孩子，刘先生打理公司，公司业务蒸蒸日上。2010年，张女士听到风言风语，说丈夫刘先生和公司财务总监李女士有暧昧关系，张女士得知后，劝告刘先生，刘先生也说是一时糊涂，愿意改正。

2014年1月，张女士接到法院的传票，刘先生要求与张女士离婚，起诉状上夫妻共同财产一栏，竟然说夫妻二人只有一套房产。张女士大吃一惊，因为结婚后，他们夫妻二人相继购买了三套房产，公司资产也有几千万，还有厂房，难道这些财产不翼而飞了吗？

查询的结果的确如此，只有一套衡山路的房子还在夫妻名下，其他的房子已经物是人非。在市区人民路的一套房子，本来登记在丈夫名下，现在已经出售给一对小夫妻，小夫妻拿出售房合同，已经过户三年了。位于潍坊路夫妻二人的房改房，本来登记在丈夫名下，也被出售给了刘先生的妹妹，打电话给刘先生的妹妹，她也不接电话。另外，公司中刘先生的股份已经全部转到了财务总监李女士的哥哥名下。

得知如此结果，张女士实在气愤，不过难受归难受，对方起诉，张女士必须积极应诉。

打官司就是讲证据，张女士拒绝了律师说的在法庭上不同意离婚，拖延半年多时间，等证据收集齐了，再同意离婚的建议，坚决要求和刘先生离婚，宁折不弯，一天也不和刘先生做夫妻了，看着他就恶心。

在离婚中，出于一些目的，转移夫妻共同财产的案例比比皆是。根据婚姻法第四十七条的规定，转移夫妻财产是要承担法律责任的。那么，为什么刘先生要这样做呢？

【婚姻法】四十七条：离婚时，一方隐藏、转移、变卖、毁损夫妻共同财产，或伪造债务企图侵占另一方财产的，分割夫妻共同财产时，对隐藏、转移、变卖、毁损夫妻共同财产或伪造债务的一方，可以少分或不分。离婚后，另一方发现有上述行为的，可以向人民法院提起诉讼，请求再次分割夫妻共同财产。

抱着侥幸心理，是所有转移财产者的心态，刘先生也不例外，李小姐帮他出了很多主意。因为刘先生本来不想离婚的，都是李小姐吵着闹着要求和他结婚，刘先生被逼无奈才同意的。并且，李小姐请来高人指点，说张女士有套房子养老已经不错了，刘先生也只好同意，一步步把房子偷偷卖掉。第二套房子因为母亲还住在里面，不好卖，就转移到妹妹名下。好说歹说，妹妹才同意。公司的资产，把股东过户到李小姐的哥哥名下，说等到离婚后再还回来。

于是，收集证据的工作争分夺秒地展开了，一场财产保卫战打响了。

根据律师的建议，张女士到法院起诉了刘先生和刘先生的妹妹，要求撤销双方之间的买卖合同，认定该合同无效，房子重新恢复登记到刘先生和张女士的名下。

《合同法》第五十二条有下列情形之一的，合同无效：
（一）一方以欺诈、胁迫的手段订立合同，损害国家利益；
（二）恶意串通，损害国家、集体或者第三人利益；
（三）以合法形式掩盖非法目的；
（四）损害社会公共利益；
（五）违反法律、行政法规的强制性规定。

庭审中，律师提出了四点意见，证明该交易为虚假交易，其本质就是转移夫妻共同财产：

1. 刘先生的妹妹明知刘先生已婚，在买卖房屋时候，应该征询嫂嫂张女士的意见，而刘先生的妹妹没有这样做，有恶意串通的嫌疑；

2. 刘先生和刘先生的妹妹办理产权过户的时候，没有交付相应的购房款项记录，没有支付该房屋合理的对价；

3. 该房屋一直由刘先生的母亲居住，没有任何房屋交付的迹象。根据律师提供的笔录显示，刘先生的母亲根本就不知道这套房子已经由儿子卖给了女儿，老太太出庭作证谴责了儿子这种见异思迁、转移财产的行为。

4. 刘先生的妹妹的低保证明和申请廉租房的证明，证明刘先生的妹妹根本没有购买系争房屋的经济能力。

法官一再要求刘先生的妹妹到庭了解情况,刘先生的妹妹一直不能到庭。

据此,法院判决商品房买卖合同无效,系争房屋恢复登记到刘先生和张小姐的名下。

真的假不了,张女士经过一番努力,把属于自己的房子恢复原状,按照法律规定,如果离婚,刘先生涉嫌转移夫妻财产,这套房子可能会少分。

潍坊路的房子回来了,人民路的房子已经卖掉了,那该怎么办呢?公司股份被丈夫转移了,张女士能追回来吗?法院对于离婚最终是如何判决的呢?

张小姐虽然接二连三遭受打击,但是坚信邪不压正,委托律师积极应诉,一套虚假交易给丈夫刘先生妹妹的房子被法院判决恢复登记到夫妻二人名下,并对刘先生和刘先生的妹妹予以劝诫。一套房子要了回来,可是,还有一套夫妻共同拥有的人民路的房产卖给了一对小夫妻作为婚房,小夫妻把钱全部付给了刘先生,那么,这套房子的买卖合同能不能撤销呢?房产能不能也恢复登记到夫妻名下呢?

答案是不能的。

【法律小贴士】为了保证交易安全性,我国法律规定了善意第三人制度。善意第三人支付了合理对价,不知道交易标的房产有其他人的隐性权利的,实际上已经取得了房屋所有权的,应该认定为善意第三人,善意的交易应该受到保护。

两套房子,一套的买卖合同被认定为无效,而另外一套却认定为合法,那么区别在哪里呢?

1. 一套是妹妹买的,一套是善意人(非亲属)购买的。作为当事人的妹妹,明知房产是哥哥的房子,那么买房子的时候要经过嫂子同意,拿不出嫂子知道的证据,可以推定为恶意的,相互串通侵犯了嫂子的利益。而善意购买者,只需要看产证就可以了,产证上有谁的名字,就和谁交易,没有义务去查你有没有老婆,也没有义务去查你这套房子有没有争议,只要房产交易中心能办理过户,就能交易,只要老婆的名字没有写在产证上,和刘先生一个人交易,没有任何错误。

2. 有没有支付合理对价。妹妹没有付钱,而小夫妻是支付了市价的。买房付钱,天经地义,不付钱当然是有问题的。

3. 房屋的交付与否。买房子一般都要交付的,而虚假购房出于某种原因没有交付,这明显不符合常理。

我们回到案情中来,房子已经卖给小夫妻做婚房了,不可能收回来,那么张小姐的利益该如何保护呢?

把购房款要回来!房子卖了,那么卖房子的钱属于夫妻共同财产,卖房子造成房子升值的损失,可以找刘先生索赔。刘先生在法庭上说房款做生意用了,亏掉了,但是提供不出完整的证据。法院认为,刘先生有举证的义务,如果举证不能,需要承担不利的后果。15天后,刘先生还是不能证明卖房款的合理去向,法官据此认为,刘先生恶意转移夫妻共同财产成立,应承担相应法律后果。据此,刘先生应该支付张女士房价款的3/5。

【合同法】第58条规定:"合同无效或者被撤销后,因该合同取得的财产,应当予以返还;不能返还或者没有必要返还的,应当折价补偿。有过错的一方应当赔偿对方因此所受到的损失,双方都有过错的,应当各自承担相应的责任。"

房子弄清楚了,公司股份该如何处理呢?夫妻辛辛苦苦打拼下来的公司,自从李小姐勾搭上刘先生后,股份便转让给了李小姐的哥哥,《股份转让合同》清清楚楚、明明白白,股份转让款200万元也汇入刘先生的账号。

那么在这个案件里,是争取股份还是股份的转让款呢?当然是股份。公司注册资金虽然只有250万元,可是经过几年的经营,资产已经达到6 000多万,厂房都是买的,怎么可能只有200万呢?需要提醒大家的是,公司股份的转让,是双方意思自治的表示。也就是说,可以多可以少,都是合法的,有些公司转让的时候,就一块钱,也可以。李小姐的哥哥和刘先生也不是亲属关系,那么他们的转让能不能被撤销呢?这个交易到底是有效还是无效呢?

律师通过调查发现,公司当时注册登记的时候,夫妻不能同时作为一个公司的两个股东,所以,夫妻当时注册的时候商量,把公司登记在刘先生和刘先生的母亲名下,刘先生占有80%的股份,而刘先生的母亲持股20%。

根据法律规定,股东股份的转让必须通知其他股东,也就是说,刘先生把股份转让给李先生,需要告知刘先生的母亲,因为她有优先购买权。

【公司法】第七十二条:有限责任公司的股东之间可以相互转让其全部或者部分股权。

股东向股东以外的人转让股权,应当经其他股东过半数同意。股东应就其股权转让事项书面通知其他股东征求同意,其他股东自接到书面通知之日起满三十日未答复的,视为同意转让。其他股东半数以上不同意转让的,不同意的股东应当购买该转让的股权;不购买的,视为同意转让。

经股东同意转让的股权,在同等条件下,其他股东有优先购买权。两个以上股东主张行使优先购买权的,协商确定各自的购买比例;协商不成的,按照转让时各自的出资比例行使优先购买权。

公司章程对股权转让另有规定的,从其规定。

据刘先生的母亲回忆,当时刘先生说公司要年审,把她的身份证和印章要走了,根本没有提起要换股东的事情。

刘先生的母亲是有正义感的,作为老年人,她知道股份落到了李小姐手里后果不妙。儿子不清楚,妈妈不能不清楚,这个儿子是色迷心窍。刘老太提出,她愿意作为原告,向法院提出撤销股份转让协议的诉讼。

刘老太的起诉非常顺利,由于公司股份转让相关手续中有些刘老太的印章工商行政部门不承认,所以,刘先生就代替母亲在相关法律文书上签字,也没有告诉刘老太,这样,公司股份转让行为的本身就有了瑕疵。并且,根据法律规定,转让或者变更股份,需要本人或者委托代理人到场,刘先生没有接受到委托,却代替刘老太签字,本来就是无权代理。另外,刘先生没有告诉刘老太使用身份证是用于公司股份转让的,所以,转让本身就是欺瞒的,属于非法的,故,该股份转让协议为无效协议,理应被撤销。法院据此宣布,公司股权转让无效,恢复登记到原始状态。

一场离婚,充满了阴谋,并有很多意外情况发生。李小姐得知几场官司都输掉以后,她不可能从刘先生这里再得到什么好处了。在法院宣判刘老太官司胜诉的那一天,口口声声说要与刘先生生死不渝的李小姐,带着刘先生交给她保管的现金和财物就不见了,留下长吁短叹的刘先生一个人痛苦反省。张女士也陷入了是否与刘先生离婚的纠结中。

关于离婚的十大误区

我办理离婚诉讼10年了,每天都接到相似的咨询。对于离婚咨询中比较常见的问题,我们都会耐心回答,很多当事人不到律师事务所,就得到了相应的解答。

总结和归纳一下,有几个与离婚有关的问题,不少咨询者有一些错误的认识,也是离婚当事人常见的误区,比较有代表性,有必要写出来,给大家一个全面的答复,帮助准备离婚的人消除错误的离婚概念。

第一大误区:分居两年视为自动离婚。

婚姻是一个典型的要式合同,必须要经过国家机构(法院、民政局)办理结婚和离婚登记才能产生和解除。1989年12月23日最高人民法院《关于人民法院审理离婚案件如何认定夫妻感情确已破裂的若干具体意见》中第七条规定:因感情不和分居已满三年,确无和好可能的,或者经人民法院判决不准离婚后又分居满一年,互不履行夫妻义务的。2001年4月28日修订后的《婚姻法》第三十二条第二款规定的应准予离婚的情形第(四)项为:"因感情不和分居二年的。"根据后法优于前法,所以,一般法院判决离婚的时候是根据两年为标准的。

周志强律师认为,分居两年视为自动离婚的说法错误在于:

第一,忽视了"因为感情不和"的前提;夫妻分居原因有很多,工作原因、疾病隔离、军人服役、出国等不一而同,分居中,唯一只有因为感情不和分居才是符合上述说法的。

第二,视为自动离婚是错误的;离婚一定要经过法定的形式才会解除夫妻关系,如判决离婚、民政局办理协议离婚、法院撤销结婚登记或者宣判婚姻无效。

第三,分居两年也不是认定可以离婚的必然条件,而是认为感情确已破裂的依据之一。感情即使已经破裂,还要看有没有和好的可能。也就是说不管你分居多少年,法官也可能会给愿意挽回夫妻关系的原被告一个和好的时间,会判决不离婚。

我的一个当事人被判决不准离婚,他们事实上已经分居了15年,法院还是觉得应该给双方一个和好的机会。由于我们对委托人事先就有说明,委托人也没有过分激动,预料之中的事情,就不会激动。

第二大误区:找到一方有婚外情和婚外恋的证据,法院会在处理财产时对其少分。

《婚姻法》经过多次修改,我也曾经看到过这样的法律条文,但遗憾的是,这样的一个法律条文,因为会制造出很多社会矛盾,所以很快就被修改了。修改后的《婚姻法》四十六条,明确规定了可以取得离婚损害赔偿的四种情形:重婚的;有配偶与他人同居的;实施家庭暴力的;虐待、遗弃家庭成员的。

第一,根据上述法条,可以看出,有配偶与他人同居才是损害赔偿的条件之一。至于非法同居的证据是有严格限制的。婚外情、婚外恋不能等同于非法同居,这是完全不同的概念。

第二,离婚的损害赔偿不等同于财产少分或者不分。有非法同居行为是会对配偶产生精神伤害,所以会有赔偿,这个赔偿是精神赔偿,和夫妻财产没有关系。

第三,精神损害赔偿的标准在我国是很低的,一般没有严重的后果,损害赔偿不会超过5 000元。所谓严重后果,是指因为一方非法同居造成对方想不开跳楼、精神失常等。造成严重后果的,法院可以支持到最高限5万。

我认为,准备离婚的一方不计后果地寻找婚外情、婚外恋的证据,包括找调查公司,花费不菲,不管他们能不能取得真正的证据,即使取得了非法同居的证据,和财产分割也没有一点关系。花掉一万元左右调查费用,得到的,只是老公究竟有没有外遇的真相而已。我一般不鼓励当事人去调查,特别是花钱去调查,这样得不偿失。

我认为,婚外情、婚外恋的证据,只有在一方是国家公务员或者是有相应职位的人的时候,才会有一定的作用,逼使对方放弃财产,保住自己的职位。当然,证据的使用对象不是法院,而是党组织和纪委。

第三大误区:法院判决后,还要到民政局拿离婚证。

法院判决离婚或者调解离婚后,会收回结婚证,不需要再去民政局办理离婚登记。法院的调解书或者判决书是最高和终局的权利义务裁决,一旦生效,就解除了婚姻关系。以后需要再婚,凭法院的判决书或者调解书就可以办理结婚登记。

第四大误区：办理离婚只能回户籍地办理。

离婚分为两种，一种是协议离婚，一种是诉讼离婚。如果双方或者被告方在上海工作生活一年以上，只要有相关居住的证据，上海的法院是可以管辖，并对离婚进行判决的。只有协议离婚，也就是去民政局办理离婚，必须要到一方户籍地办理离婚登记。

我办理过很多外地人、外国人在上海的离婚诉讼代理，离婚，是不一定全部得回老家办理的，如果财产标的和争议不大，可以在上海法院就近离婚。财产比较多，可能诉讼离婚比民政局办理离婚的成本要大。但是，双方对于财产协商一致的，可以在上海的法院只解决离婚和小孩的抚养问题，财产问题双方另行庭下约定分割。为了避免有后遗症，自行约定的财产处置协议，最好还是在律师的指导下拟定，双方拟定的财产分割协议是具有法律效力的。

第五大误区：户口问题法院可以一并解决。

户籍问题，是中国特色。户籍落在何处，就可以住在何处，是宪法规定的居住权的体现，法院不可能违背最高效力的宪法。

我处理过的离婚案件千奇百怪。但是，有关的户籍问题，均是通过调解予以解决，没有法院判决迁出户籍的判例（除了调解书）。

也就是说，离婚了，对房产进行了分割，但是房产里面有非产权人的户籍的话，如果该户籍人没有另外的产权房，是可以居住在这套房子里直到老死。

第六大误区：夫妻一方的婚前财产，8年后可以成为夫妻共同财产。

伴随着《婚姻法》的几次修改，相关解释也在不断修改，修改前的解释的确有"夫妻一方婚前的重要生活资料，婚后满8年后，可以作为夫妻共同财产"的规定。但是，随着《婚姻法》《物权法》《合同法》等一系列法律的修改，我认为，这个"8年共有"的法律解释已经失去了法律效力。虽然没有明确废止，但是，根据最高人民法院有关离婚法律的解释条款的出现，这个条款已经名存实亡。

我在接受咨询的时候，遇见非常多的女性来咨询这个问题，说明在准备离婚之前，也曾经查询过，或者曾经打开过一些所谓的离婚网站了解过，认为这是法律规定，不会错。但是，离婚，现在成为一个越来越普遍的社会问题，离婚的法律法规，也是与时俱进不断修改的，如果片面地、孤立地看待一些法律条文，会把自己引向误区。

废掉这条法律的主要原因，可能是针对那些想借婚姻得到"长期饭票"的同志，最终离婚时还得自己"买单"。我认为，要改变这种现状，只有通过夫妻财产约定，或者婚前财产约定，改变法定的婚姻财产制度。最好通过律师指导来拟定。

第七大误区：约定了"青春损失费"或者"一方有外遇净身出户"的保证书，就有了爱情护身符。

克林顿的女儿在新婚前，和未来丈夫约定了外遇赔偿费用，而且很高。她可能吸取了爸爸的教训，给自己的婚姻买一份保险。如果这名男子步了老丈人的后尘，需要赔偿妻子一大笔钱。但是，如果克林顿女儿生在中国后，她就会傻眼。因为，目前中国的法院，对于所谓的"净身出户保证书"和"青春损失费"支持的概率几乎为零。我认为，民法明确规定，附人身属性的合同，没有法律明确规定，不生效。而婚姻关系是典型的人身合同。以离婚作为附条件、附期限的合同，这个合同本身就有了问题。

女人有青春，男人就没有吗？谁的青春不是青春？法律怎么来区分？

有了外遇，是思想和道德范畴的事情，不能上升为法律关系，没有上升为法律关系，不受法律来调整和规范。"非法同居"上升为法律关系，但是，索赔的金额一般也就在5 000—50 000元之间。法律只给"非法同居"开具了这样一张上限罚单。婚外情、婚外恋的问题，法律女神有时候的确会睁一只眼、闭一只眼。

我认为，爱情和婚姻在于经营和保养，没有保鲜袋和保险带来防范，法律也没有规定，似乎还做了相反的规定。所以，法律告诉我们，作为丈夫和妻子，不能用财产来约束任何一方。我们只能通过其他手段来操作，比如在房产证上写上名字，以拥有家庭财产占有权等手段，来保护自己的爱情。

第八大误区：谁先提出离婚，谁先吃亏。

离婚诉讼和所有的诉讼一样，虽然不排除"恶人先告状"的现象，但是，一般提出离婚诉讼的都是无助的一方。双方在协商不成、无法协议离婚的情况下，才会由一方提出离婚。也有的是因为程序问题，可以协议离婚，但是必须要通过法院的判决，才可以解决离婚后的一些问题，比如房屋贷款问题，涉外离婚问题。

中国人天性是善良的，希望远离诉讼，认为只有坏人才会去打官司，有些人一辈子都没有去过法院。有的人认为，只有着急离婚的人，才会去法院提出离婚。

一些通过离婚诉讼办理过离婚的过来人，是绝对不会有这样的错误观点的。因为诉讼是一种权利，而不是坏人才有的权利。好人也有这种权利。

老公希望一夫多妻而不去离婚；一方在转移财产，双方的财产在损失；有家庭暴力，被打得鼻青脸肿的；因对方提出过分的财产要求而不愿意离婚的等，都会逼使另外一方去法院诉讼离婚，被告并不都是好人。

我认为，法官天天处理离婚案件，对一些鸡毛蒜皮的问题，都懒得去计较。你认为很坏的事情，法官认为很正常。你认为的弱势群体，法官认为你太窝囊，你为什么不去抗争？法律，一般不会让感情渗透。法律女神为什么会蒙着眼睛，就是这个原因。

如果婚姻到了死水微澜的时候,还是需要通过公力救济来解决清官难断的家务事。无所谓谁是被告,谁是原告。

第九大误区:离婚协议书签订后就算数,不能反悔。

离婚协议书签订后,双方达成了一定意思表示,是不是不能反悔呢？特别是对那些净身出户的爷们,他自己愿意把财产都给我,他外面有了女人,道德差劲,心甘情愿,白纸黑字,明明白白,怎能反悔？

我认为,不是！

离婚协议书是一份身份合同,要随着身份的解除才会生效,也就是说,要办理了离婚登记后,才具有法律效力。上海市高级人民法院对这个问题有过专门的解释：双方签订了离婚协议书,在未办理离婚登记手续前,已经履行完毕的,不能反悔；没有履行的,可以反悔。

什么叫履行？就是约定了给你一套房子,房子已经过户给你,对方已经放弃了房产份额,在房地产交易中心签了放弃承诺书,就叫作履行完毕。说好给你100万,但是没有给你,就是没有履行。

婚姻法司法解释三,进一步对此予以了明确：第十四条　当事人达成的以登记离婚或者到人民法院协议离婚为条件的财产分割协议,如果双方协议离婚未成,一方在离婚诉讼中反悔的,人民法院应当认定该财产分割协议没有生效,并根据实际情况依法对夫妻共同财产进行分割。

周志强律师认为,离婚协议书,是离婚了的协议书。别搞错了。

第十大误区:子女抚养费就是按照工资的20%—30%一刀切。

1993年11月3日《最高人民法院关于人民法院审理离婚案件处理子女抚养问题的若干具体意见》中原文是这样的：

> 7. 子女抚育费的数额,可根据子女的实际需要、父母双方的负担能力和当地的实际生活水平确定。
>
> 有固定收入的,抚育费一般可按其月总收入的百分之二十至三十的比例给付。负担两个以上子女抚育费的,比例可适当提高,但一般不得超过月总收入的百分之五十。无固定收入的,抚育费的数额可依据当年总收入或同行业的平均收入,参照上述比例确定。

第七条明确说明,要根据当地的生活水平、子女实际需要、父母负担能力为前提,不是一刀切。如果男方的工资是50万一年,并不代表一年要支付10万—

15万,上海法院目前判决的子女抚养费最低500元,没有工资收入也是500元,大人可以不吃饭,小孩子要吃饭。没有工作不是理由,可以找工作啊。

法院一般判决子女抚养费,没有特殊情况会在2 000元以下,子女抚养费是父母双方都要出的,不带孩子的出2 000元,带孩子的也要出2 000元,就是4 000元,基本上可以满足孩子的生活了。

2 000元以上的是特殊情况,一般指小孩在双方离婚前就患有疾病、智障等,需要额外开支的。

所以说,离婚子女的抚养费不是按照比例出,是参照比例出。

离婚的时间成本

请问周律师,我这次起诉离婚能离得掉吗?

这是问得我耳朵都起茧的一句话。几乎每个客户都会问,特别是在QQ上免费咨询的。我真不知道如何回答,因为要回答这个问题,所用的打字时间,都可以写一篇法律论文了。

我在《申江服务导报》发表过一篇文章《离婚诉讼中引入第三人,成功解决七年离婚苦旅》,也就是说,这位客户找到我的时候,离婚已经持续了七年。这是我见到过的,最执着于离婚,且时间最长的一个。

离婚需要时间成本,这个时间成本由两个部分构成,第一部分是决定离婚的时间成本,离与不离,是一个问题。第二部分是办理离婚的时间成本,怎么离?孩子给谁?财产如何分?也是一个问题。今天谈好的事情,明天又反悔了,麻烦!

决定离婚很痛苦,办理离婚也很痛苦。所以,一旦决定开始离婚,且通过诉讼解决离婚问题的委托人,都想尽快把婚离掉,这可以理解。一般双方没有意见,能自己解决的,就协议离婚了,决定离婚和办理离婚同步,没有时间差。但是,一旦协商失败,寻求法院判决的时候,却发现要法院判决离婚,还有一个巨大的时间成本,有时候甚至超过了当事人的时间期望值,特别是当事人试图通过拖延时间以达到其他目的,那离婚的时间成本更大。

问我这句话的人,往往认为离婚只需要一种时间成本,所以才会这样问。

一般来说,法院会参考"婚前感情基础、婚后夫妻生活、感情是否已经破裂、有没有和好的可能"这四个条件来决定是否支持离婚。

"婚前感情基础"主要为了解决包办婚姻、草率结婚等问题,如果婚姻系父母包办,结婚是为了动迁、分房、闪婚等,应该视为"婚前缺乏了解"的事实认定的来源。

"婚后夫妻生活"主要是指夫妻一起同居生活的状况,同时,也是法官对夫妻生活质量做评析的过程。从结婚开始,这对夫妻有没有磨合好,通过了解夫妻生活的习惯冲突、男方家庭与女方家庭的冲突、抚养子女的观念冲突、经济状况的好坏等方面来做一个判断,这个家庭是不是合格的家庭、正常的家庭,有没有维系的必要。

比较重要的是第三点"感情是否已经破裂",最高院《关于人民法院审理离婚案件如何认定夫妻感情确已破裂的若干具体意见》规定:根据婚姻法的有关规定和审判实践经验,凡属下列情形之一的,视为夫妻感情确已破裂。一方坚决要求离婚,经调解无效,可依法判决准予离婚:

1. 一方患有法定禁止结婚的疾病,或一方有生理缺陷及其他原因不能发生性行为,且难以治愈的。

2. 婚前缺乏了解,草率结婚,婚后未建立起夫妻感情,难以共同生活的。

3. 婚前隐瞒了精神病,婚后经治不愈,或者婚前知道对方患有精神病而与其结婚,或一方在夫妻共同生活期间患精神病,久治不愈的。

4. 一方欺骗对方,或者在结婚登记时弄虚作假,骗取结婚证的。

5. 双方办理结婚登记后,未同居生活,无和好可能的。

6. 包办、买卖婚姻,婚后一方随即提出离婚,或者虽共同生活多年,但确未建立起夫妻感情的。

7. 因感情不和分居已满3年(后改为两年),确无和好可能的,或者经人民法院判决不准离婚后又分居满一年,互不履行夫妻义务的。

8. 一方与他人通奸、非法同居,经教育仍无悔改表现,无过错一方起诉离婚,或者过错方起诉离婚,对方不同意离婚,经批评教育、处分,或在人民法院判决不准离婚后,过错方又起诉离婚,确无和好可能的。

9. 一方重婚,对方提出离婚的。

10. 一方好逸恶劳、有赌博等恶习,不履行家庭义务,屡教不改,夫妻难以共同生活的。

11. 一方被依法判处长期徒刑,或其违法、犯罪行为严重伤害夫妻感情的。

12. 一方下落不明满两年,对方起诉离婚,经公告查找确无下落的。

13. 受对方的虐待、遗弃,或者受对方亲属虐待,或虐待对方亲属,经教育不改,另一方不谅解的。

14. 因其他原因导致夫妻感情确已破裂的。

第四点,有没有和好的可能?

即使符合了前面三个条件,如果一方在法庭上要求法官给一个和好的机会,法院一般会给请求人6个月时间来努力维系濒临死亡的婚姻,也就是说,这次也会判决不离婚。

法律条文一大堆,其实说白了就几句,有没有重大错误?起诉到法院几次?分居了多久?

同时,我可以解释一下办理离婚的速度。最快的一次,离婚的客户是今天下午签约,第二天下午办理了离婚登记。在我的印象中,我经办的离婚案件一般在一年左右。为什么这么快?因为我比较习惯诉前调解,知道当事人离婚时的心理状态,洞悉离婚的法律障碍,同时我的律师团队有谈判的经验和技巧。没有必要维持的婚姻,一般只剩下心理问题,而解决心理问题,我们比较在行。

人,一辈子只会离婚一次。而我"经历"的离婚,一个月就有10次,持续了10年。

办理离婚诉讼这么久,越来越发现上述这些法律规定有其合理性。家庭是社会的细胞,能挽回的尽量挽回,没有错。

只不过,离婚是感情色彩最浓的诉讼,一般人不到万不得已,不会诉讼至法院,而一旦诉讼至法院,恨不得明天就离掉。心情可以理解,可是,法院不是快餐店,不可能第一次来就给你想要的结果。你们的感情如何?法官没有和你生活在一起,不了解。离婚的同时,会制造出一些社会矛盾,贫困家庭还有生活救济等问题。有子女的家庭,法官还需要考虑子女的健康成长。

离婚是需要时间成本的,所以,面对本节开头的问题,我一般会反问委托人一句话:"你们从恋爱到结婚花了多长时间?"

详细地说说离婚诉讼的时间成本吧:

物色律师:15—30天;

准备起诉材料:7—30天(异地婚姻、涉外婚姻、下落不明、军人、服刑等情况适当延长);

法院立案到通知:7—15天;

法院诉前调解:1—4个月;

立案到审判:1—3个月或者6个月;

(如果一方上诉增加2个月)

重新起诉：6个月加15天；

法院再次审理：3—6个月。

每个决定离婚的人，需要根据自己的心理曲线，合理选择离婚的手段，该起诉就起诉，该谈判就谈判，该和好时就要努力，也可以一边谈判一边起诉。脚踩西瓜皮，滑到哪里算哪里，不应该是对待婚姻的态度，毕竟婚姻是你们自己的事情，也是你一辈子最重要的事情。要知道等到你真的想通了要离婚，到真正离婚，还是需要一段时间的。

子女抚养费和抚养权

当爱已成往事，一个家庭就解体了。离婚有三部曲：离与不离？孩子给谁？财产怎么分？三部曲中，最关键的就是孩子给谁。这个问题不解决，什么事情都没有开始。

爸爸一个家，妈妈一个家，冷漠的夫妻离婚的时候，需要考虑的是孩子的抚养权和抚养费的问题。由于我国以前实行的独生子女政策，一个家庭一般就只有一个孩子。财产可以分，但是孩子不能劈开来分。于是，在离婚的案件中，稍不留神，往往会引发夺子大战。

孩子到底该给谁抚养？怎么样才能争取到抚养权？抚养费应该怎么支付？抚养费该支付到什么时候？探视权是什么？我国的法律是如何规定的？

一、争取孩子的动机？

1. 确实是父母或者长辈疼爱孩子，难以割舍

我见过一个离奇的抚养权官司。一对夫妻要离婚，孩子是妻子到酒吧去玩一夜情生下来的，和男方一点关系都没有，后来男方也知道了这个事实。孩子一直由爷爷奶奶抚养，已经5岁了，孩子的父母也就每周六过来看望下。离婚的时候，男方因为孩子不是自己的，肯定不想要；女方为了享受快乐刺激的生活，也不想要。出乎意料的是，爷爷奶奶想要孩子，愿意承担孩子的所有抚养费用。不难理解，爷爷奶奶尽管知道孩子不是亲生的孙子，但是5年的朝夕相处，爷爷奶奶和孩子的感情太深了，以至于不愿意分离。

俗话说："亲生的不如亲养的。"孩子是无辜的，和自己没有血缘关系的老人都不愿意亲养的孙子离开，有血缘关系的爷爷奶奶、外公外婆怎么会舍得一直陪伴逗乐的孙子、外孙？你们两口子离婚，可以！孩子必须给我留下。如此，争抢孩子的抚养权就成为离婚的矛盾焦点。

我见过一个男人,离婚时候做了很多努力,女儿还是判给了女方。判决后,他倔强地就是不执行,法院拘留也拘留过,还为此丢了公务员的工作,但他就是不肯和女儿分开。

他确实一门心思对女儿好,从不相亲,每天起早贪黑只为了照顾女儿。女儿成绩优秀,心理也非常健康。让我感动的是,他被拘留的15天里,女儿被送到了我母亲家里,他只是和女儿说,自己出差去了。15天后,他出来了,我看得出他在拘留所肯定吃过一些苦,但是,他一声不吭把女儿带回去,第二天照常6点起床给女儿做早饭,晚上给女儿辅导作业。

我实在看不下去,第二天就去找了他的前妻。但女方有女方的道理:"我也是个金领,尽管已经再婚,但是,我的经济条件比他爸爸好多了,法院把女儿的抚养权都判给我了,凭啥啊?坐牢他活该!"

我对她说:"我办的案件比较多,看的也比较多,发现一个现象,如果养的是女孩,父亲一定会争取抚养权。有的离婚协议书上都写明,如果女方再婚,孩子交给男方抚养。为什么呢?这些爸爸是怕前妻给孩子找个不靠谱的继父,报纸上继父的负面报道太多了,亲生父亲晚上怎么睡得着?你是因为婚外恋而离婚的,你现在的丈夫尽管事业有成,但他是什么品行?结婚几次了?你应该比我们清楚。等女儿慢慢长大,你如何面对这个问题?养孩子不单单是钱的问题,更多的是付出的爱和安全。你有没有考虑过再生孩子?如果你又生了一个孩子,女儿夹在你们中间,合适吗?

考虑了几天,她打电话来,说孩子先这样吧,让他好好带孩子,我对不起他!

2. 争夺孩子的抚养权是为了争夺孩子的财产利益

夫妻关系好的时候,就一个宝贝孩子,买房子都会写上孩子的名字,孩子出生满百天或过生日都会买些金饰品辟邪,保险产品自然也不会少。如果家里动迁了,孩子也有一份。所以,抢夺孩子的抚养权,有的时候并不是为了亲情,并不是舍不得孩子,而是舍不得孩子名下的财产。取得了孩子的抚养权,就取得了孩子财产的保管权,保管在自己名下,还不是想怎么样就怎么样!

特别令人恶心的是,有的人在法庭上一把鼻涕一把眼泪地诉说对孩子的深情,好像没有孩子活不下去。生活中却天天打麻将,有了第三者从来不着家。这时候,作为律师,真的为孩子捏一把汗,万一孩子判给他了,那不是遭大罪了?

3. 成为分割财产的筹码

办理离婚案件后,发现一个怪现象,抢孩子。双方分居,孩子在妈妈家生活得有滋有味,平常不大见面的爸爸突然过来把孩子抢走了。为啥抢?要挟!要挟什么?要求女方配合早点离婚,要求多分财产。我写过一篇文章《夺子大战》,

说的就是这种事。

4. 面子问题

有些爸爸或者妈妈,平时不怎么带孩子,也不知道带孩子的辛苦,等到要离婚的时候,觉得要对孩子好一点,就提出要孩子的抚养权。也有的人因为养的是男孩,要是判给女方,那不丢脸丢大了?一定要争取过来。孩子么,穷养富养都是养,面子不能丢!

其实,如果双方都爱孩子的话,作为律师,我一般劝我的当事人不要孩子。因为,养个孩子不是开玩笑的事情,那得付出多少心血啊?并且吃力不讨好。你天天带孩子,管多了孩子还不高兴,不带孩子的那个偶尔过来给点甜头,小孩子就被花过去了。孩子又不管你们的恩怨情仇,谁给他礼物谁就好。等你辛苦养到18岁,他爹送他一部车,他叫爹要比叫妈快得多。

5. 对离婚的仇恨

有些人,对离婚有仇恨,怎么不让你舒服,他怎么来,反正不让对方快活,即使波及孩子也不管。

二、子女的定义是什么?

同居生子、婚生子、非婚生子、继子女、养子女等,只要有血缘关系的,都是子女。

三、孩子为什么会判给爸爸或者妈妈?

1. 按照年龄的三个阶段(2岁以下,2岁以上,10岁以上),十月怀胎的原因,法律偏向女方。2岁以内,原则上判给母亲;10岁以下,以有利于子女健康成长为原则进行判决;10岁以上,听子女的个人意见;

2. 参考因素:住房条件、生活环境(户籍)、抚养习惯、个人收入水准;

3. 不利因素:恶习(赌博、吸毒、家庭暴力等)、道德素质(卖淫嫖娼、外遇过错、受到判刑劳教等)等;

4. 特殊原因:结扎手术、传染病、性骚扰癖好。

四、孩子的抚养费应该是多少?

1. 参照法律规定(误区:按照工资的20%—30%);

2. 没有收入如何判决?收入过高如何判决?

3. 抚养费的变更(案例:十次抚养费诉讼案);

4. 一次性支付可能吗(外籍人士或明显不能支付抚养费的)?

5. 特殊情况(子女残疾,有利于抚养小孩子的一方无能力抚养)。

五、为什么抚养费支付到 18 岁为止?

1. 18 岁已经成年,可以单独要求抚养费;
2. 18 岁以后的抚养费的法律规定。

六、律师观点:

1. 父母离婚已经是错误,避免产生夺子大战,一错再错,再次伤害孩子;
2. 用发展的眼光来权衡自己抚养的取舍(5 年以后再婚产生的后爸、后妈问题、计划生育问题等);
3. 合理安排抚养与探视的关系,维护离婚后完整的父爱和母爱;
4. 培养孩子正确的家庭伦理(电视剧《我爱我家》)是对孩子最大的爱;
5. 避免争抢,其实非抚养一方也能给孩子完整的父爱或者母爱。能力不足的时候,协商变更抚养权;
6. 争取抚养权的取证:学校证明、居委证明、外公外婆的自愿配合照顾意愿书、子女的日记等。

法律索引:

最高人民法院关于人民法院审理离婚案件处理子女抚养问题的若干具体意见

(一九九三年十一月三日)

人民法院审理离婚案件,对子女抚养问题,应当依照《中华人民共和国婚姻法》第二十九条、第三十条及有关法律规定,从有利于子女身心健康,保障子女的合法权益出发,结合父母双方的抚养能力和抚养条件等具体情况妥善解决。根据上述原则,结合审判实践,提出如下具体意见:

1. 两周岁以下的子女,一般随母方生活。母方有下列情形之一的,可随父方生活:

(1) 患有久治不愈的传染性疾病或其他严重疾病,子女不宜与其共同生活的;

(2) 有抚养条件不尽抚养义务,而父方要求子女随其生活的;

(3) 因其他原因,子女确无法随母方生活的。

2. 父母双方协议两周岁以下子女随父方生活,并对子女健康成长无不利影响的,可予准许。

3. 对两周岁以上未成年的子女,父方和母方均要求随其生活,一方有下列情形之一的,可予优先考虑:

(1) 已做绝育手术或因其他原因丧失生育能力的;

(2) 子女随其生活时间较长,改变生活环境对子女健康成长明显不利的;

(3) 无其他子女,而另一方有其他子女的;

(4) 子女随其生活,对子女成长有利,而另一方患有久治不愈的传染性疾病或其他严重疾病,或者有其他不利于子女身心健康的情形,不宜与子女共同生活的。

4. 父方与母方抚养子女的条件基本相同,双方均要求子女与其共同生活,但子女单独随祖父母或外祖父母共同生活多年,且祖父母或外祖父母要求并且有能力帮助子女照顾孙子女或外孙子女的,可作为子女随父或母生活的优先条件予以考虑。

5. 父母双方对十周岁以上的未成年子女随父或随母生活发生争执的,应考虑该子女的意见。

6. 在有利于保护子女利益的前提下,父母双方协议轮流抚养子女的,可予准许。

7. 子女抚育费的数额,可根据子女的实际需要、父母双方的负担能力和当地的实际生活水平确定。

有固定收入的,抚育费一般可按其月总收入的百分之二十至三十的比例给付。负担两个以上子女抚育费的,比例可适当提高,但一般不得超过月总收入的百分之五十。

无固定收入的,抚育费的数额可依据当年总收入或同行业平均收入,参照上述比例确定。

有特殊情况的,可适当提高或降低上述比例。

8. 抚育费应定期给付,有条件的可一次性给付。

9. 对一方无经济收入或者下落不明的,可用其财物折抵子女抚育费。

10. 父母双方可以协议子女随一方生活并由抚养方负担子女全部抚育费。但经查实,抚养方的抚养能力明显不能保障子女所需费用,影响子女健康成长的,不予准许。

11. 抚育费的给付期限,一般至子女十八周岁为止。

十六周岁以上不满十八周岁,以其劳动收入为主要生活来源,并能维持当地一般生活水平的,父母可停止给付抚育费。

12. 尚未独立生活的成年子女有下列情形之一,父母又有给付能力的,仍应负担必要的抚育费:

(1) 丧失劳动能力或虽未完全丧失劳动能力,但其收入不足以维持生活的;

(2) 尚在校就读的;

(3) 确无独立生活能力和条件的。

13. 生父与继母或生母与继父离婚时,对曾受其抚养教育的继子女,继父或继母不同意继续抚养的,仍应由生父母抚养。

14. 《中华人民共和国收养法》施行前,夫或妻一方收养的子女,对方未表示反对,并与该子女形成事实收养关系的,离婚后,应由双方负担子女的抚育费;夫或妻一方收养的子女,对方始终反对的,离婚后,应由收养方抚养该子女。

15. 离婚后,一方要求变更子女抚养关系的,或者子女要求增加抚育费的,应另行起诉。

16. 一方要求变更子女抚养关系有下列情形之一的,应予支持。

(1) 与子女共同生活的一方因患严重疾病或因伤残无力继续抚养子女的;

(2) 与子女共同生活的一方不尽抚养义务或有虐待子女行为,或其与子女共同生活对子女身心健康确有不利影响的;

(3) 十周岁以上未成年子女,愿随另一方生活,该方又有抚养能力的;

(4) 有其他正当理由需要变更的。

17. 父母双方协议变更子女抚养关系的,应予准许。

18. 子女要求增加抚育费有下列情形之一,父或母有给付能力的,应予支持。

(1) 原定抚育费数额不足以维持当地实际生活水平的;

(2) 因子女患病、上学,实际需要已超过原定数额的;

(3) 有其他正当理由应当增加的。

19. 父母不得因子女变更姓氏而拒付子女抚育费。父或母一方擅自将子女姓氏改为继母或继父姓氏而引起纠纷的,应责令恢复原姓氏。

20. 在离婚诉讼期间,双方均拒绝抚养子女的,可先行裁定暂由一方抚养。

21. 对拒不履行或妨害他人履行生效判决、裁定、调解中有关子女抚养义务的当事人或者其他人,人民法院可依照《中华人民共和国民事诉讼法》第一百零二条的规定采取强制措施。

协议离婚

幸福的家庭家家相似,不幸的家庭各有各的不幸。一段感情终了,双方你情我愿地办理了离婚,协议离婚,是成本最小的离婚方式。

离婚协议书

离婚后,诉讼不断,烦恼不断,原因就是《离婚协议书》出了问题。很多协议离婚的人,认为自己的事情自己可以处理,没有聘请专业人士书写离婚协议书,导致事情剪不断理还乱。

一、离婚协议书的特征:

1. 身份关系的解除;
2. 子女监护权的分离;
3. 财产共有关系的分割条件具备;
4. 登记后发生法律效力(登记前已经部分履行的具有参考因素)。

二、离婚协议书的基本要素:

1. 婚姻描述:几个时间节点代表了全部的婚姻(认识时间、结婚时间、生育子女时间、分居时间);
2. 子女抚养权和抚养费、探视权的约定(探视的时间、方式、接送地点。抚养费的支付时间、支付的账号);
3. 财产分割(房产、车辆、存款、股票、现金、首饰、家用电器、家具等)。

三、容易疏忽大意的条款:

1. 离婚后双方的居住问题的约定;

2. 户口问题,制约条款的约定;

3. 涉及他人的财产的约定(公司、子女共有财产);

4. 负资产的约定(贷款和债务);

5. 隐匿财产的制约约定;

6. 可操作性的程序性约定(有贷款的过户、赠与婚生子女的财产手续);

7. 违约责任的约定。

四、自愿离婚登记:

1. 在一方户籍所在地的民政局办理;

2. 办理时候,携带双方的身份证、户口簿、结婚证;

3. 有婚生子女,须有出生医学证明、户口簿;

4. 离婚协议书涉及财产的,须携带财产权证。不愿意涉及财产的,可以自行另外协议书约定;

5. 本人亲自到场填写自愿离婚协议书;

6. 判决离婚的,不需要重复办理离婚登记。

中西方妇女维权法律比较研究

三月八日是妇女的法定节日。新中国成立(特别是改革开放)以来,我国妇女权益的立法逐步完善,形成了中央和地方相辅相成的立体法律体系,在保障妇女权益、促进男女平等等方面发挥了重大作用。中国和西方国家一起,共同推动了国际社会男女平等的历史潮流。

本文将对中西方妇女权益立法、妇女权益救济等作比较研究。

一、中西方妇女基本权益立法比较

(一)我国关于妇女权益立法

我国与保护妇女权益相关的法律包括2005年修改的《中华人民共和国妇女权益保障法》、1994年制定的《中华人民共和国劳动法》、1996年修改的《中华人民共和国刑事诉讼法》、1997年修改的《中华人民共和国刑法》、2001年修改的《中华人民共和国婚姻法》等,根据相关法律法规,我国法律规定的妇女基本权益主要包括:生育权、离婚相关权益、劳动就业权益、身体权及性权利、政治权利;中华人民共和国刑法还规定了专以妇女为侵害对象的系列犯罪,为打击侵害妇女合法权益的犯罪行为提供了法律武器。

1. 妇女生育权。生育权包括生育选择权、生育安全权、生育保障权等权利。根据《中华人民共和国妇女权益保障法》,妇女有生育的自由也有不生育的自由。当然,在保护妇女生育权的同时,新出台的《婚姻法》司法解释三赋予婚姻关系相对方男方明确的救济方式予以制衡,即夫妻双方因是否生育发生纠纷,致使感情确已破裂,人民法院可判决离婚。

子女姓氏权为妇女生育权衍生权利。

子女姓氏到底谁说了算。原则上新生儿可以随父母双方任一方姓,由双方共同确定。但是,依据《上海市〈出生医学证明〉管理办法》第十一条第三款第一项规定的《出生医学证明》签发具体程序不难理解,新生儿的姓名实际决定权掌握在母亲一方手中!

2. 妇女离婚相关权益。包括离婚后子女优先抚养权,根据我国婚姻法司法解释,离婚时子女两岁内原则随女方,2—10岁内照顾女方。根据我国婚姻法,妇女其他离婚权益,还包括流产后半年禁止被起诉离婚,孕期禁止被起诉离婚,哺乳期一年内禁止被起诉离婚。

3. 劳动就业权益。包括孕期、哺乳期不被解除合同、降低工资待遇;同工同酬;不得歧视等。

4. 妇女人身自由和身体权。根据《中华人民共和国妇女权益保障法》,妇女的人身自由不受侵犯,禁止非法拘禁和以其他非法手段剥夺或者限制妇女的人身自由,禁止非法搜查妇女的身体。为将保障妇女人身权的规定落到实处,我国刑事诉讼规定,对应当逮捕的正在怀孕、哺乳婴儿的妇女,规定可以采用取保候审或者监视居住措施;规定公安机关检查妇女的身体,要由女工作人员或者医师进行。《中华人民共和国刑法》将妇女规定为犯罪对象的罪名包括非法进行节育手术罪,组织卖淫罪,强迫卖淫罪,协助组织卖淫罪,引诱、容留、介绍卖淫罪,强奸罪,猥亵或者侮辱妇女罪,拐卖妇女罪等;刑法还规定审判时怀孕的妇女不适用死刑。

5. 政治权利。选举法第六条规定,全国人民代表大会和地方各级人民代表大会的代表中,应当有适当数量的妇女代表,并逐步提高妇女代表的比例。宪法第四十八条规定,国家培养和选拔妇女干部。

(二) 西方国家妇女权益立法

西方国家十分重视妇女权益立法,美国对妇女权益保障相关法律涉及雇佣、离婚、生育权、强奸、家庭暴力、性骚扰、堕胎等各方面,在妇女平等权、劳动就业权、性权利、家庭生活中权益、离婚相关权益等方面有较完备的立法。

英国法律十分重视解决家庭暴力、家庭虐待等社会问题,在妇女劳动权益、平等权、妇女家庭生活中权益等方面有较为完备的立法。

二、中西方反家庭暴力立法和救济比较

有资料显示,中国家庭暴力发生率为29.7%—35.7%,受害者多半为妇女,家庭暴力形式包括"家庭冷暴力",即漠不关心对方,将语言交流降到最低限度,停止或敷衍性生活,懒于做一切家务工作等行为。冷暴力实际上是一种精神虐待。

(一) 中国反家庭暴力方面的立法和救济

《中华人民共和国宪法》第四十九条明确规定:禁止虐待妇女;《中华人民共

和国妇女权益保障法》第三十八条规定：禁止用暴力等手段残害妇女；《中华人民共和国婚姻法》第三条规定：禁止家庭暴力，禁止家庭成员间的虐待和遗弃。

但是，我国缺乏禁止虐待和家庭暴力的配套详细司法解释和更为具体的法律，上述法律在实践中难以起到有效预防和制止虐待妇女、实施家庭暴力的作用。

最高人民法院2008年5月出台了《涉及家庭暴力婚姻案件审理指南》，设定了人身保护令的框架。虽借鉴了西方人身保护令的叫法，法律实践中应认定为人身安全保护裁定。

2008年8月6日，我国第一道"人身保护令"，由江苏省无锡市崇安区法院根据受害人王芬（化名）的申请签发。该裁定禁止作为丈夫的被申请人刘刚（化名）殴打、威胁妻子，首次在民事诉讼中将人身安全司法保护的触角延伸至家庭内部和案件开庭审理前。

9月24日，湖南省长沙市岳麓区法院发出第一个"人身保护令"，并向当地公安机关发出协助执行通知书，要求警方监督被告丈夫华阳（化名），一旦发现其威胁、殴打原告妻子张丽芳（化名），要采取紧急措施，保护张丽芳人身安全。该裁定得到当地公安机关的积极配合。

接着，2008年10月，重庆市渝中区法院也签发了该市首批"保护令"，概括起来有几种类型：

（1）裁定被申请人要如实申报家庭财产，并不得擅自处理价值较大的夫妻共同财产。

（2）裁定丈夫7日内须与妻子沟通，以制止家庭冷暴力。

（3）裁定考察加害人在6个月期限内是否真诚悔过。

（4）裁定禁止对妻子施暴。

2009年6月，浙江省温州市龙湾区人民法院向申请人季女士发出了一纸"人身安全保护裁定"，禁止季女士的丈夫对其殴打、威胁、骚扰。

中国法院人身保护令对制止虐待、家庭暴力作用是明显的，在法院诉讼阶段能有限度地起到保护妇女权益不受暴力侵害的作用。

但是，规定上述中国"人身保护令"的《审理指南》只是一个内部指导性文件，并非法律规定，并不具有普遍的约束力，并未在全国范围内被法院广泛采用，更难以起到及时制止和防范家庭暴力的作用，其社会影响和震慑力十分有限。另外，中国"人身保护令"的法律渊源较为笼统，并非是针对维护妇女权利而制定的法律依据。一种看法认为，似乎法院加重了公安机关的工作量，人身安全保护裁定出现后，未形成后续完整的妇女权益救济制度。在实践中，因为牵涉多个部门职权分工,不易操作,没有像刑法修正案(八)"禁酒令"那样取得立竿见影的效果,受益者有限,以至于普通群众知之甚少。

(二) 国外家庭暴力的法律救济方式

1. 美国人身保护令制度

美国妇女面对家庭暴力有一把"尚方宝剑",即"民事保护令"。这种"保护令"的申请很简单,受虐妇女难以忍受丈夫的家庭暴力,自己可以到法院申请保护,法院会获准该妇女受有限保护。妇女要求什么保护都可以提出来,这就是"保护令"。"保护令"规定,丈夫在一定的时间内不准接触妻子;或不准丈夫对子女监护;或者规定丈夫在 50 米的距离内不准接近妻子的住处;或者规定丈夫在多长时间之内不准带枪等。这种"保护令"的有效期一般为 1—2 年。

受虐妇女可通过两个办法实现"保护令"上规定的保护。一是打电话找警察,丈夫违反"保护令"的规定,警察必须出警,可以将丈夫逮捕,甚至可由警察局起诉丈夫违反"保护令",对丈夫进行定罪。二是妇女可以直接到法院自诉,要求法庭判丈夫"藐视法庭"罪。当然,这样的罪不一定会将丈夫送进监狱,除非严重违反"保护令"。"保护令"得到了当事人、法院、警察局三方的拥护。当事人的可操作性强,可以申请什么时候、通过什么方式得到保护;法院减少了诉讼;警察局认为避免了夫妻之间的进一步冲突,减少了警力。

"保护令"的核心实际在于将存在于家庭内部的纠纷转化为施暴人与国家之间的纠纷,进而通过国家的介入来达到惩戒施暴者的目的。一旦被禁止者违反"保护令",家庭暴力案件也将变成一宗藐视法庭的国家公诉案件。

2. 欧美等设立专门的家庭暴力法庭

欧美等国家的一些地方设立了专门的家庭暴力法庭,选派专门人员、依据专门的程序来审理家庭暴力案件,为受害妇女提供更为及时、方便、有效的帮助。同时,也积累了审理家庭暴力案件的经验资料和信息,为全社会对家庭暴力的防治起到积极的推广作用。令人欣喜的是,我国山西、湖北等多个省市的法院也在这方面作了有益尝试。

3. 对严重的家庭暴力案件重罪重判

以美国为例,家庭暴力案件的重罪可判刑 28 年以上。美国《模范法典》第 203 条规定,加重对再次或反复实施家庭暴力犯罪行为的刑罚。被告当庭承认作有罪答辩或因在 5 年之内再次或反复实施暴力犯罪而被定罪的,对他的惩罚将在州法律规定的原有基础上,提高一个刑罚幅度,或者比照州法律中对惯犯的刑罚规定来处理。加重刑罚可以威慑一些犯罪人,使那些有可能受到加重处罚的犯罪人相信,与其被监禁,不如停止暴力行为。

4. 英国设立"家庭暴力注册簿",将打老婆者"载入史册"

据英国媒体报道,英国政府管理家庭暴力有奇招。设立"家庭暴力注册簿",将虐待妻子的人统统记录在案,以便警方和他们日后的"新欢"核实其过去的劣迹。这是英国政府推出的旨在帮助警方掌握家庭暴力犯罪情况,帮助新结识的伴侣认清对方的一项新举措。

根据英国政府的方案,因家庭暴力被处以六个月监禁者将被登记在"家庭暴力登记簿"上七年,而被处以两年半或以上者将被终生注册在案。刑满获释的登记在案者搬家时有义务通知当地警方。这份名单将一式多份,分别发送到警察局、社会服务行业以及一些社会福利机构等相关机构的手中。

一些要求雇员诚信度较高的用人单位在招聘员工时,比如警察局或社区服务部门有必要时,将被获准查阅"家庭暴力登记簿"。

该措施有助于保护女性,尤其对那些正在和离异男子交往的女性非常有益。她们只需要上网一查,便可以知道自己心仪的对象是否是"人面兽心"之徒。同时,当罪犯搬入一个新社区时,当地群众只要对照一下名单,便可以了解其不光彩的过去,从而决定是否接纳他在本小区居住。

5. 挪威对家庭暴力的零容忍政策

1988年的刑事诉讼法修正案规定,对配偶、儿童或其他亲密关系者的暴力侵害案件实行"无条件司法干预"(unconditional judicial intervention)的公诉原则;确立主动干预原则,即申请人提出申请后很快撤回申请的,保持警觉,判断其是否因施暴人的威胁、胁迫所致。存在的可以不予批准;强力干涉原则,即便受暴妇女撤销了先前的指控,警察和公诉机关在没有被害人同意的情况下,也可以向施暴者提起诉讼,即认为国家维护的秩序受到了侵犯,而不是申请人个体受到了侵犯,这是一个政治上的信号,反映出国家对家庭暴力问题态度的转变;最大化地保护受害者原则,1994年刑事诉讼法的修正案规定,允许被害人接触案件相关材料,知晓案件更多信息,被害人会被告知起诉书是否已被公诉机关提交给法院,以及起诉书的具体内容,被害人在法庭举证时,法庭有权命令被告人暂时离开,在证人不满14周岁的性犯罪中,无论轻罪还是重罪,如果法官认为有利于保护儿童利益或者基于其他原因,可以根据刑事诉讼法,在开庭期间分别提取证人证言。

三、中西方离婚中妇女权利救济

(一)中国式离婚现状与原因分析

离婚现状:上海市民政局2012年2月13日公布的上海2011年度婚姻登记

统计情况显示,过去一年上海有 38 850 对夫妻离婚(不含法院判决离婚数字),比上年上升 4.06%,约 94% 的离婚缘由为感情、性格不和。对比"文革"期间离婚率,以上海为例,1966—1976 年 10 年间,全市总离婚登记数只有 6 489 对,平均每天不到两对。算一笔账,2012 年一年的离婚总数,相当于"文革"期间 60 年的离婚总数。

那么,离婚率持续飞速上升的原因是什么?

原因之一,是离婚时间成本的降低。离婚不需要单位介绍信、居委会或者村委会的证明,离婚不再要求组织出面。其次,诉讼时间成本的降低。由于离婚现象越来越普遍,人民法院对起诉离婚是否允许,基本上是以分居时间是否达到两年,起诉离婚后分居时间是否达到一年,起诉是否达到两次,只要达到这些条件就可以裁判婚姻关系的解除。根据笔者的实践,一般委托律师离婚,无异常情况,一年内就可以解除婚姻关系。以上现状导致离婚时间成本迅速降低。

原因之二,是社会舆论成本的降低。城乡人员流动、公司私有化的现状,加速"陌生人社会"形成,导致离婚社会舆论成本降低。社会舆论对于离婚的谴责性降低,离婚者会忽视离婚导致的对子女的内疚感、对家庭的责任感、对家族企业撕裂后经济后果的评估,而凭自己一己之快。

原因之三,是中国现行法律中,离婚经济成本一次次的降低。《中华人民共和国婚姻法》司法解释三的出台,进一步明确了财产保护原则,侧重借鉴保护财产的法理和原则,再一次地降低了离婚的经济成本。

这些,都是导致离婚率上升的元凶。

(二) 中国和西方离婚法律比较

1. 国内法律在离婚妇女权益保护方面的规定包括家务补偿、夫妻离婚帮助义务、损害赔偿、子女抚养费等经济权益。

A. 家务补偿:婚姻法规定,夫妻书面约定婚姻关系存续期间所得的财产归各自所有,一方因抚育子女、照料老人、协助另一方工作等付出较多义务的,离婚时有权向另一方请求补偿,另一方应当予以补偿。实践中,由于家务补偿需要举证的复杂性,导致获得判令的案例较少。

B. 夫妻离婚帮助义务:婚姻法规定,离婚时,如一方生活困难,另一方应当从其住房等个人财产中给予适当帮助。具体办法由双方协议;协议不成时,由人民法院决定。而法院裁判实践中,该帮助一般体现为住房租金的补贴,一般裁判为补贴困难者两年借房租金不等。

C. 子女抚养费:子女抚育费的数额,由法院根据子女的实际需要、父母双方的负担能力和当地的实际生活水平确定。目前,上海法院一般裁判下限为当地最低生活费标准的1/2,裁判上限一般每月在4 000元左右,超过5 000元以上较为少数。

D. 离婚过错赔偿:我国婚姻法规定,实施家庭暴力、虐待、遗弃家庭成员导致离婚的,无过错方有权请求赔偿。目前,上海法院裁判在5 000—50 000元之间。

2. 西方国家法律在离婚妇女权益保护方面的规定包括扶养费、离因补偿费、损害赔偿费、子女抚养费等。

A. 扶养费

美国《统一结婚离婚法》第308条第1款明确规定离婚时一方只要具有下列条件,法庭就可以裁决提供扶养费:(1)其财产,包括分得的财产,不足以维持其合理的生活需要,而且不能通过从事适当的工作维持其生活需要;(2)或者作为子女的监护人,而子女的状况和环境又不允许监护人离家外出工作(从中不难看出,是对妇女的保护——笔者注)。

德国民法典对离婚扶养请求权资格的规定比美国法更为详尽、适用范围也更大,包括:因照管子女而要求生活费,因年老而要求生活费,因疾病或残疾而要求生活费,在获得适当就业之前的生活费,因就业培训、进修或转职教育以及出于公平理由而应当支付的生活费。所以,德国男人离婚前开奥迪,离婚后开奥拓。

对于有过错方是否应当享有离婚扶养费,外国法主要有两种立法思维:

一是享有离婚扶养费以无过错为条件。德国民法典即是典型代表,第1579条规定,在婚姻持续时间短暂、权利人对义务人或义务人的近亲属犯有犯罪行为或严重的故意违法行为、权利人故意导致其自身陷于贫困、权利人故意忽视义务人的重大财产利益、权利人在分居之前长期粗暴违背其缴付家庭生活费的义务、权利人对于针对义务人的明显重大且确系权利人之过错的错误行为负有责任等情形下,即使权利人是出于照料或教育共同子女利益的原因,仍认为严重不公平的,可以不给予生活费请求权或者对该权利予以削减或规定期限。

二是不把当事人有过错作为限制享有扶养费的条件,有过错者仍可享有离婚扶养费。如加拿大离婚法第12条规定:离婚扶养不拘于配偶的不端行为——在决定是否根据本法制定扶养令时,法院可以不拘于任何当事人在处于婚姻中配偶地位时所犯的不端行为。2000年修订的瑞士民法亲属编也采取无过错的原配偶扶养制度,离婚时,需要扶养的一方无论是否有过错,均有权要求对方支付离婚扶养费。

关于离婚扶养期限,大多数国家均未作出明确规定,可认定为附解除条件的长期扶养。即对于离婚时年老体弱、无其他生活来源、无谋生能力、生活困难的一方,扶养方应在离婚的一段不确定的时间内给付扶养费,直至配偶一方死亡或受扶养方再婚时终止。如德国民法典1586条规定:生活费请求权随权利人重新结婚或死亡而消失。

美国一些州自1970年以来对离婚后的长期扶养制度进行了许多检讨,他们认为这一制度一方面不利于受扶养方的自立,是对受扶养方下的"毒药",另一方面,长期扶养费用过低,未能充分考虑受扶养方离婚后的职业培训和教育,更无法补偿在婚姻期间配偶一方为他方受教育或事业发展作出的贡献和牺牲。因此,创设了修复性扶养费和补偿性扶养费。

所谓修复性扶养费是指对于离婚后有能力找到工作或接受职业教育和培训的一方,提供短期的包括教育费用在内的数额较大的扶养费,以帮助原配偶获得必要的教育和工作技能,最终能够就业成为自食其力者。

所谓补偿性扶养费是指当配偶一方为他方受教育或事业发展作出了贡献和牺牲,另一方要求离婚时,夫妻无婚姻财产,或婚姻财产很少,一方获得的有价值的事业暂时还不能转化为财产,法院根据平衡原则,可以判决受益方对贡献方所作的贡献在离婚后以扶养费的形式予以补偿或赔偿。其数额由法官根据贡献方的贡献以及受益方的收入确定。美国的一些学者认为这种补偿性扶养费是扶养费和财产分割的混合体,称为混合型配偶扶养。法官在判决时也可以选择给作出贡献的配偶一方在分割财产时划分大部分财产予以补偿。但由于这一类的婚姻往往是在一方完成学业后即告解体,婚姻财产微乎其微,只有通过补偿性扶养才能达到公平、公正的目的。

离婚扶养制度变化的趋势是更加追求公平正义,注重保护弱者利益,逐渐摒弃过错理念,不拘泥于形式平等。

B. 离因补偿制度

离因补偿:是指离婚时一方当事人向另一方支付一定的财产,以弥补对方因离婚而遭受的损失。

离因补偿重在公平,保障离婚当事人不因离婚而造成生活水平严重下降,减少离婚给当事人以及社会造成的负面影响。同时,离因补偿的请求权人无须负担他方有过错的举证责任,只要负责举证离婚使自己的生活水平下降或遭受了某种损害即可,是否应当给予补偿,则由法官根据具体情节裁判。

法国民法典第270条规定:离婚时,一方配偶得向另一方配偶支付旨在补偿因婚姻中断而造成的各自生活条件差异的补偿金。补偿的数额,依受领方的需要以及给付方的收入情况而定,但一般应当考虑离婚时双方的生活水平以及在可预见的将来此种情况的变化。也有一些国家把离因补偿中对生活水平下降的补偿作为判决离婚扶养费或经济帮助的考虑因素之一，而不再另外设立离婚补偿制度。

C. 离婚损害赔偿

关于如何确定离婚损害赔偿金额，各国有两种规定：

一是原则性规定，不具体列举确定数额应考虑的条件或因素，由法官根据具体情况自由裁量。如墨西哥民法典第288条规定：在离婚案件中，法官考虑到案件的详情、配偶双方的工作能力以及他们的经济状况，应当责令有过错的一方支付抚养费给另一方。

二是明确规定判决确定赔偿数额的各种因素及情形。如法国民法典第271条规定：赔偿金的确定应根据被给予的夫妻一方的需要和他方的财力，并考虑到离婚时的情况，以及将来可预见的情况变化。法官在决定需要与财力时，应考虑以下情形：

(1) 夫妻双方的年龄与健康状况；

(2) 夫妻双方已用于子女受教育或须用于子女受教育的时间和费用；

(3) 夫妻双方的专业资格；

(4) 夫妻双方对新职务的选择余地；

(5) 夫妻双方现有的与可预见的权利；

(6) 夫妻双方可能丧失的领取可复归养老金的权利；

(7) 在夫妻财产制解体后，夫妻各方的全部财产，包括资金与收入。

法国民法典将给付方法规定为原则上一次性给付。第274条第1款规定法院判决赔偿金的给付方式包括：支付金钱、实物（动产和不动产）、股票。如赔偿金债务人一方财产的组成有此可能，赔偿金得采用资金形式。第2款规定赔偿金原则上一次性缴付，如有困难经法官允许并提供担保，可分三年缴付或采取定期金的形式。

四、中西方妇女维权法律差异的原因

比较研究中西方关于家庭暴力的法律救济，离婚后对妇女权益的保护的立法意图，不难得出仁者见仁、智者见智的看法。追根求源，两者之间的差距，有着深层次的原因。

(一) 婚姻家庭关系的法律渊源，是中西方妇女权益维护差异的历史背景

中国几千年来的礼法，根深蒂固地导致"男尊女卑"的历史沿袭。而"一夫一妻多妾制"的婚姻制度，必然决定了妇女地位低下的命运。

周礼开始的"七出三不去"的习惯礼法是处理婚姻家庭关系的主要依据。"出"指的就是休妻,有七个条件满足之一,就可以休掉妻子。七出是指"不顺父母""无子""淫""妒""恶疾""口舌""窃盗"。要说明的是以下几点:口舌多言,指拨弄是非、离间亲属。妒,更多是认为妻子对丈夫纳妾的嫉妒有害于家族的延续;恶疾是指耳聋、眼瞎、腿残疾等严重的疾病。三不去:"有所取无所归""与更三年丧""前贫贱后富贵"。休妻,是男性的专利。

直到新中国成立,封建制度中糟粕才开始真正地被彻底扬弃,确立了一夫一妻的婚姻制度,确立了男女平等的法律基础。新中国成立后,"男女各占半边天",使新中国妇女的地位提升到新的高度,妇女权益得到极大地维护。

(二)以体力劳动、非体力劳动来区分劳动者对社会、家庭的贡献大小,会导致社会、家庭中男女地位不平等

中国一直是农业大国,男耕女织的劳动模式虽逐渐削弱,但依然有存在的基础。进城务工人员,仍旧是家庭的顶梁柱。改革开放以来,我国一步步地进行产业转型,生产模式逐步变革,但从现状来看,能从事体力劳动的男性,相比女性仍旧对社会和家庭的贡献较大。男权社会意识形态有着惯性的力量。

西方机械化的生产模式、第三产业的强劲、工业化革命、高科技的高速发展,让体力劳动作为"父系社会"依赖的主要根基发生动摇。智力成果对社会发展的影响力,使妇女和男性有了平等的创造社会生产力的舞台,男女实质平等,甚至"女权至上"观念已经形成。

随着改革开放的深入,体力劳动和非体力劳动都将成为社会劳动的一部分,厚此薄彼的现状将逐步改变。伴随社会意识的改变,我国妇女地位将进一步提高,妇女权益将得到进一步的维护。

(三)立法进程、社会意识形态的进步,将逐步建立起具有中国特色的妇女权益保护法律体系

立法意识尤其重要。以我国的《劳动法》《劳动合同法》为例,其在颁布实施后,一度被认为是超前的法律。运转至今,却产生了良好的社会效应,使得劳动报酬和生产效益结合,摒弃了多年来"以生存成本作为劳动报酬依据"的不合理模式,导致"刘易斯拐点"提前到来,促使我国企业不得不提前转型,不以牺牲国民福利为宗旨的我国劳动法部门法律的颁布,对社会、经济的贡献功不可没。

如今,关于《反家庭暴力法》的立法呼声越来越高,理论界对《婚姻法》的看法各不一致,说明了社会对良性法律思考,这是法与社会关系研究中积极进步的现象。

随着社会对家暴的厌恶感加强,容忍度降低,随着社会大众对家庭作为社会

细胞,对社会和谐所起作用越来越清晰的认识,随着离婚对家族经济体发展产生的重击,导致对民族企业良性发展不利的认同感加强,随着尊重女性、女士优先的社会风气与礼仪之邦风范相匹配,随着泱泱大国对女性认识顺应国际潮流,随着城乡差距的逐步缩小,随着社会生产力结构发生的变化等,这一切,都为维护妇女权益法律的补强奠定了坚实的基础。

五、我国妇女权益保障立法完善之浅见

在进一步寻求充实完善国内有关妇女权益保障立法的同时,也需要发挥目前国内行之有效的一些成熟做法的作用。

(一)加强妇女权益保障立法和补强

笔者认为应当借鉴西方在保护妇女权益方面的先进经验,至少在以下几个方面加强立法和补强:

1. 完善侵犯妇女权益的法律责任制度;
2. 制定反家庭暴力单行法律,强化违法者的法律责任;
3. 建立保护我国妇女权益的程序机制。如,强化行政机关特别是公安机关、法院在制止家庭暴力中的作用,理清行政机关在维护妇女合法权益程序中的分工,试点成立妇女维权法庭等;
4. 在中华人民共和国劳动法领域进一步加强反歧视妇女或特定年龄段妇女的立法,进一步保护未婚或已婚、未婚孕或已婚已孕妇女劳动权益;
5. 在现行《婚姻法》解释基础上,进一步解释或者修改离因补偿、损害赔偿、夫妻扶养的可操作法律具体规定,适当提高离婚成本。首先,应将离婚导致的妇女配偶生活困难、单身母亲抚养子女导致的困难等离婚责任,归还给离婚发起者本人,达到将现行法律规定的夫妻扶养义务、子女教育抚养责任,由社会机构承担回归为本人承担的目的。其次,法律具有指引作用,草率结婚者,认识到了离婚的代价,看清了婚姻的责任,必然使其深思而后行,从而遏止我国离婚率的进一步上升。

(二)发挥中国特色妇女维权组织即妇联的优势和作用,赋予妇联组织一些权力或准权力

全国妇联及各地方妇联是为保障妇女权益而联合起来的社会群众团体,职能是团结、动员广大妇女参与经济建设和社会发展,代表和维护妇女利益,促进男女平等。妇联在保障妇女权益、化解家庭危机、促进家庭和社会和谐稳定等方面已经发挥并继续发挥巨大的作用。

法律是道德最后的防线,最后的防线出一些偏差时,缝合残缺破损的法律边

缘的工作就由妇联来承担了。因此,妇联工作压力是巨大的,但是妇联并没有执法权,这对妇联是不公平的,且极不合理,不利于妇联充分发挥在保护妇女权益方面的积极作用。

我们呼吁在法律层面赋予或者补强妇联明确的执法权或准执法权,以便妇联在妇女维权工作中能够发挥更大的作用。例如,可以赋予妇联对家庭暴力者予以登记信息和发布信息的权力;可以赋予妇联对制止家庭暴力和行政机关的联动权力;妇联可以作为妇女权利维护的监督部门,对维护妇女权益不作为的行政机关,妇联或者通过如人大等有权机构,给予其监督意见书的权力等。

(三)发挥社会服务机构作用

我国已经建立了一些妇女权益救济机制。社会义工、志愿者、心理咨询行业、法律援助律师等社会服务人员,应鼓励进一步发挥其特长,对家庭暴力的施暴者予以疏导、引导,对受暴力伤害的妇女予以安慰、辅导,以缓解社会矛盾。

结束语

女性是柔弱的,母亲是伟大的!"世界假如没有了女人,将会缺少70%的真,90%的善和100%的美!"

家庭是社会的细胞,没有家庭的和谐,就没有社会的和谐,更谈不上社会的发展和进步。

法律的本质是维护弱者。随着维护妇女权益工作的开展,我国妇女的地位将进一步提高,社会和谐感、幸福指数将明显上升,在维护社会稳定的同时,也将进一步提高我国的国际地位和影响力。

[第七篇]

律 师 手 稿

十几年风雨离婚路,处理了数不清的离婚案件后,我有许多心得与体会。许多问题的产生并不能用简单的逻辑去解释,只有把自己拔高到旁观者的角度,才能把婚姻问题看得清楚、看得准确。

影集

我们过的每一个日子,每一天,每一分钟,每一秒,该休息的休息,该上班的上班,该回家的回家,该去教堂的去教堂。温暖的太阳,不会因为任何一天,而多停留一分钟。

已经步入不惑之年,有时候,我不经意地会数算自己的时间。

我数算的不是以后等死的日子,我数算的,是我已经经历过的那些日子。数算在我已经消耗的日子里面,有多少时间,在哪一个时间点,做了哪一件事,为了哪一个人。在脑海里,会不经意画上一个深刻的记号。

有时候,我会把这些时间加在一起,因为,加在一起,它就是我四十年的人生。这些数算过的时间,是我区别于动物的标志,因为,动物是活着,而我是生活。

我特别地珍惜这些时间。它们,是我的宝贝,尽管,它永远不会离我而去,我也不会将它忘记。但是,我还是会给它加上一把锁,给它设置一道防火墙,把它设为灵魂的禁区。不自然地,把它制作成一本影集,成为我生命的一部分。

我不用去翻阅这本影集,它冷不丁地会在后面某个时间段,自己翻开,让我触目惊心。

《泰坦尼克号》那个女人,几天的认识,一天的故事,她记忆了一辈子。而她以后的人生,就定格在这几天的几个片段,如同几张照片。这几天,她数算了一辈子;这几张照片,就是她整个的人生影集。

如果,人生是一间房子的话,那么,这几个时间片段,这本影集,就是我们人生的承重墙;如果,我们把这个承重墙敲掉,我们用平凡人生构筑的小房间,会倒塌。

经常看见电影里面,比如《海角七号》,一个白发苍苍的老头和老太太,佝偻身体坐在一个藤椅上面发呆。突然,切换了一个画面,发现一个身影,走向她的时候,看电影的人,会流下眼泪。

平凡的人,一辈子等候的就是这几天,而这几天,随意地就会发生,没有任何征兆。在我们还没有意识到的时候,它会突然定格,给你的人生留下一张照片。

你有自己的影集吗?

若爱只如初见

　　珊珊每天晚上最期待的一件事情,就是8点钟的时候跟一个男人在QQ上聊天。每天下了班,她一个人静静地开车回家、买菜、做饭,在明亮的餐厅里一个人享用晚餐,然后自己再将碗洗掉。在晚上8点钟来临之前,她会在客厅里悄悄地坐上一会儿,不开灯,也不开电视,只是独自静静地坐在沙发里,窗外的霓虹灯和路灯照射在她的身上,拉出一个长长的影子,所有的声音都在窗玻璃上撞得粉碎,屋子里静悄悄的。接着,她会去洗一个澡。庞大的摆钟"当当当"地敲响八下的时候,她刚好在桌子前面坐下来。她打开电脑,打开QQ,打开列表里唯一好友的对话框,给他发过去一条:"来啦。"

　　这个男人,珊珊在QQ上和他已经聊了一年多。一开始聊得很慢,两个人互相问了问年龄、工作、爱好等所有刚认识的网友都会问的问题。一个月以后,他们已经开始探讨一些对生活的看法,说说自己眼中的夫妻相处之道。既然说到了夫妻相处之道,就自然而然地说到各自的家庭。这个男人问起珊珊的家庭,珊珊不知道怎么回答他好,就说先说说你的家庭吧。于是男人说起自己的家庭,他说他的妻子只关心她自己的生活,对他的生活毫不关心;他说他和妻子没有什么共同语言,就是一起吃饭也常常是自己吃自己的;他说他的妻子三天两头跟他吵架,总是拿一些鸡毛蒜皮的事情去烦他;他说他的妻子对他的父母亲非常凶,每次去超市,他想给父母亲多买些新鲜的菜和水果,她都拉着长长的脸……珊珊一边看一边哭,她跟他说自己很同情他的遭遇,也很明白他的心情,因为自己的老公也对自己很不好。珊珊说自己的老公在外面有了小三,所以常常不回家,自己"只能孤独地在黑灯瞎火中摸爬滚打"。这个男人发了一个一朵玫瑰花的表情,接着发了一个拥抱的表情,说了几句安慰她的话,他说:"同是天涯沦落人!"

　　珊珊的老公经常出差三四个月,有时候,忙得一个礼拜也不给她打一个电话,偶尔才会在家里住上几天。但即使真的住在家里了,两个人也基本很少说话。

珊珊说:"几个月了,累吗?"老公说:"还好。"于是沉默了10分钟。

珊珊又说:"在外面都做了什么?都晒黑了。"老公说:"跟平常一样的工作。"于是又沉默10分钟。

珊珊再说:"回来怎么安排?"老公说:"后天飞北京。"终于陷入了深深的沉默之中。

有时候珊珊甚至希望老公永远都不要回来,这种对话之后的沉默就像一个巨大无比的黑洞,把她所有的能量都吸了进去,让她陷入无穷无尽的绝望之中。这样无穷无尽的绝望,比一个人安静地坐在黑暗的房间里还要令人恐惧:她一个人坐在黑暗的房间里,起码对明天的生活还有所期待;而在明亮的灯光下,和老公面对面的沉默,却连想死的心都有。

好在老公马上就飞去了北京,老公不在的日子里,珊珊每一天都准时地坐在桌子前面,打开QQ和那个男人聊天。有的时候,男人回了一句:"我在。"而更多的时候,男人的头像一直没有亮起来。他回"我在"的那个晚上,他们总是聊到凌晨两三点才各自回去睡觉。他头像没有亮起来的晚上,珊珊会在屏幕面前习惯性地发上两个小时呆,最后,刷牙,洗脸,睡觉。

老公这一去又不知道哪一天才能回来。他总是在回来的前几天给珊珊打电话,说自己要回来了。他往往只有一句"喂?"和一句"我3天后回来。"珊珊"嗯"一声,两个人没说"再见",就双双挂断。分别了几个月,两个人见面的时候就像才分别了一天一样,"回来啦?""回来了。"然后——吃饭,对话,沉默,又对话,又沉默,再对话,深深的沉默。然后各自干各自的事情,最后睡在一张床上。老公睡左边,珊珊睡右边,盖两条被子。分别的时候到了,古人的分别总是千言万语、十里长亭,而珊珊和老公的分别却止于家门口:珊珊看着老公穿完鞋子,看着他背朝着自己走出大门,在他转身关门的时候向他点一点头,然后只听见"砰"地一声,两个人便分别了。分别之后,她想象着老公坐在她给他买的SUV车里,用着她给他买的手机给小三发了一条语音,他说:"亲爱的,我来啦!"

QQ上的这个男人却十分地关心她,问她长问她短,问她怎么不开心了,问她天气怎么样……他跟珊珊什么话题都聊,有时候还会跟珊珊暧昧地探讨男女关系。一开始,珊珊总想办法巧妙地引开话题,但男人总是千方百计地往这个话题上靠。最后,珊珊妥协了,在男人发了一个亲吻的表情之后,她回了一句"老公"。一听到珊珊有了反应,这个男人异常兴奋,两个人热火朝天地聊着。突然,珊珊看到他发过来的一条消息,愣住了。

这个男人约珊珊见面。珊珊之所以看到这条消息愣住了,是因为这个男人就是他的老公。珊珊注册了一个新的 QQ 号跟老公聊天,列表里只有老公一个好友。

不能见面的,绝不能见面。珊珊想,一旦跟他见了面,自己就永远地失去老公了。珊珊拒绝了他。不知道用什么理由,总之拒绝了。之后的数次见面要求,珊珊也一概拒绝了。珊珊问他:"老公,你对我这么好,你喜欢我吗?"这个男人说:"当然喜欢!聊了一年,除了没见过你,我们都可以算得上老夫老妻了!"珊珊又问他:"你老婆不会管你吗?"这个男人说:"老婆?你才是我老婆呀!那个黄脸婆,我已经决定要跟她离婚了。"珊珊再问:"你还喜欢过别人吗?"这个男人说:"我现在只喜欢你一个!"

珊珊说:"好。"

就在前一天晚上,有另外一个男人找到她,说是他老公的情人的前夫,他们已经离婚了。他是在离婚后,才知道自己的老婆做了别人的小三。他自己离了婚,心里不舒服,就把自己老婆和珊珊老公所有宾馆的开房记录都提供给她。

珊珊扫了一眼,对他一笑而过,什么也没有拿就走了。珊珊只看到了一个日期,在那个日期之前的四天,老公是在家里度过的。老公难得地主动说了一句话,他说他腰疼。珊珊给老公按摩了四天,但是第五天的日期,就出现在了开房的记录上。珊珊知道再多看这个记录也是没有用的,留下来只会使自己更难过。老公一定也知道这个道理:开房次数那么多,腰怎么会不疼呢?

老公上次回到家,摔了碗,拍着凳子要跟她分手离婚,珊珊不同意,他把垫在桌子上的玻璃都拍碎了。几天后,老公摔门出去,临走前狠狠地说了一句:"我下次回来,就去办离婚!"珊珊一句话都没有说。直到和小三的丈夫,这个同样命运的男人聊过后,珊珊才知道,老公为什么会这样歇斯底里的要和她离婚。

珊珊和我说,想委托我来办理她和老公离婚的事情。随后,和我讲了这个故事。她还说,决定离婚之前,她在太湖边上的一个寺庙里修行了七天。在寺庙里的这几天,法名叫"明缘"的她,会在念经的时候,突然流下泪来。她情不自禁地想着很多事情:她还要不要挽留丈夫?到底应不应该离婚?他这么喜欢 QQ 上的自己,会不会回心转意?离了婚,自己会不会后悔?七天之后,她终于决定给自己来个痛快,离婚就离婚,再不相见。

后来再次见面,她说起曾经有次跟我聊天,我说,她老公的婚外情早就已经到了无可挽回的地步,只有她在自己骗自己;我还说,她老公就算跟这个小三结了婚,也会找另一个小三。她起初不相信我的话,直到老公的情人的前夫千方百计找到她的号码,突然来找她,告诉她那些触目惊心的数字,她才相信了我的第一句话。"捂着鼻子哄眼睛,果然是我的强项。"她苦笑着说。她还说,事实已经

275

证明了我的第二句话:老公跟她刚刚离婚,还没来得及跟小三登记结婚,就有另一个小三闯入了他们的生活。

太湖边上的那些夜晚,我想一定会有美丽的月夜星空。暮鼓和晨钟萦绕在山头,潋滟的水波、粼粼的涟漪闪烁着阳光,水鸭纷飞,几缕竹香穿过她身上的每一个地方,她在太湖水中看见自己爱情的影子,终于下定决心,放下那个深爱的他。

但她思考的是,怎么会有两个他?

QQ上的他对她柔情似水、呵护备至,他会千方百计讨她的欢心,让她又有了他们初恋时候的感觉;生活中的他,这个她生命中的第一个男人,这个一起生活了七年的男人,这个经常与自己赤身相对的男人,为什么竟如此地残酷和冷漠呢?

人生若只如初见,何事夜来悲? 珊珊与老公离了婚,也与QQ上的老公离了婚——她再也没有打开过那个QQ。不知道自己的老公给自己留了多少条信息,不知道他是不是已经猜到,QQ上的那个她就是现实中的那个她?

若爱只如初见,纵然"朝丝暮雪"(是朝思暮想吗? 还是朝闻道夕死可矣?)也无悔啊!

举案齐眉——由爱情成语说起

"举案齐眉",语出《后汉书·梁鸿传》:"为人赁舂,每归,妻为具食,不敢于鸿前仰视,举案齐眉。"这里的妻是指东汉初年隐士梁鸿的妻子。

梁鸿,字伯鸾,扶风平陵人(今陕西咸阳西北)。他家里虽穷,可是博学多才、崇尚气节。妻子是孟光,字德曜,意思是她的仁德如同光芒般闪耀。

梁鸿家里穷,还不是一般的穷,祖宗上可能是五代贫农,是代代都穷,穷到骨子里了。好在他争气,一举考进大学,出人头地了。但不知道是他挑的专业不好,还是得罪了什么老师,反正小梁大学一毕业,就被分配到"上林苑"工作。"上林苑"是国家园林,听上去很不错,但是小梁的工作没有脱离他几代祖宗的本分——养猪。

养猪便养猪呗,小梁做什么事情都非常认真。到了冬天——北方的冬天可是很冷的——不知道是没有暖气,还是为了要预防非典,为了给他的小猪取暖,小梁就开始放火了。火这个东西,人怎么能控制好?有一天,一不小心火放大了,把别人的房子给烧了。

小梁本来就穷,所有的财产就是几头小猪,他就用那群小猪去抵偿损失。房子的主人大概没有买保险,这样一来损失就大了,他的几头小猪赔一栋房子,这不是开玩笑嘛!梁鸿一想也有道理,就主动提出来为主人做"钟点工",每天起早贪黑,干得十分卖力。这样只干活还不要付钱的打工仔哪里找啊?街坊邻居看着眼红,纷纷出来指责主人,说你怎么这么刻薄啊,这孩子这么好,你还剥削他,你还是人吗你?

俗话说得好:"人言可畏。"这主人最后弄得惭愧无比,便跟梁鸿说:"你走吧。"还要把小猪全部还给他。梁鸿很有风度地向他挥一挥衣袖,不带走一头小猪,走了。

这事儿放在当年,一个为了掉在地上的一根大蒜是谁家的都可以吵上一架的时代，可不是什么寻常事情。这事让杨家小姐听见了，她立刻成了小梁的超级粉丝。她在闺房里立下誓言，这辈子非他不嫁！

这杨家小姐就是"孟光"。嫁男人图个啥呀？就图个安心，图个省心！这样一个实心实意的男人，勇于承担责任，却又不好享受，最起码不会包什么二奶、出什么婚外情吧，就冲这一点，嫁了！事实上，杨小姐的选择思路是正确的。

自己要出嫁了，孟光高高兴兴地准备嫁妆。到了过门那天，她把自己打扮得漂漂亮亮的。女人嘛，结婚是人生中的第一件大事，打扮打扮也是人之常情。没想到梁鸿这家伙不识抬举，一个穷书生娶了个大小姐，婚后一连七日，却一句话都不说。

这孟光就来到梁鸿面前，嘿，还挺知书达礼的。孟光跪下，说："妾早闻夫君贤名，立誓非您莫嫁；夫君也拒绝了许多家的提亲，最后选定了妾为妻。可不知为什么，婚后，夫君默默无语，不知妾犯了什么过失？"

梁鸿倒也直接，他答道："我一直希望自己的妻子是位能穿麻葛衣、下田地，并能与我一起隐居到深山老林中的人。而你看看你，穿着绮缟、丝绸，都是些名贵的丝织品缝制的衣服，涂脂抹粉、梳妆打扮，这还像是我梁鸿的妻子吗？"

中国人常说："女为悦己者容。"孟光涂脂抹粉、梳妆打扮，为的还不是你这个姓梁的！"你姓梁的挑三拣四，嫌我丑你就直说！"这可能是所有其他女人听到梁鸿这话的反应。可是，孟光一听，却对梁鸿说："我这些日子的穿着打扮，只是想验证一下，夫君你是否真是我理想中的贤士。妾早就备有劳作的服装与用品。"说完，便将头发卷成髻，穿上粗布衣，架起织机，动手织布。

梁鸿见状，大喜，连忙走过去，对妻子说："你才是我梁鸿的妻子！"

不难看出，梁兄的择妻理念，可能是受了现代互联网思维的启发：找女人，就要找个"三心"女人——在家里放心、用起来爽心、看起来恶心；还要找个"三转"女人——围着锅台转、围着先生转、围着孩子转。这种理念，在今天这种时代可能早就被大家接受了，不过在当时，具有奢靡之风的汉代，这种想法是具有非常朴实的先进性。

夫妻二人后来到了江苏，梁鸿找了个大户人家，租了他家的廊下小屋，靠给屋主舂米过活。这个大户的主人叫皋伯通，是一名退休的朝廷大员，见过不少世面。退休之后，也没有什么事情，每天出去散散步，看看路上的年轻美女，接受一下别人仰慕的表情，用现在的话说，就是出门去找找优越感。他每次散完步回家，都会经过廊下小梁的家门口。他发现，小梁每次归家时，孟光都早已备好食物，低头不敢仰视，"举案齐眉"，就是把饭托盘举到眉毛这里，请夫君梁鸿进食。

皋伯通见此情形，大吃一惊，心想：我堂堂朝廷大员皋伯通，家里大院少说也有千儿八百号人,我的老婆闹起别扭来还要我去哄,生起气来居然还在下人面前把我大骂一顿,生生地把我皋伯通弄成个"搞不通"。而这个春米的雇工,住的是最差的小屋,居然还能让他的妻子对他如此恭敬有加!皋伯通心想,我家不会住了个世外高人吧?那就一定要请些仙丹圣水,以便我长生不老啊!

皋伯通立即邀请梁鸿上房入住,好吃好喝地招待,还给他配了几个漂亮的小奴婢,让他静心著书立说。

皋伯通认为梁鸿不凡,因为他是个智者。我虽然不是智者,但我也认为不简单。举案齐眉至少有着三层含义:

第一,家庭也需要经营管理。古人一直说,一室之不治,何以国家天下为?一个老婆都管理不好的人,还能有什么出息呢!小梁婚前择妻以贤、以德服人,婚后治家有方,尽管他自己只有可怜巴巴的一亩三分地,但在他的一亩三分地里,他是绝对的主人。梁鸿一辈子没有机会从事什么有意义的职业,但在他所从事过的所有职业里,事业上全都免除了后顾之忧。听说后来他也著书立说,可是没有什么书流传下来,倒是他老婆的"举案齐眉"千古流传,成为一段青史佳话。

第二,家和万事兴。外人的尊重来源家人内部的尊重。没有最亲爱的人的尊重,等于没有了最真诚的尊重。只要家里面夫勤妻贤,就没有过不了的关、走不过的坎。一个养猪专业户破产后变为碾米小作坊的老板,社会地位说实话没有多大的进步。但是,养猪的时候他被街坊邻居看重,碾米的时候又被朝廷大员敬重,没有人因为这些不起眼的职业而瞧不起梁鸿夫妇,他们低调而朴实的行为反而赢得了人们的尊重。因为,他们做到了人们最难做到的事情——最亲爱的人能够一如既往地互相尊重,这点不容易。于是,后人还专门为他们夫妇二人发明了一个成语,举案齐眉。一讲到"举案齐眉",人们就想到梁鸿和孟光,为什么?还是有需要我们琢磨的地方。

第三,夫妻和谐是事业的阶梯。夫唱妇随就是男人和女人共同事业的一部分,得不到爱人的支持,再好的事业也会失去原有的激情和动力。机遇往往垂青心无旁骛的人,一些外籍老板,他们对员工的婚姻质量非常重视,对于有婚外恋或处于离婚中的职员,一般都会劝退或者调离重要岗位。我办理离婚案件时,发现很多有着日本本土工作经历的员工,在离婚期间,会选择辞职或者休假。刚开始还有点纳闷,离婚和工作有什么关系吗?后来,我就开始佩服这些老板的精明和企业文化的老道,一个不能举案齐眉的员工,工作怎么能够安心和努力?

有事业心的男人们,在通往事业的康庄大道上,您是否能拥有一份自己的"举案齐眉"呢?

你遇见过跟你说"婚姻不幸"的已婚男人吗?

经常有一些女人来向我咨询,说她遇见了一个男人,各方面感觉都还不错,就是交往一段时间后,他一声倾吐,说对她的感觉是那么的不同。她就问怎么不同了?他又一声叹气,"不得已"和她说起自己不幸的婚姻。她一听,弄得心里不是滋味,半是怜惜半是不平,不知不觉就喜欢上了他。可是思前想后,又总觉得哪里不妥,也不知道为什么?

有一次应朋友之邀,我还特地去会了一会这种男人。这个朋友喜欢上了已婚的男人,一定要我见见他,帮她拿拿主意。我心里想,不会是女人天生的同情心和母爱又在泛滥了吧?国庆节正好没有事情,我就去了趟浙江杭州。

金秋十月,西湖边一派气爽波静的景象。三人见面,男人话很少,倒是我的这个女朋友,一直喋喋不休,说什么他的妻子霸道,管钱管得厉害,离婚的刁蛮,对小孩的野蛮……还真被我说中了!在她刚刚说到兴头上,准备完全进入角色的时候,我已经不想再听下去了。我突然问了一句:"你亲眼所见吗?"她立马愣住了,愣了好久,说是听那个男人说的,完了还补充一句:"这情况绝对句句属实!"那个男人仍然没有吭声,我跟他对了对眼神,他眼睛里满满的都是恐惧和不安。

我绝对主张,对于这种男人,女人千万不要随便去同情,更不能让已婚男人迷倒自己!别跟我说什么他们婚姻幸不幸的,再怎么不幸,他们也是已经结了婚的男人。你算是天底下哪根有名的葱。要安慰他,什么时候轮到你了?

今天我们恋爱自由、婚姻自由,天底下——至少在城市里早就已经光荣地杜绝了包办婚姻和买卖婚姻。在自由选择的婚姻下,这些男人如果还是婚姻不幸,只能说明要么是这个男人还没想好婚姻是怎么回事就结了婚,要么这个男人不会经营婚姻。不管是前者还是后者,不善经营的男人是不需要同情的,连婚姻都还没考虑清楚的男人就更不需要同情。只有考虑清楚、善于经营的男人才是一个成熟的、有能力的男人,才是一个能带给你幸福的男人。

要是他的婚姻并不是真的不幸,那就更不值得同情。这样的男人往往是事业不错的男人,那么他的"婚姻不幸"有两种可能:第一就是他想和你上床,之所以杜撰故事,不过是为了赢得你可爱芳心的一次波动?第二就是他不是男人!即使你认为是男人,我也认为他不是男人,至少不是一个成熟的男人。什么是"男人",一个男人如果不尊重自己的隐私,他还会尊重谁的隐私?一个这样说自己老婆的人,就算你小三上位,你能保证他不会跟别人这样说你吗?

俄国著名作家列夫·托尔斯泰曾说:"幸福的家庭家家相似,而不幸的家庭却各有各的不幸。"天底下哪一段婚姻能够十全十美?如果一定要说到婚史,哪个男人没有几桶苦水、几段苦衷?如果光说婚史就能解决痛苦,他怎么就偏偏找到了你,非要跟你说婚史不可呢?

边说痛苦婚史,边说对你的感觉很好,作为女人你就要小心了,他现在就等同于发出性的暗示。

一次,有一个文员朋友被老总单独安排加班。加班时,空荡荡的大楼里只有他们两个人。他们工作累了,便一边喝着咖啡,一边聊天。老总每次除了说起他的痛苦婚史,就是说些"有什么要我这个经理帮忙的尽管说"之类的话。小姑娘不笨,知道老总的意思,可人家毕竟是老总,得罪不起啊!她心里烦得不得了,又不想失去这份工作。有一次,跟我聊天的时候她讲起这件事,我告诉她一个主意。

第二天又被安排加班,加班的时候,老总跟往常一样,念经开始了。小姑娘说我知道你的痛苦,但我不仅帮不了你什么,还有我自己的难处。老总就问,你有什么难处啊?小姑娘就说,我家里有点烦心事,急缺一笔钱,我现在还不知道去哪儿筹呢。老总马上问,多少?五千还是一万?小姑娘说是二十万。老总马上就支支吾吾了。这天以后,小姑娘再也没有被单独安排加班,老总也再没找她说过讨厌的婚史了。

轻易地让诉说痛苦婚史的男人走近你,除了留下难受的回忆,你永远得不到什么。有色胆的男人往往胆小,他们胆小得永远走不出不幸的婚姻,你的同情也只是奉献给他一点征服的快感。更有甚者仅仅图你美色,心里还会想,小姑娘就是好骗。分手的时候还扔下一句:我说你就信了,长没长脑袋!

婉婷来自安徽的一个小城市,大学毕业后,她来到上海。下了火车已经是晚上,火车站广场周围耸立着一幢幢高楼大厦,闪烁的霓虹灯让她沉醉,马路边梧桐树叶的红,让她心情愉快。她在第一天,就爱上了上海,爱上了这个繁华、美丽的大都市。22岁的她,当时就发誓一定要努力工作,赚钱买房,找一个爱她的男孩,一起养个孩子,在这个东方巴黎实现自己一生的梦想。

面试的时候,他是面试官;进公司的时候,他是他的上司。起初,婉婷也觉得这个叫阿伦的男人怪怪的,眼神直勾勾地盯着她看,看得她浑身不自在,甚至有些讨厌。

但是单位开会、聚会,阿伦和她接触非常频繁,工作上,婉婷也经常需要他的支持。对于婉婷的事情,阿伦总是摆在最前面帮她解决。

阿伦非常会说话,常常逗得婉婷乐个不停,有时候聚会后,经常顺路送她回家。其实,一个在闵行,一个在宝山,外环线的对角,也算是"顺路"了。

在上海,婉婷没有同学,也没有亲戚,朋友也就是几个同事。当阿伦约她单独喝茶的时候,她正好没事,就去了。

咖啡厅幽暗的灯光下,他们喝着卡布其诺的咖啡。婉婷因为和阿伦很熟悉,聊起天来便非常放松。直到有一次,阿伦无意间说起了自己的家庭,让她大吃一惊!婉婷真没有想到阿伦在公司对人随和,一直乐呵呵的,家庭生活会那么苦:阿伦的妻子对阿伦除了不闻不问以外,有一次,还把他打得鼻青脸肿。说到这里,阿伦的眼圈都红了。婉婷觉得阿伦太可怜了,一股母爱油然而生,不由地为他落下泪来。后来阿伦扯开话题,说不聊这些不开心的,不如去看电影吧!婉婷同意了。看电影的时候,阿伦不经意拉起她的手,她也没有好意思抽出来。

他们交往了两年。她将第一次给了他,还为他打了两次胎。公司里不好随便请假,打完胎第二天还要上班,自己的苦只有自己知道。但为了爱情,她说她愿意承受,她可以牺牲,爱情是她美好的梦。阿伦给她承诺,说等女儿十岁的时候就和妻子离婚,和她结婚。在单位里,慢慢地大家都知道了,彼此心照不宣,谁也不会说什么。

转眼到了阿伦女儿十岁半,但他一点儿离婚的意思都没有。婉婷问他什么时候离婚,阿伦说贷款有点问题,需要等一等。

这时候婉婷已经隐隐约约感到受了欺骗,她开始有意识地和阿伦保持距离。阿伦再约她,她也不去了。后来,婉婷在一次同学聚会上认识了一个同学,也在上海工作,于是她就和这个同学交往起来。

没想到阿伦知道后,强拉着她,在宾馆里面痛哭流涕,紧紧地抱住她不肯放手。阿伦说他不能没有她,他赌咒发誓,半年时间内搞定贷款,离婚娶她,就半年!婉婷经过细细比较,觉得现在接触的男友远远没有阿伦成熟,懂她的心。

婉婷和男友分了手,安心地等了半年,7个月过去了,8个月过去了。

婉婷的忍耐终于到了极限。她实在受不了煎熬的滋味,受不了同事别样的眼光,但也下不了离开阿伦的决心。有时候,婉婷觉得阿伦是自己的;有时候,又觉得阿伦和她太遥远了。一时冲动,她割了自己的脉。还好发现的早,不然一个鲜活的生命就这样在世上消失了。

其实,从头到尾,阿伦所说的一切都是假的,婉婷不知道吗?

几年下来,两个人朝夕相处,加上那么多同事的闲言碎语,我觉得她怎么都应该知道真相。她不是不知道,她是不愿相信。她一直在等待,一直等到阿伦的太太找到了她。婉婷看到阿伦太太的第一眼,她就什么都明白了:阿伦的太太和她一样,是个单纯的女人,不要说欺压阿伦,就连给阿伦一个白脸也不会。

单纯的女人啊,千万要小心中招啊!

整整花了六个月,婉婷才从这件事中走出来。有一天,婉婷 QQ 上遇见我,说她又有了新的男友,男友对她很好。婉婷没有对他隐瞒这件事,男友听后,默默地离开了几天。这可把婉婷害苦了。婉婷以为男友不能接受她的过去,于是一个人窝在被窝里哭,从天黑哭到天亮,第二天红着眼圈再去上班。十天后,男友出现在她家门口。当她拖着疲惫的身体回到家,就看到他手捧着一大束玫瑰花站在楼下。玫瑰花上附着一个卡片:"我永远爱你,全天下最傻、最傻的傻丫头!"

婉婷是幸运的,她的幸运,在于她没有把阿伦的故事延续下去。一旦阿伦的太太真是一个"河东狮吼",那该会是怎样一番情景呢?

婚后，有什么男人可以跳动你的心？

上帝创造了什么样的女人，就会创造什么样的男人。作为一个女人，只是因为在人群中多看了他一眼，再也没能忘掉他容颜。然而，你在茫茫人海之中，终于和他擦肩而过，成为一个简简单单的路人甲。岁月蹉跎，几经考虑之后，你慎重地选择了另一个男人作为你的丈夫，于是，你们结婚、生子，记忆像路边的风景向后奔跑，日子更如流水一般匆匆过去……

一天上班，打开微信，一个男人加了进来。他是谁？你搜索模糊的记忆，却没有找到他的痕迹。几句话的交谈中，他好像知道许多你的往事，记忆像开了闸的洪水，轰隆隆地冲进你的脑袋里。啊？难道是他？

你问他，他默默不语。你说，再不说话就删掉他这个好友，他几经踌躇，一个熟悉的名字显示在你的聊天窗口。啊，果然是他。你还是呆住了！一幕幕往事，一个个曾经熟悉的片断像一张无序的拼图，一点一点在你的眼前重新组合，拼凑出一张你曾经迷恋许久的面庞。好不容易把他忘记，怎么偏偏还会遇见他？扑通扑通，你的心开始跳了……

带着儿子逛街，天气晴朗得像是丈夫温暖的笑容，儿子上蹿下跳，让你觉得这个世界充满了美丽的颜色。突然之间，一辆车飞快地从你身边开过，却在不远处停了下来。一个人伸出头来叫你的名字，奇怪，这声音怎么那么熟悉，这音调……莫非？

抬眼看去，一张熟悉的脸在风中微笑，果真是他。可怎么会是他！天呐！你的脸上带着礼貌的笑容。他说起最近几年的改变，生意上的惊险；他问你最近怎么样？要去哪里，带你们一程可好？你艰难且违心地摇头拒绝，脸上仍然微笑着，扑通扑通，你的心开始跳啦！

寒冷的冬天，和一个平时很谈得来的同事出差。一路上，他无微不至的关怀让你备受感动。出门在外，陌生地点的互相依附，让你们很快就默契、会心起来。

上车时,他伸出手,绅士地扶着你;进门后,他帮你脱下帽子和风衣,优雅地转身挂在衣架上。

你一下子重拾起恋爱的感觉。为他的果断而自豪,为他的笨拙而发笑。晚上道别,各自回到自己的房间。你辗转反侧难以入眠,恰好他也睡不着,给你打来一个电话,轻轻地说,想和你聊聊天。你的心开始跳啦!

生活总在你不经意的时候,转身就甩给你一段美丽的相遇,举手投足之间,让你砰然心跳。心跳的理由有很多,但人毕竟不能只看到它美丽的外表。生活有着沉重的责任,你又怎么去应对这些心跳?

女人和男人的联系,简单地分,只有四个层次:眼与眼的联系、手与手的联系、心与心的联系、身体与身体的联系。

一个女人在日常生活中,假设她每天会见到差不多 50 个不同的陌生男人。那么,在她人生最宝贵的 10 年青春里,她大概会碰到 182 500 个不同的陌生男人。她与他们保持着眼与眼的联系,说着公话、办着公事,没有多余的眼神、语气,转身之后便消失于茫茫人海。

在这 182 500 个不同的陌生男人里面,这个女人大概会和其中 500 个人成为朋友。他们之间比别人要更亲近,他们的联系增进到了手与手的联系。在路上偶然碰面,他们会互相打个招呼;在日常生活里偶逢对方有些困难,他们会互相帮助;他们有一些共同相处的时间,但他们还没有机会互相了解,还没有做好进入彼此生活的准备,她和她的大部分朋友都保持着手与手的联系。

在这 500 个与之保持着手与手的联系的朋友当中,这个女人大概会和其中 10 个人成为知己。他们知道这个女人压在心底的梦想,他们知道这个女人曾违心做了怎样的决定。他们至少有一段时间曾经无话不谈,为彼此的未来而担忧,为彼此的成就而兴奋。也许随着时间流逝,其中有 5 个人渐渐远去,她给他们鼓励,但也为离别而感到惆怅,她说:"我们的心永远在一起。"

在这 10 个与之保持着心与心的联系的知己当中,也许会有 3 个成为这个女人的情人。他们肌肤相亲、耳鬓厮磨,曾在床头床尾许下过数不清的海誓山盟。他们相拥着逛街,向全世界宣布对方是 TA 的爱人。然而当时光远去,无数的分分合合之后,其中只有 1 个人能成为你的丈夫。

生命总是充满着无限可能,也正是这种无限可能让我们对这个世界充满了向往。时光是一把残忍的杀猪刀,它把一切已经成为现实的东西变成死寂一般的过去。而当生命的可能在这样的死寂中焕发出无限的色彩时,你的心灵往往也就随之跳动起来。

在丈夫之外,这些你曾经的情人,你曾经的知己,甚至你曾经的朋友和陌生人,在一个偶然的机会下,像洋葱一样一点一点地剥开他的心,把一个完整的他呈现在你眼前。一颗鲜活的心撩拨着你,扑通扑通,你的心也开始跳动了。

礼貌地交谈,然后微笑着拒绝? 还是半推半就,任感情自由地发展? 一阵激情交付了身体之后,猛然发现,不仅仅是心跳,许许多多的问题也开始来临:说好的不破坏对方家庭的承诺为啥不作数了? 熟悉的丈夫看起来怎么那么陌生? 莫名其妙怎么就离婚了?

结婚就意味着家庭,家庭就意味着责任。令你心动的男人千千万万,但是能跟你组建家庭的只有一个。你选择了谁,就意味着你选择了对他负责。弱水三千,你能取几瓢享用?

捉奸

夜幕降临的时候,大家的心情还没有落幕。

小张咚咚咚地敲门,芳芳已经烧好饭等着他了。晚饭还没吃,小张先夸了芳芳一句,说今天的"爱心午餐"弄得全公司的同事都羡慕得不得了。夸完,就在芳芳脸上亲了一下。芳芳被表扬得心波荡漾,还没吃完饭,两人就急不可耐,去浴室开始鸳鸯浴了。

"开门!开门!"门口咚咚咚响起来,整扇门响得就像兵临城下,马上就要顶不住似的。小张还裹着浴巾,就急急忙忙走了出来。他打开房门,隔着防盗门,看见一个穿着睡衣的大妈,手里拿着一个水淋淋的拖把,气势汹汹地在门口喊叫:"你们搞什么搞?漏水了知道不,漏得我们家全是水!人正上着厕所呢,叭嗒叭嗒跟断了线的珠子一样,水全落在我的头上!快快快!快把水龙头关了!楼下都淹成河了!你得赔我告诉你!……"

"对不起!对不起!"小张一看闯大祸了,忙不迭地给大妈赔不是,下意识里心慌意乱地打开铁门,准备跟大妈一起去楼下关水龙头总闸。

这铁门不开不要紧,铁门刚一打开,大妈随即就闪到了一边。两张熟悉的脸出现在小张面前,小张惊得下巴都掉到了地上。就在小张还没反应过来的那一刹那,几个五大三粗的人一哄而入,有的拿着照相机,有的拿着摄像机,带头的就是小张的老婆倩倩和丈母娘。

"啪"地一声,丈母娘一个耳刮子打在小张脸上:"你不是说你外面没人的吗?这个臭女人是谁啊?"丈母娘指着床上扯着被单瑟瑟发抖的芳芳,气得嘴巴都歪了。倩倩的闺蜜冲上去就给芳芳两个巴掌,边打边骂:"不要脸!抢别人老公,臭婊子!"

捉贼捉赃,捉奸捉双。一般来说,这样的捉奸在床,对于所谓的"侦探公司"来说,工作就算圆满完成了。每个律师都是从小律师做起的,而每一个小律师都有和三教九流打交道的机会。有律师认为,晚上加班陪同委托人和侦探一同捉奸,是自己做小律师时最不堪的时候。每当这种情况发生,律师总是坚持晚半小时进门,等房间里该骂的骂、该打的打,收拾得差不多了,再拿着草拟好的净身出户的《离婚协议书》,劝说当事人现场签字。

捉奸的活,武大郎和小郓哥在宋朝干过,却失败了。捉奸不成,大郎哥哥还被西门大官人打了一个半死。可见捉奸还是个技术活儿,不懂的人,不能贸然冲动去捉。

《红楼梦》里也记载着捉奸的故事。凤姐王熙凤酒席上喝多了,原打算回家去洗脸醒醒酒,没想到路上见到两个丫头,这两个丫头一见到凤姐,掉头就跑。凤姐见情形不对,让平儿把她们都喊住,细细拷问才知道,原来自己的丈夫贾琏正在跟鲍二家的老婆私通,这两个小丫头是出来放风的!想这凤姐何等人物,一听到自己家里出了问题,怎么不被气得火冒三丈!一脚把门给踹开,也不容里面人分说,抓着鲍二家的就厮打了一顿。

这事要是至此了结也就罢了。可贾琏虽是个怕老婆的主儿,偏偏三杯酒下肚壮起胆来,提了剑要杀凤姐,凤姐直逃到贾母面前才护住性命。这奸虽捉到了,却捅得贾府上下都露了风声。而对于凤姐的丈夫贾琏,用今天流行的话来说,并没有什么用。

古代捉奸还情有可原,因为通奸属于刑事犯罪,最重可以处以死刑。如《大明律》的刑律就规定:"凡妻妾与人奸通,而于奸所亲获奸夫奸妇,登时杀死者,勿论。"捉奸成功,意味着两条贱命就捏在自己手里,要他们死他们就得死,捉奸就是一个处理婚姻问题的"杀手锏"。况且,在古代,我国的建筑还以木质为主,想要破门而入简直是轻而易举。而到了今天,人家一扇铁门一关,任你力可举鼎也一筹莫展,就算你费尽心思溜门进户,可回头人家要是倒打一耙,告你个私闯民宅、非法入侵,可叫你吃不了兜着走。

事实上,现在已经21世纪了,通奸罪在大陆地区早已经取消,世界各国也大都已经取消。捉奸早已失去了它"杀手锏"的功能,那么,为什么人们对"捉奸"这件事情还乐此不疲呢?

做律师这么多年,我总结出来不外乎以下几种原因:

1. 捉到奸,可以让对方净身出户!

伊拉克战争的时候,审理囚犯有一招,就是让囚犯光着屁股接受审讯,从而彻底击溃囚犯的心理。小张仅仅披着单薄的浴袍和被单,没多久,就哆哆嗦嗦地在《离婚协议书》上签了字。

被捉奸了,逼着签字了,就一定净身出户了吗?并不尽然!我国的婚姻法只规定重婚和非法同居可以构成精神损害赔偿,婚外情仅仅有过错,不构成任何损失,小张明天穿上衣服就可以反悔。可见,捉奸就可以净身出户那是谣传。

只有一种情况可以例外,我国党纪标准严于国法,如果小张是个公务员、事业编制内人士,又想保住自己铁饭碗的话,只能自食其果,老老实实净身出户。

2. 耳听为虚,眼见为实,给自己一个交代。

不少人发现自己的丈夫或妻子行踪可疑,总想自己查出些蛛丝马迹来,去看看他(她)到底在做什么。很多时候,他们已经确定自己的丈夫或妻子有了婚外情,今天晚上没回家,就是跟小三在一起。但是没有亲眼见到,他们心里总是不舒服。捉奸行动就这样产生了。亲眼所见的事实,让自己最后一丝希望也破灭了,心里悬着的事终于得到落实,也算是给自己一个交待。

3. 出一口恶气。

很多人捉奸,明知道没有什么用,但就是气不过那个狐狸精勾引了自己的老公,那个王八蛋给自己戴了绿帽子。捉奸在床,就是一个亲手狠揍她(他)的最好机会,给自己也出一口恶气。

但捉奸究竟能捉到什么呢?捉奸只能捉到一个隐藏的真相,哪怕这个真相本身是丑陋的。捉奸在床,就相当于夫妻二人当面撕破了面皮,当场宣称你就是我的敌人。之后的离婚过程必然不能和平办理,只能在争吵中度过。

其实说到底,从心理学上来分析,"捉奸"就是因为无过错的一方把对方看成是自己的私人财产。妻子去捉丈夫的奸,就是因为她觉得老公是我的——我的老公,身体就是我的——别人不可以使用我老公的身体——使用我老公的身体,就是侵犯了我的所有权——捉奸是宣示自己的主权,是维护自己的权利!这其实是一种自私的想法。任何人都是自由的,都不是别人的私人财产,你对他(她)不好,他(她)自然就跟别人好去了。因此,发生婚外情了,最需要做的不是去捉奸,而是仔细想想婚外情为什么会发生。

我碰到过一个委托人,妻子把丈夫捉奸在床,丈夫当场签下了《离婚协议书》,但第二天立马反悔。夫妻二人吵得天翻地覆,只有孩子一个人躲在墙角瑟瑟发抖,后来我建议委托人母亲先把孩子抱走。等两人离婚判决终于下来,孩子一见到母亲,就说了一句:"我恨你们!"所有夫妻的争吵,受伤害最大的人,永远是孩子。

这样的奸,你还要捉吗?

两道选择题

有一个很著名的故事：

老教授发给同学们问卷调查，请同学们帮忙。问卷发下来，只有两道题：

1. 他很爱她，她细细的瓜子脸，弯弯的娥眉，面色白皙，美丽动人。可是有一天，她不幸遇上车祸。痊愈后，脸上留下了几道大大的、丑陋的疤痕。你觉得，他会一如既往地爱她吗？

A. 他一定会；B. 他一定不会；C. 他可能会。

2. 她很爱他，他是商界的精英，儒雅沉稳，敢打敢拼，忽然有一天，他破产了。你觉得，她还会像以前一样爱他吗？

A. 她一定会；B. 她一定不会；C. 她可能会。

一会儿，同学们做好了，问卷收上来，教授一统计，发现：

第一题选择 A 的同学为 10%，选择 B 的同学为 10%，选择 C 的同学为 80%。

第二题选择 A 的同学为 30%，选择 B 的同学为 30%，选择 C 的同学为 40%。

"看来，美女毁容比男人破产更让人不可容忍啊。"教授笑了，"做这两道题时，你们的潜意识里，是不是把他们当成了恋人关系或者夫妻关系？"

"是的。"同学们回答得很整齐。

"可是这道题并没有说明他和她是恋人关系或者夫妻关系啊？"教授很有深意地看着大家，"现在，我们来假设一下，如果，第一道题中的他是父亲，她是女儿，第二道题中的她是他的母亲，让你们把这两道题重新做一遍，你们还会坚持原来的选择吗？"

问卷再次发到同学们的手中,教室里忽然变得非常宁静,一张张年轻的脸庞变得凝重而深沉。几分钟后,问卷收了上来,教授再次统计,两道题,同学们100%选择了A。

不同的人之间,有着不同的爱。恋人之间的海誓山盟,常常感天动地,但最终劳燕分飞的例子数也数不清楚;父母给孩子的爱静静悄悄,却无私、低沉而持久。

我们到底应该怎样看待夫妻关系?这是一个几千年来一直被讨论的问题。婚姻出了问题,我们在指责对方的同时,首先就应该考虑到:对于这段感情,我们自己付出了什么样的爱,我们能做到像父母爱孩子一样地去爱丈夫吗?

自古以来,达仍不忘发妻、穷仍恩爱如故的例子,春秋时有百里奚相堂认妻,西汉时有卓文君当垆卖酒,东汉时有孟光举案齐眉,宋朝时有李清照赌书饮茶……其中,又以卓文君当垆卖酒的故事最为感天动地。

司马相如是汉景帝御封的"武骑常侍",却因为武学非其所愿,所以借病辞官。有一次,他跟着别人去临邛县富豪卓王孙家做客的时候,看中了他家容貌秀丽、风姿绰约的女儿卓文君。卓文君爱音乐,善于击鼓弹琴,而且文采非凡,只是刚刚出嫁就死了丈夫,只好一个人寡居在家。

司马相如是何等人物,不拘泥于这些末枝小节。他当堂弹琴唱歌:"凤兮凤兮归故乡,游邀四海求其凰,有一艳女在此堂,室迩人遐毒我肠,何由交接为鸳鸯。"歌词大胆直接,热烈地表达了自己对卓文君的爱慕之情,卓文君对司马相如也早已倾心,一听到他唱的这首歌,不禁怦然心动。卓文君的父亲卓王孙是个只要面子不认亲的人,肯定不会同意这门亲事。两个人当下决定私奔。当夜,卓文君就收拾好细软,跟司马相如回到了成都。

虽然卓文君住在四川的一个小县城临邛,而司马相如住在成都,但卓文君是临邛大富豪家的大小姐,而司马相如却是成都破落户的一个穷秀才。大小姐卓文君跟穷秀才司马相如回到家,心里已经做好了有落差的打算,但看到现实的落差后还是让卓文君结结实实地吃了一惊:司马相如家里除了四面墙壁,竟然一无所有!

别说一个大小姐了,就是一般人来到这样的家里也不会愿意待下去。但司马相如不是一般人,卓文君看中他,自然也不是一般人。卓文君吃惊归吃惊,吃惊完后,她落落大方地开了一家酒店,亲自当垆卖酒、掌管店务。司马相如系着围裙,夹杂在伙计中间洗杯洗碗。就这样,两夫妻恩恩爱爱,一直到后来汉武帝即位,司马相如才得以做官。

卓文君就做到了给予丈夫无私、低沉而持久的爱。对于那个教授给的问卷，就算"他"指代的不是儿子，而是丈夫，她也一样能毫不犹豫地给出"A"的答案。因为不管司马相如虎落平阳还是飞黄腾达，卓文君自始至终都留在他的身边，默默地陪伴着他。

昨天，我和一个朋友聊天，说到"妻子应当怎样来看待丈夫？"我认为最好不过"敬之如父、怜之如子、爱之如兄"，丈夫应当怎样看待妻子，反之亦然。他非常同意。

爱情开始时往往轰轰烈烈，觉得自己为了对方什么都可以放弃，但其实往往是因为对方的某一些表面因素打动了你，或者是美貌可人，或者是沉稳有安全感。所以一旦她美貌不再、他破产无力，当这些打动你的东西不复存在的时候，你就不愿意再和对方一起走下去。但亲情却是一种更为深层的感情，不管你长相如何，地位怎样，你的血管里始终流淌着跟我的生命息息相关的血液，这种生命的纽带不仅不会受到外物的影响，有时候甚至超越了无限的时间和空间。

当我们夫妻关系走到七年之痒、十年之痛的时候，我们也许应该想想，我们到底付出了什么样的爱？我们的爱情是不是已经沉淀，是不是已经转化成了无私、低沉而持久的亲情？

上帝曾开了一个花店，有个女人从很远的地方慕名赶来，她祈求上帝卖给她一朵能护佑他们婚姻永远幸福的花。她想要他的丈夫永远像刚结婚的时候那样爱她，她想要他们的婚姻走过一路风风雨雨，最终白头到老。

上帝思考了一会儿，答应了这个女人的要求。他从身后拿出一个小罐子，从中取出一颗还没有发芽的种子，将它递给了这个女人。

这个女人很诧异，她对上帝说："我想要买的是护佑婚姻永远幸福的花，您给我的却是一颗还没有发芽的种子！"

上帝回答说："花店里的鲜花永远是短暂的。你把这颗种子拿走，把它埋进你家的后花园，每天给它浇水，为它遮挡霜雨雷电，精心地照顾它。日复一日，年复一年，它就能年年开出美丽的花朵。"

我见过的几次法庭暴力

第一次是在普陀法庭，是我的当事人打人。那天我没有去，我的当事人没有通知我，自己一个人就去了。等到法官通知我去的时候，架已经打完了。我的当事人在法院厕所门口将太太好好修理了一番，后来被保安拉开了。我去的时候，女的半边脸都是青的，我赶紧带着女的去普陀中心医院看病，看病的钱都是我垫付的。法庭决定要拘留我的当事人。我陪同女人看病回来后，好说歹说，再加上法官也熟悉，改为书面检讨和赔款。打了三个耳光，一个耳光作价1 000元。我的当事人确实很嚣张。

第二次是在浦东新区法院。开庭结束后，女的开始发功了，对着男人的裆部就是一脚，男的反应慢，亏得我反应很快，一把就把男的拉开了。但是，不幸的是，男方的裆部还是被结实地踢了一脚。男的苦笑着说没事，女的盯着他看，冲过去又是一顿粉拳。女的是导游，常年爬山涉水练习的脚力，让男人足足休息了一刻钟。之后，他才在我的搀扶下走出法庭。

这个女孩子也挺有意思，开庭调解的时候，我对她说，小姑娘，差不多就行了，她怒气冲冲地看着我说，谁是小姑娘？谁是小姑娘？她老公——也就是我的当事人告诉我，她是同性恋，角色是做男人那种的。从那时候开始，我就只称呼被告、原告了，再也不敢以性别称呼当事人了。同时暗暗庆幸，她那一脚飞天无影脚幸好没有对着我来。事后也纳闷了一会儿："男人"何苦为难男人，怎么就那么狠啊！

另外一次是虚惊，在静安法庭。开庭后，女人就朝我的当事人过来了，我赶紧拉着当事人撤退到旁听席，结果她还是冲过来了。冲过来之后，不是打人，而是扑在男人怀里开始撒娇："我听话，不要和我离婚！"识趣的我见此情景就闪开了。法官也笑了，敲着法槌，严肃地开始宣布开庭纪律，可是也没有效果。法官笑着宣布休庭，我含笑而退。

第三次,是在徐汇法庭。开庭的时候来了一大帮人,有七八个人,事后才知道,其中有一个还是我男当事人的情人的老公。我马上就申请不公开审理,默契的法官立刻同意,把他们都轰出去了。开庭结束在做笔录的时候,女方家人就都冲进来,人太多,我和我的助理左挡右拦,当事人的衣服还是被撕破了,头上挨了三个粉拳。

开庭律师,看样子还是要学点武功。律师生涯,法庭打架目前一比二告负。

停止摇摆

  我有一个委托人,他出生在贫瘠的农村,他的父母目不识丁,他的弟弟和妹妹都是聋哑人,可以说,在他们全家他是唯一识字的人,也是家里唯一会说话的孩子。十年前,初中没有念完的他来到上海打工,而当我接受他委托的时候,他已经自学取得了复旦大学商贸英语系的学士学位。目前,是一家外资公司的高管,说着一口流利的英语。

  我们律所以前有过一个业务员,也是来自农村,高中毕业后出去打工,被骗到煤窑去挖煤,过了一段暗无天日的日子。2008年,他来律所的时候,还是一个自学的大专生,给我感觉就是人比较倔强。后来我因为学习,中止工作两年时间,学习期间没有怎么和他联系。今年九月,他突然打电话给我,问我现在好不好;还告诉我,他现在已经是一名执业律师了。

  我认识一个月嫂,湖南人,工作四个月后,她向东家提出了辞职。东家给她的待遇应该是不错的,但是,她还是提出了辞职。因为她想到医院去,无薪学习新生婴儿护理,并要东家给她介绍几本适合月嫂的英语书籍。

  十年前,我一直认为,人是有阶级的,有三六九等。我喜欢用动物视角来分析一个人,什么人像老虎,什么人像羔羊,什么人像狐狸,什么人像大象,这样区分,应该也没有错。但是,作为人,我们却没有动物般不同的身躯,以至于,有的狼披着羊皮,有的大象有着狐狸的思维……

  人和人,都是一样的五官,都有一样的身躯,为什么给别人的感觉会不一样呢?

  十年后,我才发现,人,有着什么样的外表不是关键,关键是他有着什么样的灵魂。

  什么是天堂?天堂就是当我们听到一首优美歌曲时被突然震撼的感觉!什么是天堂?天堂就是我们散步的时候,看到的每一朵花、每一棵草,突然发现生活是那么美好！什么是天堂？天堂就是我们给汶川地震捐款奉献时候的那份激动！什么是天堂？天堂就是和自己所爱的人在一起相视一笑的美妙感动！什么是天堂？天堂就是思念自己女儿所留下的每一滴泪水。每个人都有自己的天堂，只不过，"刹那天堂"让我们忽视了而已。为什么会刹那而过，因为我们的灵魂，还没有达到看万事万物天天都犹如天堂的境界。

现在的网络，对有些所谓80后、90后有各种各样的评价。我的评价是：他们其实就是被幸福折磨的一代人！而且，他们被折磨得很痛苦。他们会为追求某个明星去跳江，他们会为牛仔裤精心地剪一个破洞，他们会为恋人的一句话伤心一个礼拜，然后走向高楼……

同样是一个人，为什么距离就这么大呢？

人，是自己的灵魂控制自己的肉体？还是自己的肉体控制自己的灵魂？当后者出现的时候，就是人们所说的精神或者说是信仰，开始产生的时候。

灵魂一旦战胜了自己的肉体，他即使不是一个伟人，也会是一个不平凡的人。

人的灵魂控制了肉体后，才会使我的委托人从不善言辞变成能说一口流利的英语；才会使我的同事，顺利地自学大专、本科，通过了最难考的司法考试；才会让一个月嫂，知道怎样实现自己的最高价值。

人性本恶，是基督教的观点，人生而有罪，这就是人为什么堕落的基础。人的一生，就是自己灵魂战胜自己肉体的过程，当我们痴迷于一些肉欲的快感的时候，灵魂的光芒就会离我们越来越远，最后留下的是自己对自己的谴责。

我们作为凡夫俗子，都有好的地方，也都有自己不堪的一面。可喜的是，人心都向善，都想成为一个道德高尚的人。希望自己的灵魂掌握自己的肉体，但是，做到何其难啊！于是，我们有时候会有摇摆。于是，我们会不断地自己和自己对话，有时候自己会和自己的灵魂对话。我去外滩散步时经常和自己对话：我想成为一个什么样的人？我怎么样才能成为这样的一个人？有时候，我也会堕落，控制不了自己肉体的罪恶，但是，我的灵魂总是在最合适的时候，散发出最迷人的光芒。

人，短短几十年，扣除吃喝拉撒睡，剩下的有效时间的确不多。当我们回首往事的时候，当我们的灵魂要离开我们躯体的时候，我们会忏悔，数算我们有多少时间完成我们的灵修？计算有多少时间扣除？躯体之外，我们还能留下点什么？我们有多少时间，用于躯体和灵魂之间的摇摆？

确立一件事情，我们就要去做。因为地球上，只有我们这一种动物有自己的灵魂！可以创造属于自己的传奇！

望夫石——摘自委托人的离婚日记

第 109 天　还有什么比真相更残忍?

过去的半年,一直都沉浸在深深的自责中——我一定是没有让自己的男人充分幸福,所以他要走!但是我心中始终都有一个信念:他是一个正直善良的人,他不会做那么绝的事!但是,事实和真相,就如同朋友们一直暗示的那样,我就是个自欺欺人的傻子。

到今天为止,还有什么比真相更残忍?!那个陌生的男人,自称是我丈夫情人的丈夫。面对他,我成了别人妻子的情人的妻子。他如此潇洒地告诉我,他们离婚了,他的妻子和我的丈夫私奔了。对我而言,这就是最无情的宣判!意味着我即便是真的去死,也没有任何机会留住自己的老公了。

本来,也猜到他和她一直有着暧昧的关系。可我就是这么无端地、愚蠢地信任着自己的丈夫,打死也不相信这两人早已在外面以夫妻身份出双入对。这个陌生人问我,为什么自己的老公经常不回家,我却没有管住他?我无语!我真的蠢,相信他每次都是出差!还一直心疼那个持续出差的他!我反问这个陌生人,为什么他没能管住自己的妻子?这个人摇头,说自己太自信。因为,那个女人经常说,并且也一直让他感觉,没有他,她会活不下去。离婚前,他们之间的生活正常的不能再正常了,毫无征兆。他说,他有点后悔,不是后悔没有挽留红杏出墙的妻子,而是后悔没有早点把那个垃圾踢出去。那个第三者的前夫,在今天看来多么轻松自在。在他的脸上根本看不出离婚的痕迹。他甚至兴致盎然地还要给我介绍新的男朋友。

天!这是怎样一个世界,疯狂的让我毫无招架之力!那个第三者和她丈夫 8 年的婚姻到底是一种什么样的关系?

那两个人离婚只用了 3 天!春节过后等不及民政局开门,就彼此高高兴兴地去办了离婚手续。那是一个怎样不幸的家庭,如此开心地结束,却把他们那个家庭的悲剧,毫不客气地转嫁到我的身上。4个人里,就我一个受害者!我那个可爱的老公,竟然被这个女人彻底且迅速的离婚感动!竟然期望我和她一样,干脆潇洒点!十年,面对变成这样的爱人,我真想一头撞死!

如果,在他第一天提出离婚的时候,告诉我实话,说他爱上了别人;如果,他这几个月能够正确面对我,面对这些事实,而不是突然失踪,不是到处去说我不好,说我的家人不好,那么所有的过程不会是现在这样的!我内心的恐惧和对这个世界的信心就不会如此动摇!我把自己的感情、生活、未来、尊严就这么放心地交给这个人,却被他的谎言所践踏!

恨他吗?不恨!我爱过,曾经彼此深爱过,相濡以沫的日子,我会好好珍藏!这个人,要全盘否定,随他去吧,掩耳盗铃!

恨自己吗?我恨!无知的信任,让所有这一切发生得肆无忌惮、毫无阻拦!

后悔吗?不!如果生命重新来一次,我也许还是会选择他,还是会死心塌地跟着他风风雨雨。

傻,就傻这一次吧。爱的真,才会真的傻!但以后,绝对不会再傻!绝对不会把自己的心交给第二个人去摧毁!

戏就要落幕了,这个已经失去人性的人,会以怎样的方式结束?我等着。

  我以为 你永远不会逃
  没想到 都逃不过寂寥
  我以为 我只被你依靠
  没想到 你比我更重要
  心会冷 在向时间求饶
  不知道 还算不算太早
亡羊补牢
没有后悔的药
  天荒地老 说了就要做到!

  我以为 你是我的城堡
  没想到 变成你的囚牢
  我以为 感情还很富饶
  没想到 早已云散烟消
  我爱你 多久不曾提起
  不知道 会不会来不及

亡羊补牢
我们都听说过这种道理
欠你多少　难道不要计较
我只要　就这样陪着你　消耗
天荒地老　都长不过一秒

找关系

打官司,似乎不可避免地就是找关系。经常有人问我,你和某某法官关系如何? 你某某法院搞得定吗?

一般这种问题,我不会正面回答,也不想回答。

前几天,我接了一个案件,整个案件我个人觉得不是很复杂。可是,委托人的母亲很慎重,一再强调要找关系,因为,据说对方肯定找关系了。我认为,如果案件进展不利或者明显感觉到有关系障碍的时候,您再找关系不迟。她不同意我的观点,后来她还真找到关系了,找到的关系是法官的某某人,也是个法官。和这个法官吃饭的时候,她开始指导我的委托人应该怎么去打这个官司,但是,这个法官的观点和我的观点发生了冲突。

律师的观点和开庭的思路是需要当事人配合的,我们的观点发生了冲突是很危险的。

我喜欢在法院开庭前给当事人做一个庭审培训,模拟一下法院的审理环境和过程,让委托人有一个感性的认知过程,以免开庭时候处理不当。我给这个委托人已经做好了庭审模拟培训,现在临时更改思路,有可能会有不利风险。开庭之前,我提前一个小时到了法院,和客户一起重新讨论,我坚持我的观点和思路,并详细说明了理由,客户在我的坚持和分析下,勉强同意了我的思路。

这个案件,我们是被告。开庭后,按照我们的思路,我们明确回答了法官的询问,果敢地提出自己的答辩意见。根据对方的心态,我们按照步骤适时提供了我们的证据。果不其然,当我们第二组证据提供给法庭后,对方提出了要调解,法官宣布休庭。

休庭的时间很长,后来,法官带着当事人到法庭外找地方沟通协商去了,我觉得对方有可能会撤诉,我把我的预感告诉了委托人。因为,调解法官只和对方一方调解,并且出乎常规带对方到法庭外面去沟通(因为法庭现在都有录音),这都是不正常的表现。另外，可能还是我们庭审时候的应诉思路发挥了作用，出乎对方的意料，导致法官也无能为力。

果不其然，法官和对方回来后，宣布案件对方撤诉。

庭审结束后，委托人和我在外面总结案件，觉得我们的应对思路是正确的。有效才是硬道理，委托人的母亲很开心。

毋庸置疑，对方是有关系的，庭审的一系列举动可以看得出。但是，有关系就一定能赢吗？我看未必！

法院，毕竟是人民的法院。我也有很多法官同学和朋友，我很少为了案子跟他们找关系，但是，我会和他们一起探讨案件，听听他们从法官角度，如何来审判类似案件。和法官朋友探讨案件的时候，我是一个比较坚持自己观点的人，但是，在庭审时候，我坚持观点的方式是比较柔和的，毕竟，法官还是有权威的。

我也有一些社会职务，我也经常会和一些法律高端人士沟通和开会。其实，对于找关系，法官也是有自己的看法的，法官也是比较欣赏敢于坚持、善于坚持自己意见的律师。即使关系找来了，在上海的法制环境下，法官也只能在程序上给当事人一些方便，枉法裁判，在上海还是不多见的。去年，我在基层法院有三个案件被错判了，到了中院都被发回重审。一旦发回重审，对于承办法官是有内部处理措施的。三个被错判的案件，都是法官法律知识不强或者比较武断的原因，和找关系没有关系。到目前为止，我没有遇见因为找关系就被判败诉的案例。上海的法治环境还是很好的。

到法院找关系，和生病开刀给医生红包，有时候道理是一样的。不给红包，在上海不一定会出医疗事故；给了红包，也不见得不出医疗事故。关键，还是要看病症的情况和大夫的手艺。

另外一个我不愿意接触关系的原因，是因为害怕报应。如果你动用了不应该的手段，赚了一些不应该赚的钱，帮了一些不应该帮的人，抬头三尺，神无处不在！你的委托人也未必不是如此，坏了两个人，何必呢？

做律师做到现在，一直靠能力、技巧来办理自己的案件。找关系，只不过在遇见不公正的情况下，不得已而为之。

再婚率

王石田小姐的事情，前一阵子风生水起。纵观各路网友，也不知大家都抱着什么心态，羡慕嫉妒恨之人，皆有之。

王石的婚姻问题，其实，和出名已经没有什么关系了。也许是他性格使然，也许是婚姻的保鲜期到了头。不管怎么说，一段婚姻能够安安稳稳坚持走到六十岁，已经非常不容易。

为什么婚姻中的两人，白头到老就那么难？为什么半路总是会杀出个程咬金？为什么他总是忍不住采了朵路边的野花？这都是因为婚姻到了保鲜期的尽头。

我们对"鲜"的理解，都会联想到新鲜、鲜明、光鲜等。鲜，《康熙字典》里说："鸟兽新杀曰鲜。"刚刚杀死的鸟兽是鲜的。又说："义取夫妇日新之义。"夫妻两个每天都不一样，也叫鲜。因此，"鲜"就是说一对夫妻每天都要有变化，每天都不能跟昨天一模一样。要是一成不变，对婚姻的感觉有了倦意，那就是不"鲜"了，那就是"陈"，是"旧"。

婚姻的保鲜期和婚姻的保质期是两个不同的概念。婚姻的保质期，从法律上说，结婚就是婚姻被生产出来，离婚就是婚姻死了、腐烂了。婚姻的保鲜期，根据上面的理解，只要旧了，陈了，那就已经超出保鲜期了。有的婚姻，死水微澜、名存实亡，早就已经过了保鲜期，但是只要夫妻双方没有登记离婚，那么，它就还是在保质期内。这种死水微澜、名存实亡的婚姻说到底并不是我们想要的婚姻，许多人离婚就是因为受不了它陈旧的感觉。我们更看重婚姻到底还鲜不鲜，我们更关注婚姻到底应该怎么保鲜，我们要思考的是如果婚姻真的过了保鲜期，应该怎么办？

这本书写到这里，对于如何判断婚姻鲜不鲜，婚姻到底应该怎么保鲜，我想大家都已经有很深的体会了。我们这里来讨论一下婚姻要是真的过了保鲜期，我们应该怎么办？究竟是勤俭节约、将就将就，还是克服重重困难、义无反顾地投向"幸福"？

一次，开会的时候，我有幸遇见了周汉民主委，就离婚问题我们有过一次谈话。我当时一直关注着离婚问题，于是和他谈起中国的离婚现状，也用数据向他说明离婚率高发，以及高发所引起的重大问题。他也意识到这个问题的严重性，听我说完，沉思片刻，对我说："首先我不赞成人们去离婚，这是前提。但是，从某种意义上来说，离婚率升高，也是一个社会文明程度进步的表现！离婚率，不必过于解读，离婚率高，不说明全社会出了问题。你作为一个律师，建议你应该多关注、多研究再婚率问题，应该如何提高再婚率。对离婚率的恐慌，来自再婚率低的缘故。如果提高了再婚率，人们重新组成新的家庭，就没有了离婚恐惧，这样社会文明就真正提高了。"

我一直觉得离婚率高发问题非常大，但就是不知道应该如何去解决，听了周老师一席话，顿时觉得眼前又开了一扇门！有些人，真是不服不行！周主委为了证明他的观点，随口列举了法国和中国的离婚率和再婚率。两相比较之下，我立刻明白了他所说的"再婚率实际意义上才代表了社会文明"的意思。

的确，离婚率高并不是什么值得注意的事情，但我国再婚率之低不正说明了人们普遍都受到了离婚的莫大伤害吗？一个社会的公民，如果不能从离婚的伤害中解脱出来，不去重新构建一个家庭——社会延续的最小基元，那么这个社会还能稳定存续下去吗？我认为是中国人旧有的离婚观念主导了这场悲剧。如果这样的离婚观念得以改变，如果离婚的人都能用幸福的再婚来弥补伤害，那么，离婚还会那么让人恐惧吗？

根据我自己的统计，加上一些搜集所得的资料，我得到一些模糊的数据。但有一个现象非常明显，那就是离婚男人的再婚率，每年都要高出离婚的女人24%。我们的社会看似传统，但传统的背后透着疯狂。人们一旦结婚，就把对方看成是自己的私人财产，把对方看成是自己依赖的对象。在传统的家庭里，女人依靠男人过日子，男人赚钱养家糊口；女人是男人的后盾，男人是女人的先锋，这样的家庭是一个人带着另一个人前进的模式。因此，这样的婚姻无论什么原因，一旦破裂，两方的依靠都立刻消失，人们自然就会陷入对婚姻、对未来的恐惧之中。

相比之下，男人没了后盾，出门打拼还能为自己找到一个容身之所，而一个女人没了先锋就像一个赤膊上阵的士兵，完全没有战斗能力。这也是为什么离了婚的男人要比离了婚的女人更容易结婚的原因。很多面临离婚的女人，不愿意离婚的原因，就是对未来的恐惧。她们害怕自己无法照顾好自己，害怕未来的孤单、空虚,害怕无法面对社会的认同,害怕自己的孩子因为单亲而受到社会的歧视,她们觉得离婚就是天塌了。

正是这样的离婚观念导致了中国高离婚率、低再婚率的严重现象。要解决这样的现象,就必须从人们的离婚观念入手,从根本入手。每一个我经手的案子,我都鼓励委托人独立起来,用平等的眼光看待对方和自己,给自己一碗坚定信心的"孟婆汤",让自己真正地从离婚阴影里走出来。

最后再说回新鲜感和再婚率的关系。

因为新鲜感而离婚的事情不过是近十年、二十年才开始普遍起来。以前的人们,"嫁鸡随鸡,嫁狗随狗",虽然"女怕嫁错郎",但就算嫁错了,也只能一辈子将错就错。但近些年,人们受西方思想的影响,"自我"开始得到解放,妇女地位也不断地上升,人们都觉得应该为自己的行为和选择负起责任,而不是让"家庭""家族"这样的集体来为自己做选择、负责任。从而,"离婚"就成为一件越来越时尚的事情。

因为新鲜感而离婚,这本身无可厚非。说白了,人就是喜欢新鲜感,这是人的本性。人们都渴望与众不同的精彩,与芸芸众生完全一样的生活那还有什么意思呢?因此,臧克家喊出了:"有的人活着,他已经死了;有的人死了,他还活着。"生活与生活唯一的区别,就在于生命中不断翻涌出来的激情。让我们感受生命的过程,如此地美妙,如此地新鲜!

但是,婚姻,也是一段人生,也是灵修的一个过程。为了激情,换一个老婆很容易,但如何跟同一个人保持激情,这才是一个更有挑战性的课题。"白头偕老"之所以如此令人羡慕,就是因为并不是每一对夫妻都能如此。我见过很多幸福的伉俪,几十年过去了,他们仍然能相视一笑。这让我不禁拷问自己,他们究竟是如何做到举案齐眉?他们究竟是如何保持婚姻的新鲜?面对社会的种种诱惑,如何几十年如一日,真正做到了结婚誓言所说的——不离不弃?

婚姻,更是一份责任,选择了婚姻,就选择了责任。要求每一个人都从一而终,的确是不现实。但是,如果你选择了新鲜感,你就有责任让另一个人走出对离婚的恐惧。

图书在版编目(CIP)数据

姻惑:当代婚姻启示录/周志强著.—上海:文汇出版社,2016.10
 ISBN 978-7-5496-1869-9

Ⅰ.①姻… Ⅱ.①周… Ⅲ.①婚姻法—案例—中国 Ⅳ.①D923.905

中国版本图书馆 CIP 数据核字(2016)第 230421 号

姻惑——当代婚姻启示录

作　　者 / 周志强
责任编辑 / 吴　华
封面装帧 / 金　伟
出 版 人 / 桂国强
出版发行 / 文汇出版社
上海市威海路 755 号
(邮政编码 200041)
经　　销 / 全国新华书店
排　　版 / 南京展望文化发展有限公司
印刷装订 / 江苏省启东市人民印刷有限公司
版　　次 / 2016 年 10 月第 1 版
印　　次 / 2016 年 10 月第 1 次印刷
开　　本 / 720×1000　1/16
字　　数 / 349 千字
印　　张 / 19.75

ISBN 978-7-5496-1869-9
定　　价 / 48.00 元